# 中国民用航空工业年鉴
# 2013

工业和信息化部装备工业司　编

航空工业出版社
北　京

**内 容 提 要**

《中国民用航空工业年鉴》是我国民用航空工业具有综合性、资料性、史册性的编年性工具书，集中、全面地反映了我国民用航空工业年度发展状况，真实记载了我国民用航空工业发展进程。《中国民用航空工业年鉴 2013》的内容包括中国民用航空工业发展概述、主要地区发展概况、企业发展概况、中国民用航空工业统计表四个部分。

本书内容翔实、数据全面，有助于国内外有关人士了解中国民用航空工业发展概况，并与之建立经济技术合作关系。

**图书在版编目（CIP）数据**

中国民用航空工业年鉴．2013／工业和信息化部装备工业司编．--北京：航空工业出版社，2013.12

ISBN 978-7-5165-0309-6

Ⅰ.①中…　Ⅱ.①工…　Ⅲ.①民用航空—航空工业—中国—2013—年鉴　Ⅳ.①F426.5-54

中国版本图书馆 CIP 数据核字(2013)第 279695 号

中国民用航空工业年鉴 2013
Zhongguo Minyong Hangkong Gongye Nianjian 2013

航空工业出版社出版发行
（北京市朝阳区北苑路 2 号院　100012）
发行部电话：010-84936555　010-64978486

北京世汉凌云印刷有限公司印刷　　全国各地新华书店经售
2013 年 12 月第 1 版　　2013 年 12 月第 1 次印刷
开本：889×1194　1/16　　印张：11　　字数：319 千字
印数：1—1200　　定价：120.00 元

# 中国民用航空工业年鉴 2013

## 编 委 会



## 编 辑 人 员

# 前　言

《中国民用航空工业年鉴》是综合性、资料性的编年性工具书，力求全面客观真实地反映我国民用航空工业年度发展概况，记载我国民用航空工业发展进程。从2010年起，已连续出版了3年《中国民用航空工业年鉴》。为了使读者能够更加全面地了解中国民用航空工业的发展情况，《中国民用航空工业年鉴2013》（简称《年鉴2013》）将以前工业年鉴和统计年鉴两部分内容整合在一起，相比以前版本内容更加完善翔实。同时，为对比国内外航空工业情况，在概述部分还增加了国际横向对比的内容。

《年鉴2013》的内容包括中国民用航空工业发展概述、主要地区发展概况、企业发展概况、中国民用航空工业统计表4个部分。其中统计表部分包括：一、综合情况；二、产品交付、新增和储备订单及转包生产情况；三、生产销售总值；四、主要经济指标4部分，并附有统计调查单位名单、主要统计指标解释和统计调查制度。《年鉴2013》真实记载了北京、河北、辽宁和陕西等23个省及直辖市，2家主要集团和20家重点企业单位（重点企业为2011年民用航空产值排名靠前企业）2012年度的民用航空工业发展情况，并对其中18个省市进行了重点介绍。

年鉴数据是经国家统计局批准，根据工业和信息化部办公厅关于开展民用航空工业行业统计和年鉴编制工作的通知（工信厅装函［2013］221号），通过各省、自治区、直辖市民用航空工业管理部门，中国航空工业集团公司、中国商用飞机有限责任公司进行调查统计的结果。其统计范围是从事民用航空器、民用航空发动机、机载系统和设备、零部件、地面设备、随机工具等研发、制造和修理的规模以上企业单位和全部事业单位。

本年鉴所涉及的全国性统计数据包括我国规模以上民用航空企业（港、澳、台地区除外）；本年鉴部分数据合计数或相对数由于单位取舍不同而产生的计算误差均未作机械调整；本年鉴表中“空格”表示无该项数据。

《年鉴2013》是在工业和信息化部装备工业司主持下，在国家统计局指导下，在各有关省、自治区、直辖市民用航空工业管理部门、中国航空工业集团公司、中国商用飞机有限责任公司、中国电子科技集团公司和各重点企业提供相关素材的基础上，在国家国防科工局信息中心的协助下，由中航工业经济技术研究院、中国航空工业发展研究中心编辑，中航出版传媒有限责任公司出版。在此向所有参加年鉴工作的单位和人员表示衷心感谢。

此外，在《年鉴2013》编辑过程中，为了行文一致及体现年度新变化，对材料作了必要修改和删减，特此说明！

《中国民用航空工业年鉴》编委会

2013年8月

# 目　　录

# 第一部分
# 概　　述

# 中国民用航空工业发展概述

2012 年，中国民用航空工业继续保持快速发展态势，产业规模迅速扩大，民用航空产品销售、生产和研制情况良好，转包生产持续增长，国际合作和行业管理取得长足进步。

## 一、民用航空工业企业构成

2012 年，全国民用航空工业统计调查单位 132 家，年末从业人员人数 33.1 万人（含单位非民用航空业务人员）。这些单位主要分布在 23 个省、直辖市；按三大经济地带分，东部地区 68 家，中部地区 23 家，西部地区 41 家。按注册登记类型，内资企业 120 家，港澳台商投资企业 5 家，外商投资企业 7 家。内资企业中，有限责任公司 65 家，国有企业 24 家。按从业人员分类，2000 人以上的单位 43 家，1000 ~ 2000 人的单位 18 家，300 ~ 1000 人的单位 26 家，300 人以下的单位 45 家。

## 二、产业规模

2012 年，中国民用航空工业企业工业总产值 1526.8 亿元，其中民用航空产品产值 372.7 亿元（图 1），比上年增长 20.1%[①]。民用飞机整机产值 160.6 亿元，比上年增长 13.4%[①]（其中，引进总装生产的空客 A320 飞机产值 118.3 亿元，比上年增长 7.4%）；民用飞机零部件产值 76.3 亿元，比上年增长 31.8%；民用航空发动机零部件产值 33.0 亿元，比上年增长 30.1%；民用飞机修理产值 33.5 亿元，比上年增长 8.4%；民用航空发动机修理产值 26.1 亿元，比上年增长 3.8%；民用飞机机载系统和设备产值 3.4 亿元，约为上年的 5.8 倍。

中国民用航空产品产值规模还不大，与世界航空强国美国以及欧洲地区相比，仍然存在较大差距（图 2、图 3）。

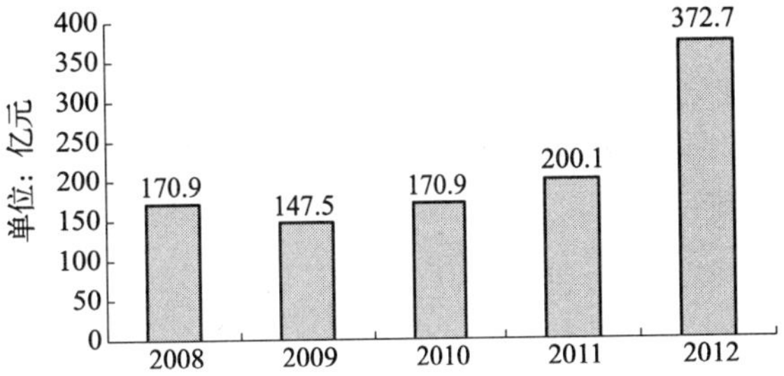


图 1　2008—2012 年中国民用航空产品产值情况
注：2012 年数据包含空客 A320 产值。

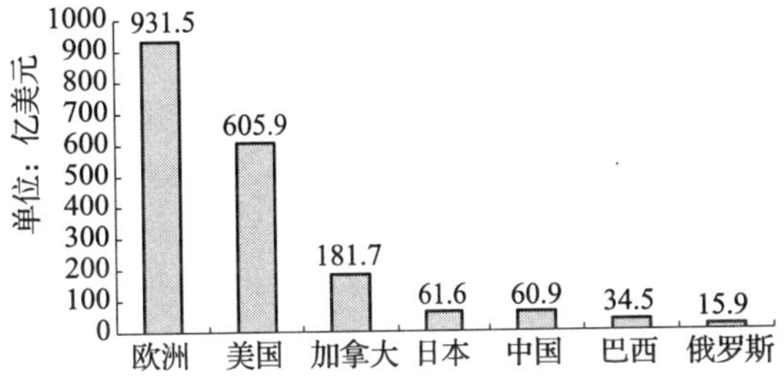


图 2　世界主要国家和地区民用航空销售收入
注：1. 中国、美国为 2012 年数据，其他国家为 2011 年数据，加拿大、巴西、俄罗斯为估算数值；
2. 欧洲数据包括：奥地利、比利时、保加利亚、捷克、丹麦、芬兰、法国、德国、希腊、爱尔兰、意大利、荷兰、波兰、葡萄牙、西班牙、瑞典、英国、挪威、瑞士和土耳其，共 20 国。
数据来源：AIA、ASD、SJAC

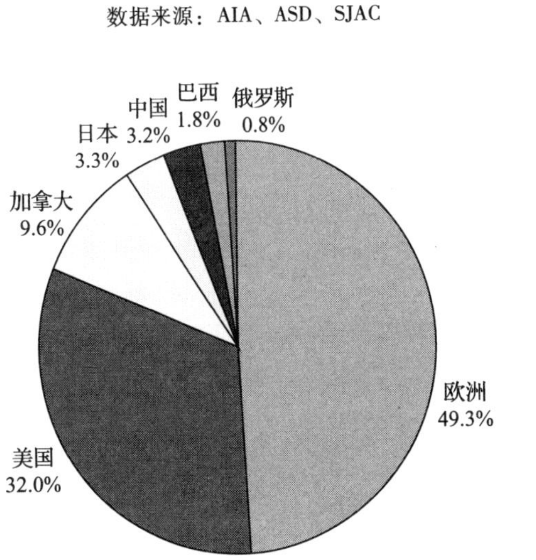


图 3　主要国家和地区民用航空销售收入占比

① 由于统计范围的变化，2012 年增加了天津空中客车公司总装生产线的数据，计算增长率时将 2011 年基数进行了相应调整。

## 三、航空产品

### （一）产品交付

2012年，中国在产的民机产品主要有“新舟”60、“新舟”600涡桨支线客机，A320干线客机，运12IV、运12E多用途双发涡桨通用飞机、运5B单发活塞通用飞机、DA40 TDI轻型通用飞机，直9、直410G四吨级直升机，A2C超轻型水上飞机等。全年共交付民机120架，与上年持平①，交付金额136.9亿元，比上年增长11.8%①。其中，“新舟”60交付11架；“新舟”600交付2架；A320空客交付36架；通用飞机交付34架；直升机交付25架；特种飞机交付12架。截至2012年底，上述机型累计交付901架。虽然中国民用航空产品交付量保持增长态势，但是其交付总量与世界航空强国相比仍然有很大差距（图4~图6）。

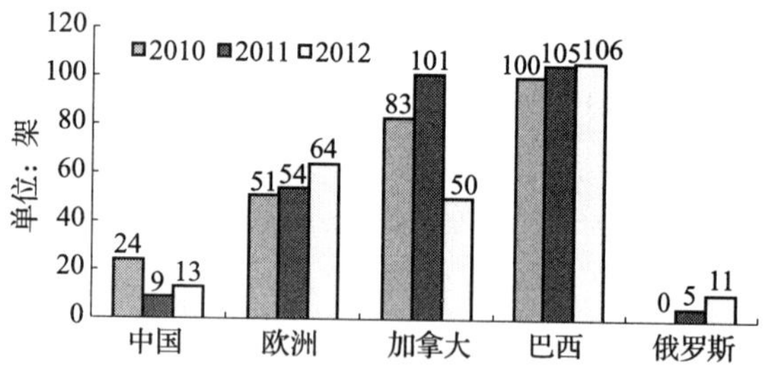


图4　近三年中外支线客机交付量对比

数据来源：Speednews

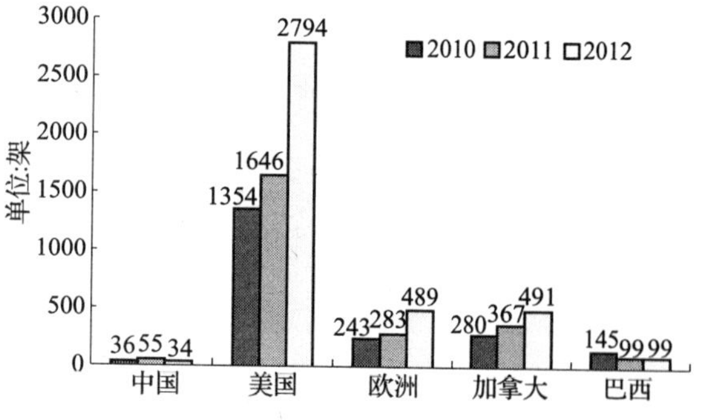


图5　近三年中外通用飞机交付量对比

数据来源：GAMA

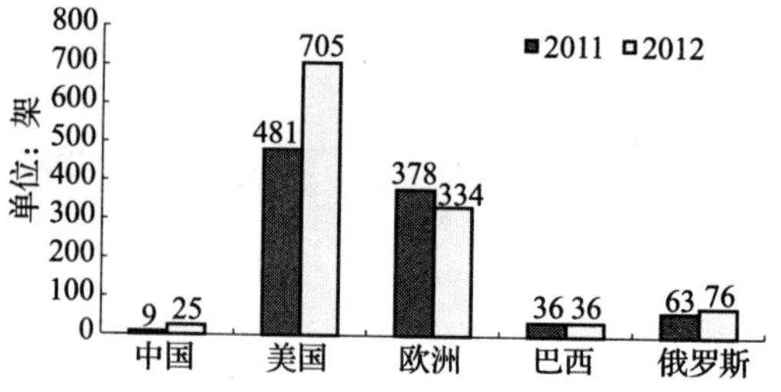


图6　近两年中外民用直升机交付量对比

注：巴西、俄罗斯数据为估算数。

数据来源：GAMA，HELIBRAS官网，Russian Helicopters年报

### （二）产品订单

2012年，中国民用飞机新增订单253架，其中，新增确认订单159架，新增意向订单94架。截至2012年年底，中国民用飞机储备订单830架（图7），其中，储备确认订单456架，储备意向订单374架。C919干线客机储备确认订单176架，ARJ21-700支线客机储备确认订单151架，“新舟”60储备确认订单73架。

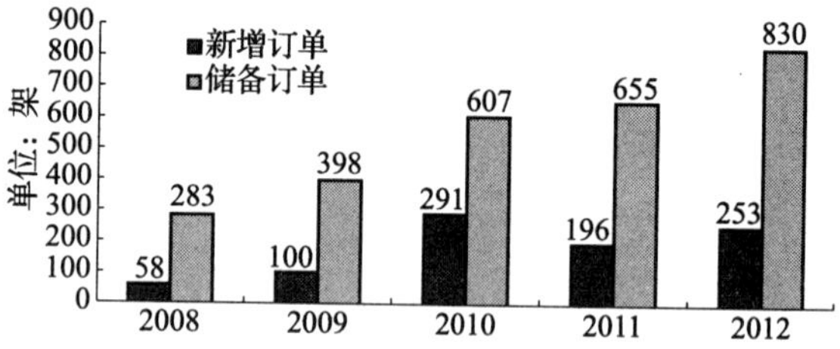


图7　2008—2012中国民用飞机订单情况

中国民用飞机的储备订单保持逐年稳定增长，但是绝对数量与世界航空强国相比存在较大差距。

在干线飞机领域，近几年中国C919项目进展顺利，储备订单逐年增多，但是与处于垄断地位的美国和欧洲地区相比差距巨大（图8）。

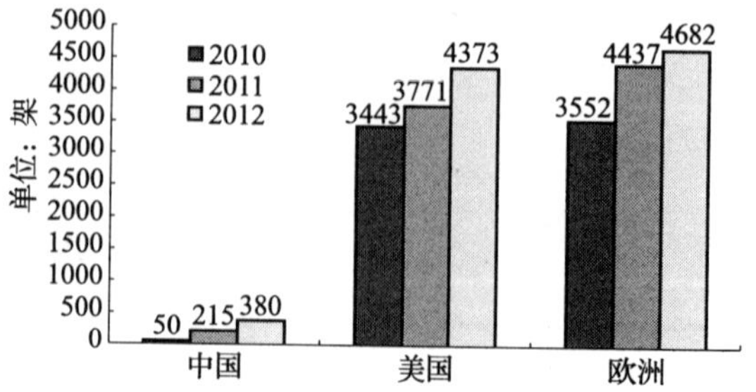


图8　近三年中国与国外干线飞机储备订单对比

数据来源：Speednews

① 由于统计范围的变化，2012年增加了空中客车（天津）总装有限公司总装生产线的数据，计算增长率时将2011年基数进行了相应调整。

支线飞机领域，中国“新舟”系列涡桨支线客机相继推出并交付，ARJ21 新型喷气式支线客机全面开展验证试飞，储备订单保持在300 到400 架之间比较平稳的水平，与其他国家和地区相比处于领先地位（图 9）。

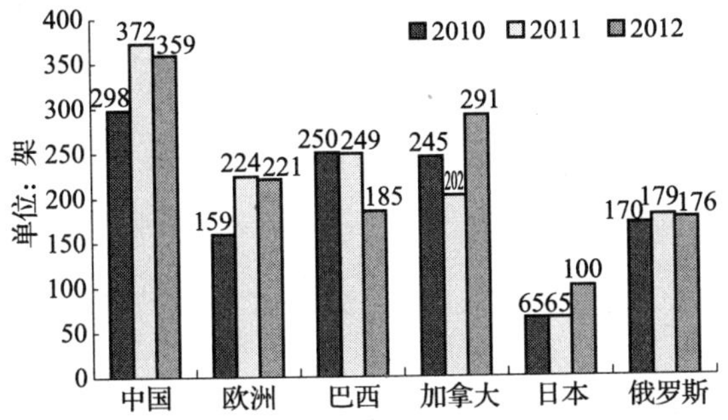


图 9　近三年中国与国外支线飞机储备订单对比
数据来源：Speednews，Mitsubishi 官网，
Superjet International 官网

**（三）转包生产**

2012 年，中国国外民用航空产品转包生产继续保持增长态势，交付金额 13.5 亿美元（图 10），比上年增长 29.4%。其中飞机零部件 7.1 亿美元，比上年增长 21.0%，发动机零部件 4.7 亿美元，比上年增长 10.8%，其他民用航空产品及零部件 1.6 亿美元，约为上年的 5.8 倍。但是转包生产新增订单为 7.4 亿美元，出现较大幅度下降，比上年下降 47.2%，显示出后劲不足。截至 2012 年底，转包生产储备订单为 32.7 亿美元，比上年增长 1.3%。

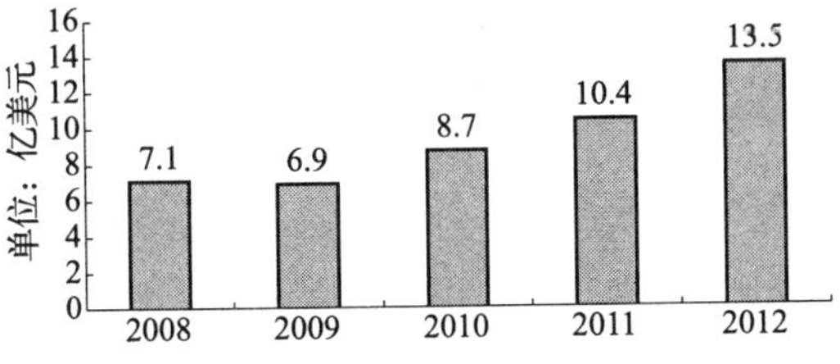


图 10　2008—2012 年中国民用航空
产品转包生产交付金额

中国近几年积极参与全球民机转包生产，获得了显著增长。但是与同样作为部件供应商的日本相比，其转包规模存在明显差距，日本已经参与到机翼、起落架等关键核心部件，在合作中占有较大份额，合作层次和供应商定位得到了极大提升。而同样是东亚国家的韩国，随着近几年航空工业的崛起，其转包生产增长很快，2012 年机体转包收入已经超过中国，成为中国民用航空转包生产的重要竞争对手（图 11）。

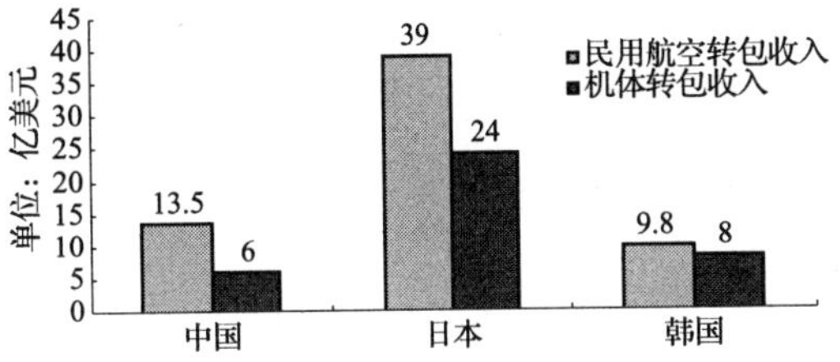


图 11　2012 年中日韩转包生产收入对比
数据来源：SJAC，KAIA

根据测算，2012 年全球民机机体转包市场规模为 185 亿美元，而中国民机机体转包市场规模仅为 6 亿美元，只占机体转包市场规模的 3%。

**（四）产品研制进展**

2012 年，中国民用航空新产品开发研制进展基本顺利。C919 大型客机项目已完成立项论证、可行性论证和预发展阶段工作，全面转入工程发展阶段；ARJ21－700 新支线飞机试验、试飞工作取得重要进展，成功转入局方审定试飞、预投产和首架交付阶段；运 12F 飞机项目已经完成全机静力试验，进入全机疲劳试验；“蛟龙”600 飞机项目完成总体方案定义/联合概念定义工作，已全面进入详细设计工作阶段；直 8F 直升机项目取得中国民航型号合格证（TC）和中国民航生产许可证（PC）；涡轴 16 发动机项目完成详细设计评审；大型客机发动机验证机项目通过概念设计阶段总体技术方案评审，开始进行初步设计。

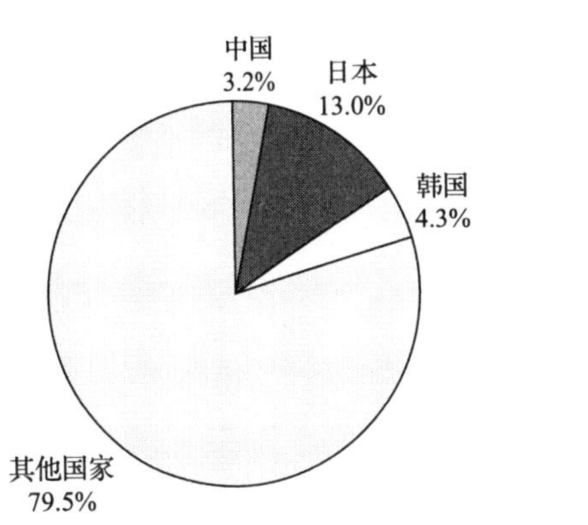


图 12　2012 年中日韩机体转包生产收入对比占比

## 四、经济运行效率与效益

2012 年，民用航空工业企业资产总计

3105.9亿元，负债合计1966.8亿元，所有者权益合计1146.2亿元，资产负债率63.3%。实现主营业务收入1840.4亿元，比上年增长7.9%①，其中，民用航空产品收入377.7亿元，比上年增长23.2%①，民用航空产品收入占企业主营业务收入的20.5%。民用航空工业企业利润总额94.5亿元，比上年增长23.3%①。

## 五、固定资产投资和研发支出

2012年，132个民用航空工业企业全年完成固定资产投资额133.7亿元，其中民用航空产品投资额28.1亿元，比上年增长33.2%，民用航空产品投资额占企业全部投资的21.0%。

2012年，132个民用航空工业企业研究与试验发展经费投入146.7亿元，其中民用航空产品31.1亿元，比上年下降9.9%，研究与试验发展经费支出占主营业务收入8.0%，研究与试验发展人员占全部从业人员13.2%，工程技术人员占全部从业人员18.3%。

## 六、产业布局

今年纳入统计范围的，中国航空工业集团公司（简称中航工业）有60个企事业单位从事民用航空工业，产值占全国民用航空产品产值的40.9%；中国商用飞机有限责任公司（简称中国商飞）有7个企事业单位，产值占1.2%；其他65个从事民用航空工业生产的企业，产值占57.9%。

**表1 2012年民用航空产品产值分布**

| 名称 | 单位数/个 | 民用航空产品产值/万元 | 占总计/% | 民用航空产品产值比上年增长/% |
|---|---|---|---|---|
| 中国航空工业集团公司 | 60 | 1524056 | 40.9 | 35.7 |
| 中国商用飞机有限责任公司 | 7 | 44956 | 1.2 | 2.5 |
| 地方民用航空工业企业 | 65 | 2157869 | 57.9 | 11.4① |

从民用航空工业产品看，中国航空工业集团公司和中国商用飞机有限责任公司主要从事民用飞机、民用航空发动机的生产和转包生产。地方民用航空工业企业主要从事民用飞机和民用航空发动机的维修。

纳入统计范围的132家民用航空工业企业民用航空产品收入分布不均，排名前10的企业收入总和占全国民用航空产品收入的74.5%。

**表2 2012年民用航空产品收入前10名企业**

| 排名 | 单位名称 | 民用航空产品收入/万元 | 去年排名 | 备注 |
|---|---|---|---|---|
| 1 | 空中客车（天津）总装有限公司 | 1180287 | | 去年未统计 |
| 2 | 西安飞机工业（集团）有限责任公司 | 693379 | 1 | |
| 3 | 珠海保税区摩天宇航空发动机维修有限公司 | 260302 | 3 | |
| 4 | 广州飞机维修工程有限公司 | 171903 | 4 | |
| 5 | 厦门太古飞机工程有限公司 | 135755 | 5 | |
| 6 | 西安航空发动机（集团）有限公司 | 115272 | 6 | |
| 7 | 哈尔滨飞机工业集团有限责任公司 | 74966 | 2 | |
| 8 | 沈飞民用飞机有限责任公司 | 63085 | | 去年未统计 |
| 9 | 威海广泰空港设备股份有限公司 | 60244 | 7 | |
| 10 | 成都飞机工业（集团）有限责任公司 | 59391 | 13 | |

## 七、国际合作

2012年，中国民用航空工业国际合作成果显著，中俄、中德、中英、中法政府间航空对话与合作机制不断深入。6月，中俄民用航空合作分委会第七次会议在西安召开，双方就中俄两国民用航空领域的合作情况交换了意见；8月，中德双方在北京签署了《空客中国总装线二期框架协议》，肯定了空客总装线项目合作的可持续性；9月，中英航空合作工作组2012年度会议在西安召开；11月，中法民用航空工业合作工作组第二

① 由于统计范围的变化，2012年增加了空中客车（天津）总装有限公司总装生产线的数据，计算增长率时将2011年基数进行了相应调整。

次会议在珠海召开，会议围绕中法航空工业合作项目，就低空开放、适航取证、知识产权和双方关心的其他问题进行了交流。

2012 年，企业间工业合作稳步推进。中国航空工业集团公司与通用电气（GE）公司注册成立了民机综合航电系统合资公司，进入正式运营阶段；中航工业机电系统公司与汉胜公司共同建立的合资企业举行了奠基仪式；中航大学继续同赛峰大学开展合作，进行了中高层管理人员的培训、互访和讲学活动；中国商用飞机有限责任公司与法国拉比纳公司合资组建的线缆公司挂牌成立，进入实质性运营阶段。

2012 年，有 13 个单位利用外资和港澳台投资金额 6.2 亿元。其中 2 个单位利用外资和港澳台投资亿元以上。有 7 个单位对外投资金额 17.8 亿元，其中西安飞机工业（集团）有限责任公司在奥地利投资 17.4 亿元。

## 八、行业管理

2012 年，国家高度重视民用航空工业发展，继续加强和完善民用航空产业管理和服务工作。5 月，国务院总理温家宝主持召开国务院常务会议，讨论通过《“十二五”国家战略性新兴产业发展规划》，提出了高端装备制造等七大战略性新兴产业的重点发展方向和主要任务，指出航空装备是现阶段高端装备制造业的重点发展方向。5 月，工业和信息化部印发了《高端装备制造业“十二五”发展规划》，明确了包括航空装备在内的五个重点方向，确定了航空装备重点加快大型客机、支线飞机、通用飞机和航空配套装备的发展，并提出了相关政策措施。12 月，民用航空工业统计工作会议在北京召开，会议总结了近年来民用航空工业统计工作，交流和探讨了《民用航空工业统计年鉴》、《民用航空工业年鉴》和《民用航空工业企事业单位概览》的编辑出版工作，工业和信息化部组织编制、印发了《中国民用航空工业年鉴 2012》、《中国民用航空工业统计年鉴 2012》两本反映行业发展的基础性资料，其完善程度与上年相比有明显提高。

2012 年，各省市结合本地情况纷纷出台相关产业发展政策和规划，统筹航空产业发展。北京市编制的《北京市战略性新兴产业之航空航天产业专项规划（2013—2015 年）》进入发布程序；天津市通过编制《天津市航空航天产业“十二五”发展规划》明确提出打造国家级航空航天产业的发展目标；广东省将航空产业作为高端装备制造产业的一部分纳入《战略性新兴产业发展“十二五”规划》中，出台了《广东省航空航天产业发展“十二五”规划》；四川省围绕《国家民用航空工业中长期发展规划》和《四川省“十二五”军民结合产业发展规划》的贯彻实施，制定了年度航空产业推进方案；上海市完成了《上海市推进战略性新兴产业“民用航空”专项工程实施方案（2012—2015 年）》的编制与发布；辽宁省制定了《辽宁省通用航空产业发展规划》；山东省编印了《山东省通用航空产业发展规划纲要（2012—2025 年）》。

# 第二部分
# 主要地区发展概况

# 北京市

## 一、本地区基本情况

2012年底，北京地区民用航空工业企事业单位共24家。其中，中央单位13家，地方企业11家。规模以上企业共12家（不含高校及中科院下属院所），其中地方企业5家。纳入中国民用航空工业统计的企业有17家。

主要航空企事业单位有：北京长空机械有限责任公司、北京青云航空仪表有限公司、北京百慕航材高科技股份有限公司、北京航空制造工程研究所、北京航空材料研究院、北京航空精密机械研究所、中国航空综合技术研究所、北京民用飞机技术研究中心等中航工业和中国商飞下属单位；北京航空航天大学、北京理工大学、中国科学院工程热物理研究所、中国科学院过程工程研究所、中国科学院力学研究所等高校及科研院所；北京北摩高科摩擦材料有限责任公司、北京安达维尔科技有限公司、北京金轮坤天特种机械有限公司、北京科源轻型飞机实业有限公司、北京浩天翼航空技术有限公司、北京金朋达航空科技有限公司、北京中航智科技有限公司、北京华安天诚科技有限公司、北京锐创信通科技股份有限公司、北京友泰顺城科技发展有限公司、铱格斯曼航空科技集团有限公司等地方配套企业。2012年地方配套企业平均从业人数2205人。

## 二、生产经营情况

2012年，北京市民用航空工业企业实现工业总产值52.0亿元，完成工业增加值15.6亿元，转包生产交付额1943万美元。

## 三、主要产品

### （一）民用飞机

“蓝鹰”AD200轻型多用途飞机系列、WD100、WD200、TD220、TC、X200、HW等型无人机、中华号热气飞艇系列、“彩虹号”热气球系列等。

### （二）航空发动机

民用直升机发动机燃油调节系统、民用航空发动机零组件。

### （三）航空设备及系统

自动飞行控制系统、机载设备综合检测系统、航空陀螺仪表、加速度计、无线电高度表、无线电罗盘、综合显示设备等。

### （四）其他民用航空产品

为波音公司、麦克唐纳·道格拉斯（简称麦道）、空中客公司及俄式近20个进口机型配套百余种钢制及碳刹车产品；

为CFM56－7系列发动机配套各种异型、薄壁宽支板和窄支板、各种轴承支撑座、飞机机身肋板等铸件；

空域管理和调度平台系统、机场塔台辅助指挥信息系统、TL自动激光驱鸟器等地面设备；

驾驶员抗坠毁座椅、驾驶员座椅、操作员座椅、旅客座椅等；

有杆、无杆两大系列共十余种牵引车及电动牵引车、系列挂装车等特种车辆产品；

波音747－400飞机LED彩灯等机舱改装设备。

### （五）相关产业的产品及服务

空域规划设计、航空器机载设备及部附件维修，地面测试设备研发、制造和维护，飞机加改装业务等。

## 四、产品开发与技术进步

### （一）整机

北京中航智科技有限公司在共轴反桨直升机旋翼设计、动部件加工方法、发动机减速齿轮箱与动部件配合、独立载重机体与气动外形设计等方面有独到之处，拥有100千克以上级别共轴反桨无人直升机设计制造能力。

北京科源轻型飞机实业有限公司正在研发具有自主知识产权的超轻型无人机，最大起飞重量 650 千克。

**（二）航空电子设备**

北京中航智科技有限公司自主研发的 $H_\infty$ 飞控系统，采用 $H_\infty$ 多输入多输出现代鲁棒控制算法，技术国内领先，该系统应用于我国绝大多数无人直升机。

**（三）材料、工艺及零部件**

北京百慕航材高科技股份有限公司长期从事于以航空新材料、新工艺、新技术为基础的系列高新技术产品的研究、开发和生产，具备规模化生产波音、麦道及空客等飞机用碳/碳刹车盘和其他刹车产品等百余种零部件的能力。

北京金轮坤天特种机械有限公司为航空、机械等行业企业提供高端设备关键部件表面防腐、耐磨、耐热等热喷涂技术服务，其中热障涂层材料、工艺、涂覆技术直接应用于我国新型航空发动机叶片热障涂层制备。

**（四）民用航空现代服务业**

北京华安天诚科技有限公司是国务院中央军委空中交通管制委员会办公室授予的国家空域评估技术支持单位，具备国内领先的空域规划管理、空域运行管理、飞行组织信息化、通信管理、模拟仿真等系统和平台的建设能力。

## 五、对外贸易与合作

中国宜通集团有限公司、国研信息科技有限公司与俄罗斯直升机公司开展全面合作，引进俄制直升机先进技术，计划在北京建设俄制直升机组装项目，2012 年 11 月，宜通集团与俄罗斯直升机公司签署《合作备忘录》。

北京百慕航材高科技股份有限公司与法国斯奈克玛公司开展合作，2012 年出口钛合金民用航空发动机铸件部件约 1332 万元。

## 六、重大基础设施建设

**（一）中航工业北京航空产业园**

中航工业北京航空产业园是北京市重点建设项目，由中国航空工业集团公司承担，计划在顺义区打造集生产、制造、研发、现代服务为一体的航空及非航空民品等产业化项目的产业园区。总占地面积 3000 余亩①，主要建设航空发动机产业基地、技术基础研发产业基地、航电系统产业基地、中航国际工贸园等项目，总投资约 165 亿元。园区一期主体建筑基本完工，全年完成固定资产投资超过 10 亿元。

**（二）中关村航空科技园区**

中国航空工业集团公司投资约 100 亿元，计划在中关村地区打造中航工业全球高端研发中心、二级集团总部的集聚地，科技成果转化、企业孵化和产业化培育基地，国际交流合作平台。项目位于中航工业北京青云航空仪表有限公司院内，总占地约 17 万$米^2$，规划建设面积 50 万$米^2$，2012 年基本完成地下工程施工。

**（三）北京通用航空产业基地**

北京通用航空产业基地是 2011 年 12 月由北京市经济和信息化委员会、市发展和改革委员会、市科学技术委员会批准挂牌的通用航空产业园区。基地位于平谷金海湖地区，总占地面积 10.7 千$米^2$，发展以通航研发、制造为核心，集通航维修、运营飞行、会展销售、教育培训于一体的通用航空现代服务业集聚区。2012 年 11 月，北京通用航空产业基地管理委员会分别与北京宜通金茂航空投资有限公司、滨奥航空投资集团、奥凯航空公司、中航空港场道工程技术有限公司签订了合作协议书，项目进入具体实施阶段。

**（四）企业承建项目建设情况**

北京金朋达航空科技有限公司在房山区“北京高端制造业生产基地”内，购地 20 亩，发展无人机研发制造项目，2012 年建筑主体竣工。

北京中航智科技有限公司 2012 年底在北京经济技术开发区（亦庄）注册成立，投资 5000 万元建设生产厂房，面积 2400 $米^2$，研发制造无人机和小型重油发动机。

北京安达维尔科技有限公司二期厂房已初步投入使用，新增建筑面积 1.2 万$米^2$，总投资 3500 万元，建成后将进一步增强航空零部件的维修能力。

北京金轮坤天特种机械有限公司在北京市通州区建设产业基地，扩大飞机牵引车产品产能。2012 年办理完成土地、环评、规划、施工

① 1 亩 = 666.6 $米^2$。

等审批手续。

## 七、行业管理主要工作

一是完善和落实行业规划。开展《北京市关于加快推进通用航空产业发展指导意见》（简称《指导意见》）、《北京市战略性新兴产业之航空航天产业专项规划（2013—2015 年）》（简称《专项规划》）的起草编制，经过多次论证、修改和征求意见，“专项规划”进入发布程序，《指导意见》基本定稿。积极落实《北京市人民政府关于加快推进军民结合产业发展的指导意见》、《北京市通用航空产业发展规划（2011—2020 年）》、《北京市“十二五”时期航空航天产业发展规划》，研究北京市空域资源利用与开发，细化通用航空产业布局，推动民用航空产业重点领域重大项目建设。

二是加大项目落地服务力度。通过全市统筹规划、优化产业发展环境、搭建公共服务平台、发挥产业集聚效应，推动俄制直升机组装生产、国外公务机机型引进、无人机产业园等一批重大项目落地，打通北京通用航空产业链关键环节。

三是做好行业运行监测和分析。加强与中央军工集团的对接合作，做好生产条件保障工作，协调推进其在京建设的重大项目和重点工程，落实市政府与中央军工集团签署的战略合作框架协议；积极联系地方航空工业民口配套单位，鼓励和扶持民口单位承担军品科研生产任务，鼓励民口单位优势资源向军工领域转移，推进北京地区民用航空工业军民融合式发展。

（北京市经济和信息化委员会）

# 天津市

## 一、本地区基本情况

天津市民用航空工业企业主要包括：空中客车（天津）总装有限公司、中航直升机有限责任公司（简称中航直升机）、西飞国际航空制造（天津）有限责任公司、古德里奇航空结构服务中国有限公司、天津航空机电有限公司、天津华翼蓝天科技有限公司、天津全华时代航天科技发展有限公司、PPG 航空材料（天津）总装有限公司、天津波音复合材料有限责任公司等。天津空港经济区航空产业聚集区是国家新型工业化产业示范基地。其中，纳入中国民用航空工业统计的企业有 4 家。

## 二、生产经营情况

2012 年天津市民用航空工业企业实现工业总产值 239.68 亿元，转包生产交付金额 4.03 亿元。

## 三、主要产品

### （一）民用飞机

空客 A320 组装生产项目：空中客车天津总装线已实现年产空客 A320 系列飞机 48 架的能力，截至 2012 年底已累计交付 110 余架。

直升机：中航直升机自主研制的国产轻型多用途直升机 AC310、AC311 等机型已累计下线 20 架。

无人机：包括海洋巡视无人机、测绘无人机、电力巡线无人机、农用无人机等，具有代表性的产品包括“刀锋”系列无人机和“狮鹫”系列无人机等。

### （二）航空设备与系统

产品包括应用于飞机配电系统、飞机环控系统、飞机点火系统和飞机防火系统的各种电磁继电器、温度继电器、高能点火装置、火警探测器、火警控制盒、温度控制盒、开关及断路器、力臂自动调节器等。

### （三）航空配套产品

应用于航空领域的紧固件类产品包括：钛合金类紧固件、高温合金发动机及发动机类紧固件、不锈钢类紧固件、高锁类紧固件、自锁螺母类紧固件和橡胶件等。

为空客 A320 系列飞机配套的机翼，主要是 A319/A320 系列飞机机翼的总装生产，包括机翼各活动翼面的安装调试、电气线路与控制系统的安装调试、燃油和液压控制系统的安装调试等。

应用于航空器的涂料、密封胶及相关产品、风挡玻璃、客舱玻璃、复合材料次结构件和内装饰件等。

### （四）航空维修改装及服务

为空客提供飞机短舱组装及维修服务的古德里奇公司项目；应用于 ARJ21－700、“新舟”600、C919、A320、波音 737 等航空器模拟训练的飞行训练设备、工程仿真平台和维护训练设备；无人机租赁服务等。

## 四、产品开发与技术进步

中航直升机有限责任公司研制的多型民用直升机进展良好，AC311 型民用直升机成为第一个通过 AEG 评审的国产民机，签订的民机销售合同数量创立了公司成立以来的最高纪录。

天津华翼蓝天科技有限公司为国产新支线 ARJ21－700 飞机、国产涡桨支线“新舟”60/“新舟”600 飞机、直升机和通用飞机等成功开发研制了各类飞行人员和维护人员的训练器，并成功研制出了国产大型客机 C919 等多种机型的飞机工程仿真平台，为国产民机的研制、生产与营销提供了直接支持，同时还研制开发了空客 A320 系列飞机、波音 737 系列飞机的飞行训练器，受到了国内大型航空公司的肯定。

天津全华时代航天科技发展有限公司研发的“狮鹫”无人机采用固定翼与飞翼相结合的设计结构，运用高精度的航电系统和新型复合材料，攻克了多项技术难题，大大提高了产品的性能。

## 五、对外贸易与合作

2012 年 8 月，空客公司与由天津港保税区和中国航空工业集团公司组成的中方联合体签署了空客 A320 系列飞机天津总装线二期合作框架协议，双方就完成空客天津总装线项目一期之后继续天津总装线项目二期合作事宜达成了原则性共识。

## 六、重大基础设施建设

中航直升机天津产业基地建筑面积 6.3 万米$^2$，累计投资约 11 亿元，中航直升机总部已于 2012 年搬迁至该基地。目前，天津直升机产业基地总部大厦具有公司总部、研发中心、市场营销中心、利润中心、运营中心及服务中心等六大功能。

航天神舟飞行器有限公司产业基地项目（无人机项目）共投资约 10 亿元人民币，目前一期建设已全面完成并投产，二期建设正在有序推进。

## 七、行业管理主要工作

天津市国防科技工业办公室是天津市航空航天工业主管部门。近年来，在市委、市政府的领导下，在工信部和国防科工局的指导下，按照“军民结合，寓军于民”的工作方针，不断进行体制机制创新，大力推进航空工业军民融合式发展，扎实做好航空产业管理工作。

一是做好发展规划，统筹产业发展。市委、市政府将天津航空航天产业列为天津八大优势支柱产业之一进行培育，通过编制《天津市航空航天产业“十二五”发展规划》明确提出打造国家级航空航天产业发展目标。

二是加强引导扶持，优化产业结构。以“三机一箭一星一站”（大飞机、直升机、无人机，火箭，卫星，空间站）为龙头，积极推动航空产业结构调整，在做长产业链条的基础上，不断促进企业向产业链条上游、研发设计等环节转移，增强产业核心竞争力。

三是增强服务保障，营造发展环境。积极协调有关部门对落户天津的重要项目予以支持，帮助协调解决在项目建设过程中遇到的用地、整机试飞等问题，不断营造良好的发展环境。

（天津市国防科技工业办公室）

# 河北省

## 一、本地区基本情况

2012 年，河北省民用航空工业整机制造和配套规模以上企业共 3 家，主要包括：中航工业石家庄飞机工业有限责任公司（简称石飞公司），隶属于中国航空工业集团通用飞机有限责任公司；保定惠阳航空螺旋桨有限责任公司，隶属于中国航空工业集团直升机有限责任公司；保定向阳航空精密机械有限公司，是中国航空工业集团的全资子公司。其中，纳入中国民用航空工业统计的企业有 2 家。全省从事航空关联产业人员近 5000 人，拥有省级技术中心一个。

## 二、生产经营情况

2012 年河北省主要民用航空工业企业主营业务收入 7.2 亿元，工业增加值 2.6 亿元，实现利润 3304 万元。

## 三、主要产品

1. 民用飞机整机。运 5B 单发活塞通用飞机、“小鹰”500 轻型多用途飞机、“海鸥”300 型水陆两栖飞机。

2. 航电设备研发和制造、运 12 和运 8 飞机部件研发和制造、航空螺旋桨研发和制造、直升机旋翼毂和尾桨等动力部件的研发和制造。

3. 航标（HB）系统组合夹具的研发和制造、中航工业数控设备修理改造和技术支持。

4. 通航作业和相关服务、运 5/运 5B 飞机大修业务。

## 四、产品开发与技术进步

“海鸥”300 飞机完成了 4 架飞机的改装，进行了 200 多个架次、80 多小时的试验飞行，基本完成了调整试飞，进入了验证试飞阶段。

4～5 吨级单发涡桨通用飞机 Y15－2000 研制项目完成了项目可研的编制与上报。

低成本复合材料通用飞机项目完成了材料性能对比试验和验证试验。

运 8 飞机首架襟翼部件顺利交付，为后续新部件的承接和批量生产提供了技术保障。

石飞公司通过了中国商飞公司供应商资格初步审查，将被列入中国商飞公司供应商名录，承担 ARJ21 新型喷气式支线客机部件配套任务。

由石飞公司承担的大型灭火/水上救援水陆两栖飞机发动机短舱及支架试制任务开始启动。

2012 年 11 月石飞公司获得中航工业集团公司“技术创新基金发展突出贡献单位”奖。

## 五、对外贸易与合作

石飞公司与美国穆尼公司正式签订了 MT20 通用系列飞机的转包生产合同，作为穆尼公司全球唯一生产大部件的供应商，确定了前三年的订单数量，穆尼公司 M20NT 飞机项目样机已到厂，将进行工装、材料的接收工作。

中航通用飞机有限责任公司（简称中航通飞）、石家庄市人民政府与美国赛斯纳飞机公司签订了《合资合作框架协议》。2012 年 10 月 26 日中航通飞华北公司与美国德事隆公司签订石家庄中航赛斯纳飞机有限公司合资经营合同，赛斯纳合资公司正式进入组建阶段。

## 六、重大基础设施建设

2009 年 3 月石家庄通用航空产业基地项目开工建设，该项目总投资 23 亿元，占地 4000 亩。项目一期总投资约 7 亿元，新建厂房设施 11 万米$^2$，新建跑道 1200 米长的 2B 级机场，一期项目现已完成，企业基本完成搬迁及运行。二期计划投资 19 亿元，建设期为 2013—2017 年，规划用地 3000 亩，已开始启动。

2010 年保定惠阳科技工业园建设项目开始启动，项目建设总投资 16.1 亿元，规划建设用地454.9亩，目前已完成369亩征地手续，9个单体建筑在建，2014年可实现部分搬迁工作。

保定向阳工业园建设项目，项目计划总投资1.8亿元，规划建设用地500亩，总建筑面积15.4万米$^2$。一期工程规划建筑面积6.1万米$^2$，到2013年底完工，二期建筑面积9.3万米$^2$，到2017年建成投产。

## 七、行业管理主要工作

《河北省航空航天产业发展规划》正在报批中。

（河北省工业和信息化厅）

# 山西省

## 一、本地区基本情况

2012年，山西省从事民用航空工业的企业共有3家，分别是太原航空仪表有限公司、山西青云集团有限公司和山西江川国威无人系统科技有限公司（简称江川国威）。其中，太原航空仪表有限公司隶属于中国航空工业集团公司，另外两户企业正在建设中，尚未投产。

此外，太原市民营经济开发区与山西煤炭资产经营有限公司签订了“联航航空科技产业园项目”合作框架协议，建立了无人机研发基地。

## 二、生产经营情况

2012年，山西省民用航空工业企业实现工业总产值4.8亿元，工业增加值2.2亿元。

## 三、重大基础设施建设

### （一）山西青云集团有限公司·青云通用航空基地项目

2012年3月24日，山西青云集团有限公司·青云通用航空基地项目开工建设，青云通用航空基地项目建设内容分为通用飞机研发与制造基地、产品支援基地、销售与服务基地、通用航空飞行体验与培训、娱乐基地和国展中心五个板块。

青云通用航空基地项目从2座通用直升机及固定翼飞机的组装，发展到4座、5座通用直升机及固定翼飞机的部件生产及组装，再到6~9座系列直升机及固定翼飞机的全件生产及整装工程和11~21座商务飞机的组装工程。目前，选址、环评手续已办理，土地预审已上报国土部待批，项目核准手续已上报国家发改委待批，目前正在进行厂房建设。

### （二）山西江川国威无人系统科技有限公司吕梁无人系统产业基地项目

山西江川国威无人系统科技有限公司吕梁无人系统产业基地项目2012年10月取得备案，业务领域涉及无人系统制造、小型航空发动机制造、航空零部件制造、新型航空复合材料制造、新型能源系统制造、高端航空油漆制造和无人航空器运营服务七大产业。

2012年10月，江川国威北京研发中心正式建成运营。在机型研制方面，用于农药喷洒的H30机型第一批10架已在北京完成设计及零部件加工，第二批20架飞机的零部件加工任务已下达，机载设备也已启动采购。起飞重量80千克的H80机型，3月29日已经通过了山西省科技厅重大专项办的阶段性评审并列入山西省重大专项。

（山西省经济和信息化委员会）

# 辽宁省

## 一、本地区基本情况

2012年，辽宁省共有各类从事航空器及零部件生产、设计开发的企事业单位120余家，从业人员3.5万余人。包括规模以上工业企业22家、国家级技术中心2个、省级技术中心5个、高校及科研院所15所、航空产业基地及园区5个。其中，纳入中国民用航空工业统计的企业有3家。

### （一）航空工业研发及制造单位

骨干航空企业有：中航工业沈阳飞机工业集团有限公司（简称沈飞公司）、航天新光集团有限公司、中航工业沈飞民用飞机有限责任公司（简称沈飞民机公司）、中航工业沈阳黎明航空发动机（集团）有限责任公司（简称黎明公司）、沈阳中体轻型飞机制造有限公司（原滑翔机厂）、中航工业沈阳兴华航空电器有限公司、沈阳航达机载设备有限公司、沈阳松辽电子仪器有限公司、航天长峰朝阳电源有限公司等。

地方主要航空配套企业有：鞍钢股份有限公司、东北特钢集团抚顺特钢股份有限公司、辽宁忠旺铝材有限公司、国泰航空零部件制造有限公司（简称国泰公司）等。

高校及科研院所有：沈阳航空航天大学、大连理工大学、辽宁通用航空研究院、中航工业沈阳飞机设计研究所、中航工业沈阳发动机设计研究所、中航工业沈阳空气动力研究院、中科院沈阳自动化研究所、中国电子科技集团第47研究所、中国电子科技集团第53研究所等。

### （二）航空运营及维修单位

辽宁省共有民用机场26个，其中，军民两用机场6个，执行通用航空任务的固定机场和临时机场20个，主要分布在沈阳、大连、鞍山、锦州、盘锦、铁岭、朝阳等城市，大多为农业、林业部门建设所有。

辽宁省持有通用航空经营许可证的企业有：东北通用航空公司、辽宁通用航空公司、汉华公务机有限公司、中一太客商务航空有限公司等9家单位与组织。

航空维修企业主要有：南方航空公司沈阳维修基地、南方航空公司大连维修厂、沈阳凯特航空发动机维修公司、沈阳威宇航空维修工程公司等。

### （三）航空产业基地及园区

航空产业基地及园区主要有：沈阳民用航空产业国家高技术产业基地及其下设的法库通航产业园、沈北航空产业园、浑南航空产业园；盘锦市通用航空产业园；大连通用航空城；朝阳通用航空基地。总规划用地约55万千米$^2$。2012年，法库已建成东北第一个通航机场，现有相关配套设施已处于全国通用机场领先地位，半径达10千米的低空试点报告空域及航空服务站完善的服务体系足以满足通用航空飞行需求，成为全国首家低空空域航空服务站试点地区。

## 二、生产经营情况

2012年，辽宁省民用航空产品的设计和生产迈出了新的步伐，庞巴迪Q400飞机部件、庞巴迪C系列飞机部件、塞斯纳LSA162运动飞机等一系列重大项目相继投产。国产新支线飞机和大型民用客机的部件研制生产、飞机大部件及零部件转包生产、小型运动飞机的整机生产能力、航空发动机、整机电器电缆等配套产品的研制和生产能力得到了进一步提升，全省民用航空工业实现了健康快速发展。

2012年，辽宁省民用航空工业企业完成工业总产值218.8亿元，工业增加值52.1亿元，转包生产交付额2.9亿美元。

## 三、主要产品

### （一）通用飞机整机制造

1. 赛斯纳LSA162轻型通用运动飞机（2

座），由沈飞公司与美国赛斯纳公司合作生产，是我国第一个包括试飞在内的通用飞机整机制造项目，目前，该项目已进入稳定批产阶段，年生产整机能力达到 300 架。

2. “海燕” 650C 四座多用途轻型飞机，由沈阳中体轻型飞机有限公司制造，按中国民用航空条例 CCAR23 部正常类进行适航审定。该机为农林作业、测量勘探、摄影广告、体育观光等理想用机，为具有自主知识产权的产品。

3. TF－1、TF－8 两款无人机，均由航天新光集团有限公司研制，主要用以完成飞行区域内以及所关注区域的温度、相对湿度、气压、风向、风速等气象参数的测量任务。

**（二）民用飞机零部件制造**

1. 国际航空转包、民用飞机改装和国产新支线等三个航空产业板块及波音、空客、庞巴迪、国产飞机四个系列的航空零件产品，由沈飞民机公司承担，产品主要包括波音 737－48 段、波音 787 垂尾前缘、波音 747/757/767 飞机客改货地板、舱门和口框；空客 A320 系列舱门和机翼前缘；庞巴迪 Q400 前机身、中机身、后机身、尾段、舱门、全机电缆、机身对接系统安装；国产 ARJ21 型飞机的尾段、电源中心、无线电架、发动机吊挂、全机电缆、方向舵，以及 C919 后机身、垂尾、吊挂、APU 门等民用飞机大部件工作包。

2. 庞巴迪 Q400 全机机身及结构组件，庞巴迪 C 系列飞机风险合作项目，由沈飞公司承担，产品包括 C110 和 C130 两个机型的前机身桶段、中机身、尾锥和舱门共四个工作包的设计、制造、装配及相应的试验和售后服务等工作，同时，沈飞公司还承担了国产 C919 后机身压力框、后机身部段、吊挂部段 3 个部段的研制任务。

3. 波音 737、波音 787 飞机零件，空客 A320、A330/A340 飞机零部件，庞巴迪 Q400 飞机零部件等，由国泰公司承担，该公司是波音、庞巴迪、空客等飞机制造公司的次级供应商。

4. 赛斯纳 LSA162 轻型通用运动飞机机身结构件等机加件和复材零部件、C919 舱门零件试验件等，由西子公司生产。

5. 固定翼无人机、轻型飞机、动力伞用碳纤桨，各类模型直升机机翼等产品，由丹东市天资模型工作室研制。多类飞机木制螺旋桨，由丹东市元宝区飓风螺旋桨厂生产。

**（三）航空发动机**

航空发动机研制、批量生产和大修，航空零部件转包生产，微、轻、重型等多个燃气轮机成套设备的研制、批量生产等，由黎明公司承担。

**（四）相关产业的产品及服务**

1. 沈阳兴华航空电器有限责任公司：主要产品是电连接器、微特电机、自动保护开关和工业电器产品，广泛用于航空航天等领域。

2. 沈阳航达机载设备公司：主要产品有飞机传感器、加油控制器、转速表、油位信号器、飞机液压油泵车、直升机油泵车、飞机地面空调车、飞机发动机加温清洗车等。

3. 沈阳松辽电子仪器有限公司：主要生产飞机话音告警系统，承担多类型飞机机载雷达、电气、仪表、无线电装备修理服务。

4. 沈阳中之杰流体控制系统公司：主要生产液压控制系统、液压油缸、液压集成阀块及各种实验设备等，广泛用于航空航天等领域。

5. 南方航空公司沈阳维修基地：主要承担民航客机维修安全保障任务，2012 年，正式获得民用航空器改装设计委任单位代表（DMDOR）授权资质，成为民航东北地区首家进口航空器授权单位。

## 四、产品开发与技术进步

沈飞民机公司近几年技术能力逐步增强，成功试制波音项目 1088 框由啄钻制孔改为数控机床制孔、C919 项目 IPS 吊挂大部件数控机床制孔、ECD 和 Q400 蒙皮化学铣切改为数控铣切并应用于实际生产。开展了工装、工具 TPM 管理，提高了工装、工具完好率。申报 6 项专利、5 项科技计划、2 项中航工业集团科技成果。开展了国家 863 计划、沈阳市科技计划、C919 大型客机制造类关键技术攻关等 7 项科研课题结题验收工作，其中《大型飞机舱门数字化装配技术与装备》获得国家科技部验收专家组好评，已应用于 Q400 项目 3 张单曲壁板装配生产。在参与庞巴迪 C 系列项目设计研发的同时，扩大参与 C919 项目联合设计的力度，参与了吊挂、后机身、舱门、中机身、外翼、电缆联合设计。启动CXY项目复合材料机翼联合研发工作。完成某项目设计及最终产品交钥匙的全流程工作。参与“新舟”700项目。与中国商飞公司上海飞机客服中心签订2013年技术服务合同。通过AS9100C版设计认证复审，开展了DOA认证研究，设计流程、标准和运行环境初步形成。

辽宁通用航空研究院从辽宁通航产业集群发展需求出发，坚持走自主创新之路，努力在独立自主知识产权通航飞机研制上取得突破，掌握了一系列新能源通用飞机共性核心技术。2012年自主研制成功我国第一架全碳纤维复合材料结构、氢燃料电池动力“雷鸟”（LN60F）无人试验机，并顺利实现首飞。同时，还自主研制成功了“沈鹰1号”（SY-1）型锂电池电动无人机和全复合材料“锐翔”（RX1E）双座电动轻型飞机，这两种型号飞机的研制成功和试飞，在我国新能源飞行器研制领域具有开拓性的历史意义，也为辽宁通航产业的发展注入了新的活力。

## 五、对外贸易与合作

沈飞民机公司、沈飞公司、国泰公司大力开发国际民机市场，积极扩大对外合作，分别与美国、英国、德国、瑞典、加拿大、以色列等十几个国家的著名航空公司开展了民机零部件转包生产项目的合作，并建成了多条专业生产线。已向波音、空客、庞巴迪、欧直德国公司、以色列航空工业公司等数家国际著名飞机制造企业提供了民机零部件转包产品，建立了良好的技术合作与贸易伙伴关系。2012年，全省民用航空工业转包生产交付金额26.7亿元人民币。

此外，丹东两个小微企业的产品均已销往欧洲、澳州、北美、中东及日本、韩国、中国香港、中国台湾等地。

2012年8月，沈阳市在通用航空产业基地成功举办了为期3天的“2012沈阳法库AOPA国际飞行大会”，这是东北地区首次举办的国际飞行大会，更是中国首次举办的“飞来者”大会。飞行大会以“共享蓝天、圆梦启航”为主题，以大型航空表演、静态航空器材展、低空经济论坛、项目签约暨成果发布会等为主要活动内容。共有211架（具）飞行器参展，来自中国、美国、加拿大、英国、德国、白俄罗斯、西班牙、荷兰、立陶宛等9个国家的飞行人员进行了精彩的飞行表演，包括蜚声海内外的英国雅皮士飞行特技团。本次飞行大会共吸引投资287亿元人民币，签约16个项目。

## 六、重大基础设施建设

沈飞民机公司ARJ21新型喷气式支线客机批生产能力建设项目，占地面积80亩，建筑面积3.2万米$^2$，解决ARJ21尾段零部件制造、装配等能力不足问题，形成年产30架份ARJ21吊挂、尾段、方向舵、无线电架、电源中心、全机电缆等组件的配套生产能力，满足ARJ21交付进度和试航审定等要求。

沈飞民机公司钣金生产线项目，建筑面积2万米$^2$，用于支持企业快速提高钣金零件加工能力。公司钣金零件装配生产厂房已于2012年投入使用。

沈飞民机公司原材料保税仓库项目，占地面积30亩，建筑面积1.75万米$^2$，存放沈飞、沈飞民机公司进口原材料，并可在库房内完成原材料的简单下料、切割。公司综合库房已于2012年投入使用。

庞巴迪C系列飞机装配厂房项目，占地面积80亩，主要进行C系列飞机前机身、中机身、尾锥和8个门的设计、制造、装配、试验、适航取证和售后服务等工作。工程占地2.3万米$^2$，建筑面积2.7万米$^2$，设计生产能力为月产10架份C系列飞机机身部件。

法库通航产业园，总体规划面积68千米$^2$，建设面积25千米$^2$，重点发展通用飞机总装、试飞、调试，以及通航飞机维修、运营、培训和服务。目前园区内通航机场已经建成并通过使用审批，可在真高500米、半径10千米的报告空域内进行目视飞行。

沈北航空产业园继续推进基础设施建设和招商工作，发展方向为飞机整机总装和零部件加工制造。目前园区集聚了国泰、西子航空等航空制造企业7家，内容涉及飞机零部件、夹具模具、航空装备、机电设备和飞机蒙皮的制造加工与维修服务等，年产值9亿元。

浑南航空产业园先期在桃仙机场北侧建设

了以庞巴迪 Q400、庞巴迪 C 系列和 ARJ 项目为重点的沈飞航空产业园，后续在沈抚新城区域内划出 20 千米$^2$地区用于发展航空产业，发展方向为支线飞机、公务机整机生产和关键重要大部件生产加工。

盘锦市通用航空产业园区建设初具规模，园区面积 2 千米$^2$，重点发展通用飞机研发制造、维修、人员培训、通航服务等项目。其中，盘锦中澳航空科技有限公司已取得中国民用航空局引进澳大利亚佳宝通用飞机的组装生产认可证和东北民航管理局的机场使用许可。

辽宁通用航空研究院大楼，2011 年 8 月动工，2012 年底竣工投入使用，占地面积 1.0 万米$^2$，建筑面积 1.1 万米$^2$。

## 七、行业管理主要工作

一是制定了《辽宁省通用航空产业发展规划》，该规划依据国务院下发的《“十二五”国家战略性新兴产业发展规划》和《国务院关于促进民航业发展的若干意见》，立足辽宁通用航空产业体系建立，以及航空企业核心竞争力和专业化能力的发展，并充分考虑与高端装备制造业、信息产业、旅游业、教育培训等行业规划的衔接。规划共九部分，分别从辽宁通用航空产业发展现状、发展基础和优势、存在的问题、面临的机遇与挑战、指导思想、发展目标、发展重点、产业空间布局及保障措施等方面提出促进产业发展的政策措施。

二是以重点项目为载体，加大对航空产业发展的支持力度。辽宁省经济和信息化委员会将沈飞民机的 ARJ21 批生产能力建设项目和 C919 研制保障条件建设项目列入辽宁省 2013 年的 100 个新型产业项目予以重点推进。同时，深入调研，积极跟踪项目建设进程，帮助企业协调解决当前存在的问题和困难。

三是充分发挥辽宁省航宇学会这一中介组织的桥梁和纽带作用，协助政府行业管理部门制定产业政策、行业经济运行分析，协调政府部门解决企业遇到的问题和困难。同时，通过协会组织开展形式多样、内容丰富的跨地区学术交流、科普教育等活动，为航空产业发展营造良好的氛围。

（辽宁省国防科技工业办公室）

# 黑龙江省

## 一、本地区基本情况

黑龙江省民用航空工业起源于“一五”时期，经多年发展，初步形成了以哈尔滨飞机工业集团有限责任公司（简称哈飞）、哈尔滨东安发动机（集团）有限公司（简称东安）为龙头企业，以哈尔滨东轻北方铝材有限公司、中航哈尔滨轴承有限公司等为重点配套企业，以中国航空工业空气动力研究院、哈尔滨工业大学、玻璃钢研究院等为科技支撑，以中国飞龙通用航空有限公司为通航运输重点企业的航空产业格局。

黑龙江省作为东北老工业基地，多年来致力于航空工业发展，并在哈尔滨哈南地区建立航空产业基地，哈飞、东安、哈飞空客复合材料中心等多家航空企业汇聚于此。

## 二、生产经营情况

2012 年黑龙江省有规模以上航空工业企业 8 家，包括哈飞、东安、哈尔滨安博威飞机工业有限公司等，实现产值 99.9 亿元，同比增长 16.5%；主营业务收入 103 亿元，同比增长 10.9%。其中，纳入中国民用航空工业统计的企业有 2 家。

## 三、主要产品

黑龙江省在航空产品方面形成了以 4 吨级直升机系列、运 12 系列通用飞机为重点的整机产品；以航空发动机、传动系统为重点的飞机核心部件产品；以复合材料、铝镁合金为重点的原材料配套产品；以航空运输和飞行培训为重点的服务延伸产品。运 12 系列通用飞机是目前国内唯一取得美国适航证的整机产品，轻型多用途飞机及直升机产品均处于国内领先水平。近年来黑龙江航空工业企业与空客、巴西航空工业、意大利艾维欧等国际知名公司建立了良好的合作关系，加快了融入世界航空产业体系的步伐。

黑龙江省航空产品转包生产主要集中在飞机内饰、直升机部件、飞机复合材料等方面。哈飞、东安航空产品转包生产主要集中在零部件加工、工装工具等方面。

## 四、产品开发与技术进步

### （一）直 15 直升机研制项目

直 15 直升机项目是哈飞和法国欧洲直升机公司采用项目合作的形式联合研制的一种先进中型多用途直升机。双方在设计、试验、制造、试飞、取证和市场营销等方面进行了全面合作。2005 年 12 月 5 日，双方签署了合作合同，明确了共同投资、共同研制、共担风险、共享收益和共享市场的合作原则。

该项目按照一平台多用、系列化发展的原则，尽量采用成熟的技术、成品、材料和制造工艺，充分利用其他项目的成熟技术和成果，降低研制风险和费用，缩短研制周期，开发优质产品。以全寿命成本最低作为基本原则和指导方针，使用户获得最佳的费效比，从而提升直 15 直升机国内外的市场竞争力。直 15 直升机的性能、经济性、可靠性、维修性、保障性、舒适性、安全性等达到当代直升机的国际先进水平。该项目的实施使我国的直升机企业向世界先进民用直升机主制造商行列迈进了一大步，使我国的直升机企业按照国际适航标准的要求走完民用直升机研制的全过程，得到一个先进的通用民用直升机平台；极大地促进了黑龙江省的经济发展，并带动了周边企业的产业完善。

### （二）运 12F 飞机研制项目

为适应市场需要，提高产品竞争力，哈飞提出在运 12 飞机基础上，研制以短途客运为主，兼顾货运的低成本新型多用途飞机运 12F。飞机在舒适性和运营成本上形成与竞争机型的相对明显优势。运 12F 飞机为适应市场的多样性，机身设计除能乘坐 19 名旅客，还可满足装载 3 个 LD3 集装箱的要求。运 12F 飞机在设计上充分考虑航空公司多种装载需要，采用模块化设计，稍加改装即可用于航空摄影、医疗救护、空投空降等多种用途。

该飞机将广泛用于民用客货运输、海洋监测、航空摄影等领域，同时也具有较高的军用运输市场前景。同时随着进口设备、材料国产化工作的推进，可带动省内材料、化工、电子、机械加工等相关产业的进步和发展。

（黑龙江省工业和信息化委员会）

# 上海市

## 一、本地区基本情况

2012年，上海市民用航空工业企事业单位共有40余家，拥有中国航空研究院上海分院、民用飞机模拟飞行国家重点实验室、国家商用飞机制造工程技术研究中心、民用航空先进检测技术实验室等一批科研平台。

主要企事业单位有：中国商用飞机有限责任公司（简称中国商飞公司）及其所属中航商用飞机有限公司、上海飞机设计研究院、上海飞机制造有限公司、上海飞机客户服务有限公司、上海航空工业（集团）有限公司；中国航空工业集团公司所属中航商用飞机发动机有限责任公司（简称中航商发公司）、中航通用电气民用航电系统有限责任公司（以下简称昂际航电公司）、中国航空无线电电子研究所、上海航空测控技术研究所、上海航空电器有限公司；上海西科斯基飞机公司。零部件配套企业：包括上海新华东光电技术研究所、氰特表面技术（上海）有限公司、蒂森克虏伯航空材料（上海）有限公司、上海上飞飞机装备制造有限公司。维修保障企业：包括上海波音航空改装维修工程有限公司、上海普·惠飞机发动机维修有限公司、上海科技宇航有限公司、上海东联航空机轮刹车大修工程有限公司、上海柯林斯航空维修服务有限公司、上海凯迪克航空工程技术有限公司、上海航新航宇机械技术有限公司、上海威克特航空地面设备有限公司、上海才才航空设备有限公司等。航空租赁企业：中航国际租赁有限公司等。其中，纳入中国民用航空工业统计的企业有8家。

上海是国家首批“国家新型工业化产业示范基地（航空产业·上海市）”，重点布局为：干支线飞机设计研发布局在浦东张江，飞机装配、大部件制造与试验试飞布局等在浦东祝桥东部，客户服务布局在闵行紫竹；商用航空发动机设计研发、客户服务布局在闵行紫竹，装配试车、单元体制造与试验验证布局在浦东临港；航空电子系统设计研发、集成验证、客户服务布局在闵行紫竹；航空机电设备研发制造与试验验证布局在浦东临港及相关产业园区；航空维修、飞机改装等以浦东、虹桥国际机场周边和青浦出口加工区等地域为主；航材物流以航空港、保税区等为主；航空营销和运营总部、融资租赁企业等以市及各区县专业化产业集聚区为主。

## 二、生产经营情况

上海地区民用航空产业2012年实现销售收入101.0亿元，同比增长34.9%；工业企业完成工业总产值100.9亿元，同比增长40.1%；年产值亿元以上企业11家；2012年出口额30.3亿元，同比增长37.7%。

## 三、主要产品

### （一）民用飞机

中国商飞公司：ARJ21－700新型涡扇支线客机。

上海西科斯基飞机公司：S－300CBi、S－300C、S－333等轻型直升机。

### （二）航空设备及系统

昂际航电公司：C919大型客机核心处理系统、显示系统、机载维护和飞行记录系统。

中国航空无线电电子研究所：航空电子系统总体与综合、航空电子核心处理与综合应用系统、航空无线电导航系统等。

上海航空测控技术研究所：航空故障诊断设备、健康管理设备、数据采集与处理系统、综合测试设备等。

上海航空电器有限公司：航空开关、熔断器、照明设备及信号装置、接插件及连接装置、控制电器及告警装置等。

### （三）其他民用航空产品

商用飞机机载液晶显示屏，碳纤维环氧树脂合成材料，航空电线、电缆，合金材料，飞机装配工装、型架和模具，各类紧固件、标准件等。

## 四、产品开发与技术进步

中国商飞公司：C919 大型客机。

中航商发公司：CJ－1000A 商用航空发动机验证机。与上海超级计算中心合作成立“上海超级计算中心商发分中心”，完成总体性能、控制系统仿真等 4 个设计集成平台上线，有效支撑了概念定义阶段数字化设计工作的开展。

中国航空无线电电子研究所：座舱显示系统、模块化核心处理系统、A664 网络系统、飞行管理系统、中央维护系统、综合信息管理系统、综合环境监视系统等。

上海航空测控技术研究所：客舱核心系统、客舱娱乐系统、飞行状态安全实时监测系统、飞机安全视频监视系统、分布式电缆测试系统、飞机大部件装配自动对接系统等。

上海航空电器有限公司：座舱智能照明综合机与控制面板组件系统、客舱总线式智能照明综合系统、分布式智能配电系统，以及着陆灯、防撞灯、探冰灯等高性能 LED 机载外部照明设备等。

上海新华东光电技术研究所：商用飞机航空液晶显示终端 10.4 英寸①、2.4 英寸 ×2.4 英寸模块所需的 TFT－LCD 面板已开发完成，光电指标基本达到设计目标和用户要求，加固模块初样试制已完成；15 英寸机载液晶显示模块进入联调阶段。

上海上飞飞机装备制造有限公司：工装设备。

上海电缆研究所：航空电线、电缆。

## 五、重大基础设施建设

### （一）中国商飞公司

在各方面的有力支持和推动下，2012 年 2 月 28 日，中国商飞总部基地在浦东世博园区正式奠基；2012 年 4 月 23 日，中国商飞公司民用试飞中心在龙华办公大楼挂牌成立。至此，中国商飞上海地区“一个总部，四大中心”的战略布局基本形成。

设计研发中心：规划用地约 1200 亩，先期规划建筑面积约 20 万米$^2$。目前，设计研发中心外围配套建设基本完成，已于 2012 年 7 月入驻启用，现有科研人员 1900 余人，已大部分进驻浦东新园区。

总装制造中心：占地约 4000 亩，总建筑面积近 120 万米$^2$。现有员工 5000 余人，目前 18 个厂房项目正在建设中。市政道路建设部分完成，电力配套建设部分完成。

客户服务中心：占地近 190 多亩，总建筑面积 10 多万米$^2$，现有员工 500 多人。主要包括客户培训中心、航材中心、客户支援中心和技术交流中心等。

民用飞机试飞中心：已于 2012 年 4 月 23 日正式在龙华办公大楼挂牌成立。

### （二）中航商发公司

中航商发闵行研发基地位于闵行紫竹，占地 450 亩，一期建设已完成，总部及研发中心大楼已投入使用；

装试基地位于临港重装备产业区，占地 1250 亩，已于 2012 年 2 月 29 日开工，一期建设正在顺利进行中。

2012 年 12 月 19 日，中航商发公司股东会形成决议，中国烟草集团正式参股中航商发公司。

### （三）昂际航电公司

2012 年 10 月 20 日，昂际航电公司正式揭牌，同时，中航民用航空电子产业园一期工程启动建设。

### （四）上海机场（集团）有限公司

2012 年 4 月份，浦东机场第四、五跑道可研报告上报国家发展改革委，6 月 11 日，通过中咨公司组织的专家评审。

## 六、行业管理主要工作

围绕大力支持干支线飞机和商用航空发动机等的研制与产业化发展，促进上海民用航空产业的做大做强，逐步将上海建设成国家民用航空产业重要基地的目标，一是持续推进《上海市民用航空产业“十二五”发展规划

① 1 英寸 =0.0254 米。

(2011—2015年)》的贯彻实施；二是完成《上海市推进战略性新兴产业“民用航空”专项工程实施方案（2012—2015年)》的编制与发布，继续支持一批重点项目；三是支持和鼓励核心企业、高等院校、科研机构承担国家和市级民用航空类研究中心、实验室等的建设任务。

（上海市经济和信息化委员会）

# 江苏省

## 一、本地区基本情况

2012年，江苏省民用航空工业规模以上企业33家，从业人员1.95万人，同比增长7.5%。拥有4个国家重点实验室、2个国防重点实验室、2个国家重点技术实验室、3个国家级计量中心、3个国家级企业技术中心和7个省级技术中心。其中，纳入中国民用航空工业统计的企业有17家。

## 二、生产经营情况

江苏省2012年民用航空工业实现产值224.0亿元，同比增长15.9%；主营业务收入230.3亿元，同比增长17.1%；出口73.8亿元，同比增长7.2%（主要是飞机零配件）；实现利税16.8亿元，同比增长18.5%；利润12.9亿元，同比增长22.7%。

## 三、主要产品

### （一）整机技术与产品

包括轻型飞机、公务飞机、无人机。

### （二）航空轻型动力技术与产品

包括100～500马力[①]活塞式发动机、800十牛以下（重点是500十牛以下）推力的涡喷/涡扇发动机、1兆瓦级功率以下燃气轮机、航空动力辅助系统。

### （三）航空电子系统技术与产品

包括航空通信系统、机载雷达等导航系统、飞机座舱仪表显示系统。

### （四）航空机电系统技术与产品

包括飞行操纵系统、液压传动系统、电源/电气系统、燃油系统、环境控制系统、装载及空投系统。

### （五）航空保障技术与产品

包括航空指挥调度系统、航空灯光电源系统、航空检测设备、登机廊桥、加油车、飞机维护等地面综合保障设备和系统。

### （六）其他航空技术与产品

包括航空安全座椅、航空内饰件、航空新材料（机体结构铝合金型材，航空发动机叶片用铸造母合金、高温合金、碳/碳复合材料、超级纤维，钛合金与不锈钢等）、航空精密轴承、飞机轮毂、复合材料结构件及民用飞机辅助动力装置和零部件。

## 四、重大基础设施建设

中航工业南京轻型航空动力项目于2012年3月9日举行揭牌仪式，5月28日开工建设，一期工程将于2013年年底建成，并实现达产目标。该项目主要从事活塞发动机产品、飞机第二动力系统及其他轻型航空动力产品的研发、生产、总装、总试、维修、营销和售后服务。

无锡空港产业园引进欧洲知名的水陆两栖商务飞机制造和通航飞机复装、交付、维护、培训为一体的项目，初步形成通用航空产业链。一是与瑞士皮拉图斯飞机公司共同设立新公司，从事通用飞机复装、销售、运营托管、维修培训、服务保障为一体的通航业务；二是德国道尼尔飞机公司与无锡市产业集团合资成立新公司，主要研发制造水路两用飞机；三是全球最大的航空地勤设备制造商——法国腾达集团，在无锡成立新公司，一期厂房已正式投入运营。

爱励铝业（镇江）有限公司航空航天及交通运输用大规格高强度铝合金板项目开工建设，

① 1马力=745.7瓦。

建成后将形成年产5万吨大规格高强度铝合金预拉伸中厚板的生产能力。

菲舍尔航空（镇江）有限公司的C919大飞机配套内饰及结构件项目已完成厂房建设和设备安装调试，动力站也已开工建设。投产后将形成年产100架次飞机复合材料内装饰件和结构件的生产能力。

（江苏省经济和信息化委员会）

# 浙江省

## 一、本地区基本情况

2012 年，浙江省航空工业企业主要有西子航空工业有限公司、浙江美盾防务技术有限公司、中科院宁波材料所、浙江金马逊机械有限公司、浙江圣奇运动器械制造有限公司、中国精功集团有限公司、杭州天扬机械有限公司、浙江通航航空产业有限公司、浙江新洲通用航空有限公司，上海启德通用航空有限责任公司上虞启德通用航空产业基地等，主要分布在杭州、宁波、嘉兴、绍兴、金华、台州、丽水等市。其中，纳入中国民用航空工业统计的企业有 4 家。

## 二、生产经营情况

2012 年，浙江省民用航空工业企业完成工业总产值 4.5 亿元，工业增加值 7865 万元，转包生产交付额 336 万美元。

## 三、主要产品

主要产品涵盖了 C919 大飞机盘舷舱门、舷舱玻璃、大型航空发动机机匣、机载通信设备、宇航电连接器、航空复合材料、地面设备及航空模拟培训设备和轻型飞机制造及航空器租赁、代管、作业服务等。

## 四、产品开发与技术进步

浙江新洲通用航空有限公司由浙江省内民营资本投资，经营范围包括：陆上石油服务、海上石油服务、直升机载荷飞行、人工降水、医疗救护、航空探矿、空中游览、公务飞行、私用或商用飞机驾照培训、直升机引航作业、航空器代管业务、出租飞行、通用航空包机飞行、乙类航空摄影、空中广告、空中巡查、气象探测、科学实验、城市消防等。现有基地机场为建德千岛湖机场。

## 五、重大基础设施建设

### （一）启德通用航空产业基地

2012 年落户上虞的上海启德航空公司启德通用航空产业基地，规划占地 1300 亩，计划投资约 50 亿元，建设包括启德通用航空运行基地及 FBO、通用航空制造维修基地、飞行培训学校、规模化的直升机和公务机航材中心、零部件综合库（保税区）项目、航空会展中心、生态居住区等。

### （二）德清通用航空产业基地

在湖州德清规划建设的通用航空产业基地，总规划面积 20.5 千米$^2$，其中包括一个通用航空机场。

## 六、行业管理主要工作

2012 年，完成了《浙江省航空航天业“十二五”发展规划》（草稿），提出了浙江省航空产业发展的目标、主要任务、重点领域和支持政策及措施。杭州、嘉兴、宁波、湖州德清、台州临海等市县也纷纷制定规划，将航空产业，特别是通用航空产业作为发展重点，并积极鼓励和引进航空产业项目在当地落户，项目主要涉及直升机制造和销售、无人机销售及运营服务、航空零部件及航空专用机床制造等领域。

（浙江省经济和信息化委员会）

# 安徽省

## 一、本地区基本情况

安徽省民用航空工业主要依托中航工业集团合肥江航飞机装备有限公司、中国人民解放军第5720工厂芜湖双翼航空装备科技有限公司等单位，发展航空制氧设备、仪表制造和维修服务等军民结合特色明显的相关产业。

## 二、生产经营情况

2012年，安徽省民用航空工业企业完成工业总产值12.3亿元，工业增加值5.0亿元，转包生产交付额51万美元。

## 三、主要产品

合肥江航飞机装备有限公司积极参与大客项目，进行部分供氧装备产品适航取证工作；法航波纹管和民用飞机配套等主要产品。

芜湖双翼航空装备科技有限公司是安徽省第一家民航部件MRO企业，主要从事航空器气动、空调、液压、操纵、燃油、电源等系统的机械部件维修，以及航空地面设备的设计与制造。现已获得中国国际航空、东方航空、上海航空、海南航空、厦门航空、深圳航空、中货航、山东航空、奥凯航空等航空公司的承修资格并不断扩展维修范围和承修量。

## 四、产品开发与技术进步

合肥江航飞机装备有限公司专业从事航空供氧装备、航空制氮、航空地面设备、敏感元件、汽保设备、汽车零部件、立体停车设备、制冷设备等产品的研发生产与销售。航空供氧装备是国内唯一的研发生产基地；制冷设备国内技术领先，市场广阔；汽保产品拥有十多项液压核心专利技术，并最早在国内汽保行业中通过德国莱茵公司“CE”认证，汽保产品举升设备被评为2010年度中国汽保设备生产企业出口20强。公司2010年被认定为国家级企业技术中心，2012年被认定为省优秀企业技术中心，连续两年入榜合肥市工业企业50强，并获得2012年度安徽省“五一”劳动奖状等多项表彰。

芜湖双翼航空装备科技有限公司拥有80余台套测试设备，配置各项专用工具1000余件套，主要测试设备按原制造商OEM标准由业内国际知名制造商定制进口；已开发形成维修能力涵盖12个ATA章节的千余项件号，其中空气涡轮起动机、空气循环机、液压舵机、液压泵、液压伺服阀等部件的深度修理技术，已达到国内领先水平。公司致力于不断开发新的维修件号，拓展维修范围，加快研发形成核心部件深度修理技术，计划通过三到五年的发展，成为国内领先的航空维修企业，为国内外航空公司提供优质安全的部件维修服务。

## 五、行业管理主要工作

鉴于安徽省民用航空工业基础薄弱，单位较少，基本处于配套位置的情况，安徽省国防科学技术工业办公室将积极发挥行业管理的作用，做好政策引导，促进全省民用航空工业的发展。适时组织全省航空工业企业，对近期出台的工信部民用航空工业发展规划进行宣贯，了解和熟悉规划，把握规划要意，选准战略定位，促进协调健康发展。

安徽省将抓住国家大力支持发展先进装备制造业的契机，充分发挥军工单位的优势，通过产学研合作，引进国外先进整机生产技术，力争打造具有民用和军民两用特征的关键零配件研发生产、维修服务和整机制造的产业体系，逐步形成由修理到制造的相对完整的航空产业基础。

（安徽省国防科学技术工业办公室）

# 江西省

## 一、本地区基本情况

江西是新中国第一架飞机的诞生地。经过60多年的发展和建设，已经成为我国重要的航空产业研发和生产基地，形成了教练机、直升机、无人机以及通用飞机等比较完整的航空产业体系。现拥有江西洪都航空工业（集团）有限责任公司（简称洪都集团）、昌河飞机工业（集团）有限责任公司（简称昌飞公司）、九江红鹰飞机制造有限公司、江西景航航空锻铸有限公司等航空整机制造、配套企业和中国直升机设计研究所（602 所）、洪都飞机设计所（650 所）、南昌航空大学、江西航空职业技术学院等航空科教单位，具有较强的航空产品总体设计、试验验证、先进制造和总装总成能力。拥有国家航空高技术产业基地1个（在建）、国家级企业技术中心2个、省部级重点实验室（工程中心）12个、航空专业博士后科研工作站3个、硕士点70个。其中，纳入中国民用航空工业统计的企业有8家。

## 二、生产经营情况

2012年，江西省航空制造产业实现销售收入203亿元，同比增长35.3%；完成增加值41亿元，同比增长46%；实现利润11亿元，同比增长120%；实现转包生产出口交付额1332万美元。

## 三、主要产品

主要民用航空产品有：农5系列农林专用飞机、十三吨级直8系列飞机、两吨级直11系列飞机，组装生产CA109三吨级直升机等。为美国西科斯基S76和S92直升机转包生产尾梁等部件，承担C919大飞机前机身和中后机身部件、后缘襟翼及航空锻件、铸件和航空电缆、导线和防波套等产品。

## 四、产品开发与技术进步

通用飞机：以公务机、农业机、特种飞机等为项目进行通用飞机研发制造，如发展新型农林专用飞机、8～16座的涡桨或涡扇公务机等。

农5A飞机：洪都集团作为我国唯一一家农林专用飞机的生产基地，在农林飞机研制中有着独有的技术优势，农5A飞机是公司自主研制的国内首架小型农林飞机，已获得中国民航总局颁发的型号合格证、生产许可证和美国FAA型号合格证。农5A飞机至今累计生产销售18架。

农5B飞机：2008年7月9日，农5B型飞机01架顺利实现首飞。目前正处于适航取证阶段。计划2013年取得中国民航的适航许可证后推向国内市场。2012年洪都集团继续开展市场销售推广工作，还进行了融资租赁销售模式的探索，为客户购机提供优惠融资活动，解决客户资金不足的难题。

C919大飞机：目前处于研发阶段，项目研制投入2500万元，已经完成了前货舱门、散货舱门试制交付，并开展了翼身组合体试验件的工装订货、指令编发工作；围绕数字化装配仿真技术、数字化装配工艺设计技术、壁板的自动化钻铆技术、柔性制孔技术、机器人制孔技术、部件自动定位和对接技术、AGV技术、数字化检测技术开展了大量的研究应用，拟在C919项目上建设一条国际先进、国内一流的飞机机身大部件数字化装配生产线；新建一条先进的喷漆生产线，用于飞机大部件和中小型飞机机身整体喷漆。

AC310型机：是以S300C型直升机为基础，充分利用其已有的产品基础、适航取证基础和市场基础，对机身、外观质量等进行低成本改进，打造自主品牌的1吨级产品。已完成样机试制，于2011年8月26日实现首飞。

AC311型机：最大起飞重量[①]2.2吨，通过对现有的直11基本型民机取证平台上的重大改进，进行重新构建外形、换装发动机、航电系统改进、旋翼系统国产化研制、提高寿命和可靠性、改进飞行控制系统、改进内饰和座椅，形成新的2吨级民用直升机基本平台。目前已完成样机试制，于2010年11月8日实现首飞，2012年取得了型号合格证（TC）和生产许可证（PC），并通过了AEG最终评审。

AC313型机：AC313直升机是按照CCAR29民用适航标准研制的大型民用直升机，最大起飞重量13吨，机身采用全数字化设计，采用了钛合金桨毂、复合材料桨叶的第三代旋翼系统，在安全性、技术水平及飞行性能方面取得了较大突破。该机已于2010年3月18日成功首飞，2012年取得了型号合格证和生产许可证。

## 五、对外贸易与合作

### （一）江西洪都航空工业（集团）有限责任公司

洪都集团高度重视国际转包生产的体系建设和完善，从质量保障体系、设备和工艺技术支持体系、人才队伍建设和民机文化的引入和落地等方面做了大量工作，既为满足现行国际航空转包业务的需要，更为后续拓展国际航空转包新业务奠定坚实基础。

近几年，洪都集团充分利用航空资源优势，大力发展航空转包生产，先后与空客公司、古德里奇公司和波音公司等建立了良好的合作关系。

2012年，美国古德里奇公司的GR787项目和美国凯旋集团沃特公司的波音747－8项目都实现批产，年度交付总值达到500万美元，较去年同期增长175%，创洪都集团国际转包生产年度交付产值新高。

### （二）昌河飞机工业（集团）有限责任公司

2012年，昌飞公司完成了美国西科斯基公司的S92尾斜梁32架份转包生产；完成了意大利阿古斯塔公司A109型机1架份机身、16架份尾梁和28架份平尾的转包生产；按订单完成了波音零件、S300零件的生产交付。

S300型机：与美国西科斯基公司合作进行转包生产，目前已交付94架份。

A109型机：与意大利阿古斯塔公司合作进行转包生产，承担机身、尾梁和平尾的制造。

S92尾斜梁：与美国西科斯基公司合作进行转包生产，承担尾斜梁和水平面的制造。

S76D型机：与美国西科斯基公司合作，在原S76C＋＋基础上进行改进改型研制。

## 六、重大基础设施建设

南昌航空城以“科技领先、航空特色、生态和谐、工艺流畅”为整体规划理念，全力贯彻“总体规划，分步实施，高起点，大发展”的建设思路，积聚江西省航空资源优势，形成以航空产业为主体，相关产业为依托，航空工业城为平台，力争用5～8年时间建设成一个集航空产业产品研发与制造、航空通用运营与服务、航空教育、博览、旅游、文化、运动娱乐以及住宅小区建设为一体的科技进步、经济发达、社区繁荣的现代化综合城区。南昌航空城总占地25千米$^2$。包括航空产业区（洪都产业区）、配套产业区、生活商务区、教育产业区等。

2012年，在南昌航空工业城建设用地824亩，建设内容包括：大部件装配厂房及数字化生产线设备、行政办公楼、职工倒班宿舍和相应范围内的道路、围墙、电力、上下水、通信等室外配套设施等。

## 七、行业管理主要工作

江西省委、省政府一直将航空产业作为重点产业来发展，2009年将航空产业列入江西省十大战略性新兴产业。省政府专门成立了江西省参与大飞机项目建设南昌航空工业城推进领导小组和景德镇直升机研发生产基地建设工作推进领导小组。先后发布了《江西省十大战略性新兴产业（航空制造）发展规划》、《江西省航空制造产业延伸产业链发展规划》、《景德镇直升机产业发展规划》；规划重点围绕建设南昌航空产业国家高技术产业基地，在南昌、景德镇、九江三个航空产业集中的地区进行布局，

① 本书“重量”为质量（mass）概念，单位为吨、千克等。

着力构建“一城两园区”的空间格局，即南昌航空工业城、景德镇直升机产业园区、九江红鹰飞机产业园区。

2012 年 2 月，由江西省国防科工办负责起草的景德镇直升机产业发展规划，经省政府同意后正式印发。2012 年 2 月 13 日，工信部授予景德镇直升机研发生产基地“国家新型工业化产业示范基地”。

作为江西省航空制造产业的牵头部门，江西省国防科工办积极协调各方，密切跟踪、协调基地建设有关问题，及时编报《推进航空制造产业发展工作简报》，详细了解基地建设进展情况。2012 年 4 月 16 日，协调召开景德镇航空科技城规划工作会，会上对由中国航空规划建设发展有限公司编制的《景德镇航空科技城产业发展研究专项报告》进行了修订；2012 年 9 月 18 日，联合组织召开景德镇航空产业招商工作联席会，会议就“中国・江西直升机产业合作推进会”有关工作进行了布置，要求密切加强与中航重机股份公司、实地资本集团和总部基地集团等单位的联系，加强投资项目对接，加快低空试点城市申报工作。

（江西省国防科学技术工业办公室）

# 山东省

## 一、本地区基本情况

2012年，山东省民用航空工业保持快速发展趋势，民用航空企业规模不断扩大，产销值进一步增加。截至2012年底，规模以上民用航空工业企业有威海广泰空港设备股份有限公司、山东太古飞机工程有限公司等8家，企业总资产43亿元，全部从业人员2774人，其中工程技术人员420人。其中，纳入中国民用航空工业统计的企业有7家。

## 二、生产经营情况

2012年，山东省民用航空工业企业完成工业总产值16.5亿元，其中航空工业产值11亿元，完成增加值3亿元；实现主营业务收入20亿元，其中民用航空产品收入10.2亿元，实现利润1亿元。

## 三、主要产品及技术进步

山东省民用航空企业主要从事通用飞机、航空零部件、航空地面设备的研发、生产，以及飞机及航空零部件维修。主要产品包括：DA40小型通用飞机、V750无人直升机、各型飞机雷达罩、航空铝材以及地面电源、平台车、牵引车、气源车等航空地面设备。

山东太古飞机工程有限公司于2012年成功研发飞机客舱AVOD机载娱乐系统，打破国外对该技术的垄断；首次在国内完成EMB190定检，成为巴航工业的授权服务中心；首次在国内完成飞机客舱WIFI系统。威海广泰空港设备股份有限公司提前完成国家空港地面设备工程技术研究中心建设任务，研发20项重点新产品和34项改型产品，获省级、市级科技进步奖各一项，申报专利28项（其中发明专利6项），新获专利证书27个（其中发明专利8项）。山东滨奥飞机制造有限公司与珠海航空城合作建立钻石DA40飞机销售、托管、维修、运营体系，在珠海航展会上一次性签售34架飞机订单。潍坊天翔航空工业有限公司与中航工业西安飞行控制研究所、中国电子科技集团第10研究所合作，以原B2B型直升机为平台，研制成功起飞重量750千克、最大任务载荷80千克、最大操作半径150千米的V750无人直升机系统。

## 四、对外贸易与合作

山东省民用航空工业在发展过程中与国外及港澳台企业合作交流较多，山东滨奥飞机制造有限公司、潍坊天翔航空工业有限公司均为中外合资企业，山东太古飞机工程有限公司含港资股份。各企业中，威海广泰空港设备股份有限公司、山东太古飞机工程有限公司等外贸产值较大，2012年全省共计实现民用航空工业出口交付金额2.2亿元，其中民用飞机修理业1.5亿元。

## 五、重大基础设施建设

近年，山东民用航空工业发展速度加快，企业发展聚集效应显现，济南、青岛、潍坊、滨州等一批航空工业园相继建成。

中航工业济南特种结构研究所的济南高新区孙村片区新所区建设项目占地120亩，新增建筑面积4000米$^2$，规划新增一套热压罐及配套设施，项目进展顺利，至2012年底，3座厂房正在抓紧施工。

青岛直升机通用航空产业园位于青岛市出口加工区，在批准设立后园区航空配套服务建设抓紧进行，其中填海797亩建设机场项目（计划一期跑道800米，并将增加到1800米及2200米）进展较快，园区还计划逐步引进航校、航空俱乐部、航空服务公司、航空物流等服务机构。截至2012年底，青岛市出口加工区已为中俄直升机项目，规划建设7000米$^2$和1.1万米$^2$两栋厂房；为青岛海利直升机项目投入资金，帮助其建设厂房和完成V750无人直升机研发；计划洽谈引进德国小型飞机发动机、美制直升机、飞机培训学校等项目。

青岛市政府与中航工业集团在青岛市高新区合作建设中航工业产业园，占地600亩，在青岛前哨公司现有厂区内建成中航工业科技园，被国家科技部批准为国家级科技企业孵化器。

## 六、行业管理主要工作

山东省委、省政府一直高度重视民用航空工业发展，2012年1月，山东省政府印发《关于加快军民结合产业发展的指导意见》，指出要大力发展民用航空等军民结合产业，加强济南、青岛、烟台、淄博、潍坊等地航空产业聚集区建设，重点发展中小型直升机、水上飞机、无人机、轻小型固定翼飞机等通用飞行器、通用飞机发动机、航空材料及零部件，以及飞机牵引车、加油车、电源车等航空地面装备。山东省国防科学技术工业办公室在山东省委、省政府领导下着力推进民用航空工业发展，开展了一些工作。

一是搞好行业调查研究。多次调研省内重点航空企业和项目发展状况，充分了解发展航空产业的基础与环境，为指导行业发展奠定基础。加强对在建项目的考察调研，汇总建立在建项目库，实施动态管理。在多次调研和征集意见的基础上，编印了《山东省通用航空产业发展规划纲要（2012—2025年）》，提出未来十几年加快山东省通用航空产业发展的目标、任务及政策措施。

二是努力推进省内企业与省外航空单位开展多层次战略合作。加强与中航工业集团的沟通联系，积极促成省内企业与中航工业集团及所属企业开展合作和项目对接。梳理各市有意愿支持发展的航空合作项目，汇总编印成册并对外发布。组织省内企业参加国内军民结合技术对接会、航空展会等活动，开展业务交流合作。

三是做好民用航空行业统计工作。注重加强与航空单位联系，不断健全完善统计体系。召开全省重点企业经济运行统计分析座谈会，完善经济运行调度方案，分析经济运行情况，多次上报汇总材料。

四是充分发挥协会作用，推进行业发展。充分发挥协会的联系与纽带作用，积极指导和帮助山东航空产业协会开展工作。支持协会多次召开山东省低空空域管理改革军地联席会议，加强军民融合和军地合作，大胆尝试，搞好低空空域管理改革试点工作。在协会设立政策咨询部、业务培训部等部室，发挥专家顾问作用，为民用航空企业提供咨询和技术服务。

（山东省国防科学技术工业办公室）

# 湖南省

## 一、本地区基本情况

湖南省共有民用航空工业企业8家（全部为规模以上企业），包括中国航空工业集团所属子公司6家：中国南方航空工业（集团）有限公司（简称中航工业南方）、中航工业航空动力机械研究所（简称中航工业动研所）、长沙中南传动机械有限公司、国营长江动力机械厂、中航飞机起落架有限责任公司、长沙五七一二飞机工业有限责任公司；地方企业两家：湖南省博云新材料股份有限公司、湖南山河科技股份有限公司。截至2012年底，这八家企业的从业人员总数为1.7万人，其中工程技术人员4034人，占23.1%；管理人员2903人，占16.6%；工人9147人，占52.3%。其中，纳入中国民用航空工业统计的企业有6家。

株洲国家新型工业化（军民结合）产业示范基地位于株洲市芦淞区，以航空产业为特点，以直升机和通用飞机总装设计、研发、生产，通用飞机动力、辅助动力装置、地面燃气轮机、风力发电、航空标准件制造、发动机维修等产业为发展目标，先后荣获“国家高技术产业基地”、全国唯一“中小型航空发动机特色产业基地”等称号，2010年12月，被工业和信息化部批准认定为国家新型工业化产业示范基地（军民结合）。目前基地已建核心区3.5千米$^2$，共有企业61家（其中规模以上企业44家、航空类企业18家），拥有中国航空动力机械研究所和中国南方航空工业（集团）有限公司国家级技术研究中心两个国家级研发机构，拥有南方航空光电子技术中心、南方普·惠航空发动机设计技术中心（加拿大）、南方航空动力系统集成设计技术中心（俄罗斯）、德光光电源研究中心、神通电缆研究中心等5个省部级研发机构。在航空、电子、机械传动、电动汽车及零部件等领域在全国占有重要地位。2012年，基地实现工业总产值389亿元，同比增长11.8%；实现工业增加值141亿元，同比增长15.6%；实现主营业务收入322亿元，利润总额13.8亿元，进出口总额4.4亿元。截至2012年底，基地共有从业人员2.2万人，其中科技活动人员7200人，占33.3%。

## 二、生产经营情况

2012年，湖南省民用航空工业企业实现主营业务收入61.2亿元，完成工业总产值44.9亿元，完成工业增加值14.9亿元，实现利润总额2.7亿元，转包生产交付金额6232万元。

## 三、主要产品

### （一）民用飞机

1. SA60L两座轻型飞机：是国内第一款具有自主知识产权的复合材料轻型运动飞机，国内首款获得中国民航适航认证的轻型运动飞机，第一款被中航协指定为驾驶员教练机的国产机型。

2. 动力三角翼：已有STB582、STB912水陆两用飞行船和ST582、ST912通用动力三角翼及STF582、STF912农药喷洒机等型号产品。

3. “飞雁”航拍测绘无人飞机：已通过国家测绘局的鉴定并实现小批量生产和市场销售。

### （二）民用航空发动机

涡轴8F、HS6、涡轴8D、涡轴8A等。

### （三）其他民用航空产品

1. 波音737－300、500、700、800型飞机零部件：包括刹车盘骨架、静片、动片、连接块、钢碗、钢背等。

2. 图－154飞机零部件：包括刹车骨架、静片、动片、钢背、钢碗等。

3. EC175直升机零部件：包括尾传动系统中、尾减速器和尾传动轴。

4. 美国GE公司CF34－3发动机附件机匣

齿轮，出口伊朗及加拿大北星宇航公司的航空齿轮。

5. 为加拿大普·惠，法国透博梅卡，美国GE、汉胜、霍尼韦尔、哈里波顿等企业配套的机匣、轴承座、扩压器、薄壁件、环形件、钣金件、轴类、胀圈等航空零部件。

6. 粉末冶金航空刹车副、碳/碳复合材料航空刹车副。

7. 民用航空玻璃。

**（四）相关服务**

具备超短波电台、陀螺磁罗盘、液压油泵、电磁阀门等46项机载部附件维修能力，维修类别包括检测、修理、改装、翻修。

## 四、产品开发与技术进步

**（一）新产品开发情况**

湖南山河科技股份有限公司SVU－200“飞虎”无人直升机样机研制成功，已实现空间路径自主飞行。

**（二）承担及开展的民用航空科研项目情况**

1. 图－204飞机用国产碳刹车副及E190飞机用国产碳刹车副PMA件项目，均已通过民航中南适航审定处的第一次审查。

2. C919飞机用碳刹车副产品开发项目，目前仍在概念设计阶段。

3. CA－9C项目：为自主研制的800千瓦民用涡轴发动机，已完成工程设计，正在进行关键技术的试验验证工作。

4. CA－9D项目：为自主研制的1200千瓦民用涡轴发动机，已完成工程设计，正在调整研制思路，开展1000千瓦民用涡轴发动机方案设计。

5. HGT750项目：C919客机辅助动力装置，已完成初步方案设计、详细设计和发图，进入试验件加工。

6. APS3250项目：A320客机辅助动力装置，已完成初步方案设计、方案验证试验件加工和多轮性能验证试验，正进行详细设计。

7. WZ16项目：民用涡轴发动机，配装直15直升机。首台核心机和首台发动机的零件交付已完成。

8. JS15项目：传动系统，可配装欧洲直升机公司的EC175直升机和国内的直15直升机。已完成适航取证试验，正在进行欧洲EASA与中国民航的适航取证准备，及批产交付准备。

**（三）重大技术进步情况**

开展了先进生产工艺和大批量生产设备的开发。其中，先进生产工艺开发包括快速化学气相沉积工艺开发和净近成形预制体工艺开发，这两个项目的开发可使得生产成本降低15%～25%；大批量生产设备开发包括大型化学气相沉积炉开发和大型卧式热处理炉开发，这两个项目的开发可使得单批产品产量提高25%以上，生产成本节约10%～20%。目前，生产工艺开发项目均已完成方案设计，正在进行试制和测试；设备开发项目也已完成设备安装和调试，正在进行试制和测试。

## 五、对外贸易与合作

**（一）对外贸易情况**

2012年，湖南民用航空工业开展对外贸易的企业数为6家，分别是：中国南方航空工业（集团）有限公司、中航工业航空动力机械研究所、长沙中南传动机械有限公司、国营长江动力机械厂、中航飞机起落架有限责任公司、湖南山河科技股份有限公司。主要产品为转包生产的齿轮、机匣、机轮、轮毂、轴承、钣金件、静片、动片、刹车盘骨架等各类航空零部件。全年累计实现出口交货值1.9亿元，其中中国南方航空工业（集团）有限公司1.6亿元，占82.2%。

**（二）对外合作情况**

1. 长沙中南传动机械有限公司

长沙中南传动机械有限公司即将成为欧洲航空制造业巨头法国赛峰集团旗下透博梅卡公司在中国战略布局的三个重要供应商之一。目前，已研制完成其2种发动机零件，现正在等待验证结论。此外，法国伊斯帕诺公司也有意将用于CFM56发动机附件机匣的三个零件转包给该公司加工，现正处于试制阶段。

2. 中航工业动研所

（1）HGT750：由中航工业东安、中航工业动研所与美国合作开发用于C919飞机的辅助动力装置，中方负责部分齿轮箱部件的研发和冷端部件试制。

（2）APS3250：由中航发动机控股有限公司、中航工业东安、中航工业南方和中航工业动研所，与美国合作开发用于A320EX客机的辅助动力装置，中方负责负载压气机和齿轮箱的研发（设计、试制和试验）。

（3）WZ16：由中航工业东安、中航工业动研所和法国TM公司合作研制的涡轮轴发动机。中方主要承担压气机、附件传动单元体、动力涡轮传动轴、外部管路和5种成附件的研制和取证工作，并参与总体设计工作，同时承担11项整机的飞行试验工作。

（4）JS15：EC175/Z15传动系统是由中航工业哈飞、中航工业直升机、中航工业动研所、中航工业中传与法国合作研制的民用直升机传动系统，法国欧直公司负责主减与动力传动轴的研制，中方负责尾传动系统（中间减速器、尾减速器与尾传动轴）研发。该直升机将取得中国民航的适航证，命名为“Z15”，取得欧洲EASA的适航证，命名为“EC175”。

3. 湖南省博云新材料股份有限公司

与美国霍尼韦尔公司开展合作交流，进行了双方互访，主要就民航碳刹车材料相关技术进行了研讨。

## 六、重大基础设施建设

2012年，湖南民用航空工业基础设施建设项目总数为4个（其中新开工1个），涉及企业3家。重大基础设施建设项目情况如下：

**（一）中国南方航空工业（集团）有限公司航修中心建设项目**

该项目于2011年正式启动，厂房建筑面积1.8万米$^2$，主要为瞄准国际国内两个市场，打造航空发动机维修平台。目前，厂房已完成竣工验收，正开展试修工作。项目建成投产后，将具备年修理涡桨、涡轴、涡扇及辅助动力装置等各型航空发动机650台的能力，同时具备维修培训功能的现代化维修厂房，将为公司探索国内外航空发动机深度维修、满足用户需求做出积极贡献，使株洲成为我国中小型航空发动机的修理基地。

**（二）湖南山河科技股份有限公司株洲山河通用航空产业基地项目**

该项目于2012年8月10日正式奠基，占地面积205亩，预留200亩。项目建成投产后，将形成年产1165架（套）各类通用航空器产品的生产、服务能力。2012年，该项目已完成一期厂房的建设。

**（三）湖南省博云新材料股份有限公司研发中心项目和6#厂房项目**

这两个项目位于长沙市雷锋大道346号博云青山基地内，于2011年12月开工建设，2012年7月工程竣工验收。研发中心项目总面积4909米$^2$，研发中心办公楼四层，维修车间单层（局部二层）。6#厂房项目总面积1990米$^2$，厂房一层（局部办公二层）。

## 七、行业管理主要工作

作为全省民用航空工业行业主管部门，湖南省国防科技工业局认真贯彻落实上级各项精神指示，切实履行职责，2012年主要做了以下几点工作：

**（一）着力加强顶层设计**

为进一步加快湖南民用航空工业发展，负责起草了《湖南省通用航空产业2012—2020年发展规划》。规划从国内外通航产业发展现状和趋势、湖南省发展通航产业的必要性和基础优势、发展思路原则和目标、主要任务和发展重点、重大工程、主要政策措施等六个方面对湖南通用航空产业今后一个时期的发展进行了科学展望，做出了整体部署，明确了具体工作内容和要求，并于2012年10月29日在长沙组织召开了《湖南省通用航空产业2012—2020年发展规划》行政决策听证会，开创了全国地方国防科技工业管理部门举办听证会的先河，也是全国范围内以军民融合产业为主题的首次听证。

**（二）大力推进园区发展**

为充分发挥园区的集聚效应和规模效应，将其打造为全省民用航空工业发展的重要平台和载体，近年来积极争取上级政策和资金扶持，并注重加强与所在地政府的协调与合作。一是大力推进园区基础设施建设，夯实服务保障基础；二是加大招商引资力度，促成了一大批优质项目落地投产；三是以优惠政策吸引符合条件的民口配套企业入驻，提高“民参军”的热情和积极性。

**（三）高度重视统计工作**

按照2012年12月在北京召开的民用航空工业统计工作会议部署，及时清理并更新了湖南民用航空工业统计范围，明确省内各民用航空工业企业的统计工作负责人和具体承办人，宣传贯彻民用航空工业统计制度和要求。

（湖南省国防科技工业局）

# 广东省

## 一、本地区基本情况

2012年，广东省列入统计范围的民用航空工业企事业单位5家，构成分别是：2家港澳台商合资经营、1家中外合资经营、1家股份有限公司、1家有限责任公司，涉及飞机制造、修理和航空运输辅助活动等领域。从业人员6628人，其中：工程技术人员3939人，研发与试验人员1404人。

## 二、生产经营情况

2012年广东省民用航空工业实现主营业务收入54.6亿元、工业销售产值54.9亿元，完成工业总产值56.3亿元、工业增加值17.3亿元，利润总额5.4亿元。

## 三、主要产品

包括民用航空产品及地面设备的制造，以及民航维修业务。

民用航空产品包括：飞行参数记录系统、飞机客舱及货舱零部件和材料、飞机钢碳刹车副等。

地面设备产品包括：综合维修检测系统、旅客登机桥、民航地面专用车辆设备、航空食品车、自动化立体停车系统、飞机泊位引导系统、航空货物处理系统、现代物流仓储系统等地面设备。

维修服务业务包括：飞机维修、零附件维修、航空发动机深度维修。

## 四、产品开发与技术进步

2012年，中航工业通飞研发的国内首款具有自主知识产权的公务机“领航150”顺利下线。

广州飞机维修工程有限公司完成了与航空零部件制造人批准（PMA）相关的组织机构配置、人员培训体系和生产体系建设，获得了中国民航局（CAAC）的零部件制造人批准证书，获得了430项PMA件的批准。建立了E190的航线和定检维修能力，通过复合材料清洁间改造工程具备了波音787飞机复合材料维修条件。自主研发的自动测试台IATS3000的首批A320机载计算机维修能力获得CAAC批准。建立了飞机无杆牵引车大修能力。新增CAAC批准部件维修能力156项，新增FAA部件维修能力142项；新增CAAC机体维修能力项目14项，新增其他局方机体维修能力项目3项。公司开发项目新增立项45项，新申报国家专利16项，其中6项已获得专利授权。3项产品获得广东省高新技术产品认定。

深圳中集天达空港设备有限公司获专利授权19项，其中发明专利14项，实用新型5项。完成了激光式可视引导系统、登机桥电缆输送装置、全自动航空货物处理系统、带式搬运器等27项研发项目，部分已取得生产许可证或已交付使用。

广州航新航空科技股份有限公司自2008年以来相继申请了40多项知识产权，其中包括自动测试系统、自动测试软件、无线电罗盘测试软件、塔康精密测距机载设备测试软件，全自动数字开调测试软件、无线电高度表测试软件、模块化通用测试系统、无线电高度收发机测试软件等综合检测领域30多项软件著作权。

## 五、对外贸易与合作

### （一）对外贸易情况

民用飞机零部件交付额583万元，其他民用航空产品及零部件交付额2.3亿元，民用飞机修理（不含发动机）交付额1.5亿元，民用航空发动机修理交付额15.3亿元，其他民用航空产品及零部件修理交付额330万元。

### （二）对外合作情况

广州飞机维修工程有限公司与美国卓缤科

技集团公司（JBT）签订合作协议，成为其在中国区域唯一授权的航空地面设备维修和培训基地。

深圳中集天达空港设备有限公司与日本三菱电气公司、德国西门子电气公司、法国施耐德电气公司、日本 DIGITAL 电气公司和美国组态软件公司共同组建了电气开发的实验室，该实验室能第一时间获得上述公司推向市场的最新技术。

广州航新航空科技股份有限公司是获得了中国民航局、美国联邦航空局（FAA）、欧洲航空安全局（EASA）等国内外适航体系认证的 MRO 企业，是波音公司在华首批授权维修服务商，航新具备涵盖波音、空客等 40 多种民机和各种军用飞机及通航飞机电子、机械部附件的维修能力。同时是 KIDDE AEROSPACE、BAE、CIRCOR、UNIVERSAL AVIONICS 等多家国际知名 OEM 授权维修中心，可为中国及周边国家提供一站式服务。

中航工业通飞并购西锐公司的 SR20、SR22 生产线在珠海实现投产，总装完成 10 架。中航工业通飞于第九届航展期间与全球最大的通用飞机制造商赛斯纳签订了合作协议，共同投资在珠海生产“奖状” XLS 系列高级公务机。

## 六、重大基础设施建设

### （一）基础设施建设

广州飞机维修工程有限公司位于白云国际机场的二期机库工程项目正在按计划施工，预计 2013 年下半年投产，该项目建筑面积 6 万多米$^2$，可以同时为八架窄体飞机开展定检维修。还计划在广东省清远市建设国内最先进的、具备完整表面处理能力的起落架大修基地，预计在 2013 年下半年动工，2014 年中投产。

深圳中集天达空港设备有限公司 2012 年加强了试验设施和检测设施的配备，总计投入了约 177 万元的研究试验设施。通过实施 PDM 和 ERP 的升级项目，提升采购、生产、财务基础设计数据收集整理水平，全面整合产品制造过程数据，进一步提升了产品制造中，设计、采购、物料分配、生产工单分配、财务结算、库存管理等各个环节的管理水平，使得整个产品制造过程准确、高效、有序。产品开发周期和订单的响应速度得到有效提升。配置电气仿真设计软件 EPLAN，提高电气设计效率。

广州航新航空科技股份有限公司 2012 年动工建成了“航新综合大楼”，于 2013 年上半年搬入所有项目及办公人员。

### （二）产业园区建设

1. 产业园区重点项目落户建设顺利推进。珠海瀚星通用航空公司、珠海中航飞行学校、金石通用航空公司、珠海龙翔航空俱乐部四家企业先后获得通航经营许可；利捷公务航空项目完成民航部门前置审批手续；中信海直珠海基地和珠海商用航空中心二期机库项目先后完工投入使用。中航通用飞机公司、珠海银通航空器材公司申报的 3 个项目获得广东省级技术改造资金支持。中航通飞华南飞机工业有限公司、珠海通港飞机股份有限公司完成注册，珠海中航飞行学校有限公司完成增资 7000 万元，注册资本增至 1.2 亿元，珠海中航赛斯纳飞机公司、珠海华翔通用航空公司、比高航空俱乐部等 9 个项目完成签约。

园区基础设施建设工作扎实推进，基本完成年初制定的投资计划。

2. 用海申报工作不断推进。经国务院同意，国家海洋局正式批复《珠海三灶片区海洋功能区划局部调整方案》，同意航空产业园范围内 1291 公顷①建设用海面积和范围。与此同时，管委会积极开展区域性建设用海规划编制工作，目前，区域性建设用海规划（一期）、海洋环境质量现状调查与水动力观测、填海区产业规划、用海规划防洪论证、水下地形测量、勘察等专题工作进展顺利，海域论证、海洋环评和海洋灾害评估报告近期启动采购。按计划填海区产业规划即将完成专家评审和公示，将正式报省政府审批。

3. 通用机场建设开展规划工作。紧紧围绕推动通用机场规划建设这一中心工作，开展了选址论证、建设方案等大量卓有成效的工作，组织编制完成了《珠海临时起降场及通用机场规划项目建议书》和《珠海通用飞机起降场莲洲场址选址咨询报告》，并形成《珠海通用机场建设工作方案》。

---

① 1 公顷 = 10000 米$^2$。

### （三）低空空域管理试点工作

珠海已列入国家低空空域管理改革第一批试点范围，民航局决定划设珠海—阳江—罗定低空转场训练航线，同意珠海建设通航飞行服务站，标志着广东省低空空域管理改革工作走在全国前列。

2012年11月13日，珠海通航飞行服务站正式揭牌，低空航线划设方案已上报空军司令部审批，低空航线对空监视和地空通信地面台站进入建设阶段，标志着珠海低空空域管理试点工作取得历史性突破，珠海通用航空产业将迎来新的发展机遇。

2012年10月，珠海地区低空空域规划研究启动，拟通过对珠江口西岸地区32万千米$^2$空域使用情况分析和空域容量开展分析，提出该区域划设三类空域的可行性方案和珠海建设通用机场的空域选址可行性方案。目前，编制单位已完成空域规划大纲，力争在2013年完成规划正式文本。

“国家通用航空固定运营基地发展示范区”获国家民航局正式批准建设。

## 七、行业管理主要工作

广东省已成立了由副省长担任组长，多个部门为成员的省航空产业发展领导小组，广东省政府将航空产业作为高端装备制造产业的一部分纳入《战略性新兴产业发展“十二五”规划》，已出台了《广东省航空航天产业发展“十二五”规划》，广东省发改委正在向各部门征求《广东省人民政府关于促进广东民航业加快发展的意见（征求意见稿）》，牵头编制《广东省通用航空发展规划》，并积极筹备广东民航发展工作领导小组，拟将广东省航空产业发展工作纳入民航发展工作之中。中航工业通飞被列入第一批广东省战略性新兴产业基地。

（广东省经济和信息化委员会）

# 四川省

## 一、本地区基本情况

### （一）航空产业基本情况

四川是航空工业大省，是我国重要的航空产业基地之一，拥有众多的科研院所和生产研究基地，整体实力雄厚，技术优势独特，配套产业链完善，军民结合特色突出，产业优势明显，发展潜力巨大。2012 年底，全省民用航空工业企事业单位共有 53 家，其中规模以上企业 42 家，主要由中国航空工业集团、中国电子科技集团在川企事业单位、地方军工电子企业、部队企业、民口配套单位构成，从业人员超过 6 万人，其中中国科学院院士 1 人，各类高中级专业技术人员 3 万多人。全省拥有 1 个国家重点实验室、2 个国防科技工业先进技术研究应用中心、2 个国家级企业技术中心、8 个省级企业技术中心、2 个国防二级区域计量站。

### （二）航空产业园区（基地）概况

四川一批航空特色产业园区（基地）正加快建设并初具规模，成飞航空高技术产业园、成飞民机产业园、成都空天产业基地、九洲空管系统科研生产基地、长虹电源新产业园等相继建成投产，绵阳航空发动机基地、中电科航空电子产业园、民航第二研究所双流基地、川大智胜研发基地项目等正加快建设，通用航空产业园、公务机产业园、成都航空维修基地等项目前期工作稳步推进。

## 二、生产经营情况

2012 年，四川民用航空工业（含央属企业、地方军工电子和民口配套单位）实现主营业务收入 324.8 亿元，同比增长 28.8%；工业企业完成工业总产值 210.5 亿元，同比下降 8.6%；完成工业增加值 46.8 亿元，同比下降 14.7%；实现利润 17.7 亿元，同比增长 31.8%；转包生产交付金额 2.95 万美元，同比增长 1.2 倍。

## 三、主要产品

### （一）民用飞机

主要发展 ARJ21 新支线飞机机头、C919 大型客机机头、飞机前机身段等飞机结构件研制及生产，国际民用飞机大部件转包生产，主要产品有大中型飞机机头部件、机身部件、舱门、翼面共 4 大类、23 项、40 余个型号，覆盖机型包括单通道系列、双通道系列、公务机系列等。

### （二）航空发动机

主要发展航空发动机及关键零部件的研发制造和国际转包生产，主要产品有核心机、验证机及燃烧室、机匣、密封件、环形件等航空发动机零部件，产品涉及美国 GE、英国罗·罗等民用航空发动机多个型号，同时参与了中航工业商发民用航空发动机的研制项目。

### （三）航空电子系统及设备

主要发展航空通信、导航、监视、信息、防撞、空管、娱乐等航空电子系统和设备，主要产品有空管二次监视雷达系统、空中防相撞系统、新航行系统、陆基导航系统、Linux 平台 ATC 系统、雷达数据模拟测试系统以及民航空管话音电台、航管二次雷达测试应答机、ADS－B 地面接收站、通用飞机机载 S 模式应答机、机载询问机/应答机等设备。

### （四）航空配套产品

主要发展飞控、液压、燃油、航空电源、航空传感器、飞行模拟机等系统和设备。主要产品包括飞机大气数据系统、飞机集成数据系统、航空燃油测控系统、发动机电点火系统、航空地面检测试验设备、飞行传感器、航空液压系统及设备、航空机载蓄电池及电源系统、航空结构模锻件、航空玻璃、LED 半导体照明、电线电缆等。

（五）航空维修、改装及服务

主要发展机体、航空发动机、航空设备的维修及航空再制造，航改燃机系列产品，低空空域监视和运行服务、机场监视和管理、机场信息系统、行李处理系统、机场安全管理系统、空管仿真模拟训练系统等和飞机除冰液、飞机清洗剂等产品；发展航空培训、航空租赁、航空信息服务等业务。

## 四、产品开发与技术进步

（一）新产品开发情况

波音737方向舵、G280后机身、波音767－300客改货3款转包产品按计划有序进行研制生产，通航飞行服务站、低空监视X波段雷达等正处于科研攻关阶段，民用客机内照明系统、航空导线等已完成样品开发，中小型航空发动机维修、民航机场行李自动分检系统已进入产业化阶段，运12飞机航空电池和应急照明电源、运8飞机燃油测控系统、直8直升机燃油测量系统等已进入批量生产。

（二）民用航空科研项目情况

C919各承研项目研制工作稳步推进，完成了航电CN系统、外部通信系统的JDP、客舱娱乐系统、信息系统、燃油传感器、温度传感器等项目的设计、生产、装配、试验工作；民机科研专项进展顺利，开展了大型壁板类组件数字化柔性装配技术、基于防撞告警与应答的综合监视系统技术等项目研究任务书编制，具有自动相关监视能力的通用飞机S模式应答机关键技术研究取得立项批复，YDK－2C型S模式应答机、1090ES机载端机、UAT机载端机3个工程研制和适航取证项目完成可行性研究报告批复，其中YDK－2C型S模式应答机已通过软硬件开发阶段审查，1090ES数据链地面站等2个项目已取得适航取证；通用航空服务站已完成研制，并两次亮相航展；飞行模拟机视景系统、低空空域监视管理和服务系统、复杂曲率航空有机玻璃镀膜、机场场面监视雷达、通用综合航电系统、通用航空综合运行支持系统、机场Ⅲ级综合监视与引导系统、客机燃油测量控制系统、舱门信号系统、航空镉镍蓄电池组及应急照明电源、空中交通告警及防撞系统、燃气轮机零部件再制造等一批科研和成果转化项目正按计划推进。

（三）重大技术进步情况

开展了客舱和信息一体化系统顶层架构设计和关键设备研制、航电系统数字仿真样机研制（二期）等20余个专利申报工作；航空发动机零部件热处理、焊接、无损检测、化学处理、涂层和非传统加工等特种工艺获国际宇航的NADCAP认证；九洲公司通过了民航局空管局技术中心对1090ES数据链地面站的资料技术审核，中电科航电公司通过了必维国际检验集团BV（Bureau Veritas）的AS9100C版标准的换版监督审核；二重万航在民用飞机大型模锻件制坯技术、模具设计、精密成形技术、热处理技术、产品适航符合性程序等方面进行研究，并取得显著成果；凯天电子公司地空宽带项目通过了MDA适航取证、装机验证，另有10项专利获得正式授权。

## 五、对外贸易与合作

（一）对外贸易情况

2012年，四川民用航空工业完成出口交付额29.3亿元。其中，成飞民机公司转包生产实现销售收入5.94亿元，成发集团外贸民用航空产品交付额达7494万美元，凯天电子公司民用航空产品交付金额515.6万美元，电子756厂实现出口销售收入120多万美元。

（二）对外合作情况

成飞民机公司拥有美国波音、欧洲空客、美国沃特、欧洲防务集团索吉玛公司、欧洲防务集团索卡塔公司、法国达索、以色列航空宇航公司等长期稳定的国外客户，涵盖波音737、波音747、波音757、波音787、A320、A330/340、A380、A350等民机机型。成发集团在民用航空发动机领域与美国GE公司、美国普·惠公司、英国罗·罗公司、德国罗·罗公司、法国斯奈克玛公司、西班牙ITP公司、加拿大普·惠公司等世界知名航空发动机制造商建立了长期合作关系。中电科航电公司与泰勒兹公司正式签署合资公司合同，启动了合资公司的模拟运行工作，计划2013年合资公司正式运行；与柯林斯公司合作共同承担C919通信导航系统和设备研制生产任务，已完成合资公司主合同谈判和签署；与霍尼韦尔公司签署了陆基增强系统（GBAS）项目合作备忘录，积极探讨双方在低空空管领域的合作；积极推进与欧宇航公司的合作，共同争取中国商飞系统集成验证平台任务，现已完成合作备忘录签署。此外，九洲公司与罗克韦尔柯林斯公司、泰雷兹公司、ACSS 公司，凯天电子与霍尼韦尔公司、伊斯特林公司、科瑞恩（Crane）公司，泛华航空与英国维斯顿（Weston）宇航公司、美国派克公司，川大智胜与美国飞安公司，二重万航与德国利勃海尔公司、法国赛峰集团 Messier - Bugatti - Dowty 公司、美国惠普公司、波音公司、庞巴迪公司等分别开展了技术交流和业务合作。

## 六、重大基础设施建设

2012 年，四川航空工业在建重点项目 25 个，其中新开工项目 4 个，涉及 18 家单位。

成飞民机产业园项目。一期工程已完工，二期建设于 2012 年 8 月开工建设，预计 2013 年底完成主体结构及厂房二次结构施工。

中电科航空电子产业园基地项目。占地面积 150 亩，达产后形成各类民用航空电子系统产品 1356 套的年产能。2012 年一期一标段项目顺利完成主体建设及室内外主要的装修、安装工程等的建设内容；二标段项目已开工，目前已完成主体结构封顶和地下室工程。

九洲公司空管产品产业化项目。改造面积约 1.2 万米$^2$，新增设备仪器及软件约 440 台（套），新增装配、调试等 7 条生产线，形成年产 1200 台（套）基于监视系统的空管产品产业化能力。

凯天电子公司新厂区建设项目。征地面积 232 亩，规划建筑面积约 13 万米$^2$，打造军、民、外贸转包生产加工基地，着力发展 C919、支线飞机项目和航空转包生产业务，一期工程已建成投产。

泛华航空科研生产能力迁建项目。占地面积 210 亩，在成都市新都工业园区建设成都泛华研发中心基地，满足泛华航空公司军民品研制、开发、制造、试验等需求，截至 2012 年底，已完成投资 9833 万元。

长虹电源新产业园建设项目。一期工程新征地 386 亩，基建工程已全部完成，设备采购量已完成 95% 以上，计划在 2013 年中期全部完成。

民航二所民航机场行李自动分检系统产业化基地工程。建成国内研发制造、系统集成及测试验证于一体的机场行李自动处理系统产业化示范基地。总建筑面积 30806 米$^2$，工艺设备 21 台（套）。目前主体建筑基本完工。

二重万航大型模锻压机项目。扩建面积 25468 米$^2$，新增 800MN 模锻压机、2 万吨级模锻压机等仪器设备 14 台（套），项目已基本建设完成。

川大智胜研发基地项目。项目新增建筑面积 3.96 万米$^2$，截至 2012 年底已完成二层地下建筑施工，计划 2013 年 10 月完成全部土建，2014 年正式投入使用。

## 七、行业管理主要工作

四川省国防科工办负责四川航空工业行业管理，近年来，按照“军民结合，寓军于民”的工作方针，四川省国防科工办积极贯彻落实工业和信息化部、四川省委省政府的工作部署和要求，与省级有关部门密切协作，紧紧围绕加快航空重大项目和园区建设、促进产业合作与资源整合、创新军民融合机制等重点任务，认真做好民用航空产业推进和管理工作，取得了明显成效。

### （一）做好发展规划，统筹产业发展

围绕《国家民用航空工业中长期发展规划》和《四川省“十二五”军民结合产业发展规划》的贯彻实施，制定切实可行的年度航空产业推进方案，分解落实各项重点任务，加快推动航空军用技术向民用转移，加大对航空产品技术开发和产业化项目的支持力度，促进民用航空工业发展。

### （二）促进结构调整，培育壮大产业

加强与国家重大科技专项的对接，促进关键技术取得突破，增强航空产业自主发展能力和基础配套能力，推动航空产业结构调整，着力培育航空整机、航空发动机、航电系统、重要部件、转包生产、航空维修六大产业支柱，带动区域电子、新材料、重大装备制造等相关产业发展，打造特色鲜明、配套完善、核心竞争力强的航空产业集群。

**（三）推进项目建设，增强发展基础**

加强同国家相关部委的汇报，积极争取国家资金和项目支持。以增强产业发展核心能力和基础条件为重点，推进民用航空产业重点项目建设，加强项目前期论证，提高项目建议书编制质量；对国家已批复立项项目，加强对项目执行过程的监督管理和协调服务，促进项目顺利实施。

**（四）加强行业管理，营造发展环境**

按照工业和信息化部的统一部署，做好民用航空统计年报和民用航空工业年鉴编撰工作；进一步加强行业统计管理和经济运行监测，对重要经济指标加大分析力度，为指导行业发展提供参考；积极协调有关部门，加强项目建设和科研生产过程中土地、运输、能源等的协调保障，切实为行业发展提供服务。

**（五）加强资金引导，增强发展动力**

为引导和推动民用航空产业健康快速发展，四川省加大了对民用航空产业的资金扶持力度。2012 年，民用航空电子产业化建设、航空动力控制系统研发及生产基地技术改造、军民结合飞行流量管理中心系统等 8 个航空和航空技术应用类项目获得省级军民结合产业发展专项资金支持。

**（六）加强人才培养，提供人才保障**

探索创新人才激励机制和利益分享机制，推进航空产业技术人才、管理人才、复合型人才的引进、培养和使用。推动四川航空职业技术学院实训基地建设，实施高技能人才培训工程。

（四川省国防科学技术工业办公室）

# 贵州省

## 一、本地区基本情况

贵州民用航空工业的发展以中航工业在黔企业为重点，061 基地、083 基地和民营企业也积极参与相关配套工作。2012 年，全省民用航空工业企业 62 家，资产总额 433 亿元。其中，中航工业在黔企业 23 家，061 基地 18 家，083 基地 19 家，民营企业 3 家，职工 6.7 万人。拥有国家级技术中心 6 个、省级技术中心 50 个。贵州省重点建设的航空产业园区（基地）有 3 个，分别是安顺民用航空产业国家高技术产业基地、中航工业贵阳产业基地、中航工业军民结合高新技术产业园。

## 二、生产经营情况

2012 年，全省民用航空工业企业完成的全部的工业总产值 246 亿元，工业增加值 61.6 亿元，增速为 16.1%。

## 三、主要产品

### （一）民用飞机

民用无人机。中航贵州飞机有限责任公司（简称贵州飞机公司）通过自主投入、技术转化、集成配套、市场开拓等形式进行了“鹞鹰”系列民用和外贸无人机系统的开发。2012 年 9 月在西藏阿里机场成功完成海拔高度 4272 米的高原机场起降飞行试验，创造多项新的纪录，填补了多项国际国内空白。

教练机。2012 年出口教练机 4 架。

### （二）航空发动机

贵州黎阳航空发动机（集团）有限公司主要以中小推力航空发动机的研制和生产为主，重点服务于高级教练机、高端无人机等。同时配套叶片、盘轴、机匣、喷口等航空发动机零部件，并开展航空发动机修理工作。目前，航空发动机产业基地正在贵阳国家高新区建设。

### （三）航空设备及系统

主要有燃油泵、燃油调节器，为飞机、发动机配套的液压泵、火箭发射器、二次电源、继电器、开关、接插件、电动机构、电磁阀等产品。

### （四）其他民用航空产品

在航空锻件、铸件、标准件、橡胶件等方面具有优势，参与 C919 大型客机、ARJ21 支线飞机等国内民用飞机配套标准件、航空铸锻件等产品的研制。

## 四、产品开发与技术进步

2012 年，民用航空企业主要完成及参与完成的项目获得国防科学技术奖 1 项，省科技进步奖 9 项。通过加大研发投入，贵州国防科技工业企业取得专利授权 350 余项，科技创新能力大幅提升。贵州飞机公司通过技术创新，对“鹞鹰”无人机进行改进改型。贵阳航空电机公司根据未来大型民用客机大功率变频交流电源系统的需求，开展了二次电源子系统的研究工作，目前已进入了实物样机的研制阶段。贵州飞机公司积极开展民用无人机的产品开发，着力打造飞机数字化制造技术、激光跟踪测量技术、无人机系统集成技术、无人机试飞及试飞测试技术等关键技术。贵州安吉航空精密铸造公司通过推行以专业化铸造为核心能力的目标建设和对关键技术的研究和创新，技术开发能力得以提高，钛合金、高温合金精密铸造件的合格率得到稳定，冶金和尺寸精度满足设计和加工装配要求。目前，全省有 12 家企业参与了 C919 大型客机、ARJ21 支线飞机配套产品的研制和生产任务，3 家企业被中国商用飞机公司认定为合格供应商。

## 五、对外贸易与合作

2012 年，贵州省民用航空工业企业继续加强对外贸易和合作。

在航空零部件转包生产方面，有7户企业多年来从事航空零部件转包生产。在飞机结构件数控加工方面为波音、空客等公司配套，在发动机叶片、盘、轴加工等方面为通用电气公司、罗·罗公司、斯奈克玛公司配套，向古德里奇公司、霍尼韦尔公司提供滑阀、活塞、电磁阀等产品。其中，贵州飞机公司是波音飞机公司和法宇航公司的供应商，承担波音737垂直尾翼中28项零件加工，月产24架份；具有装配中小型组合件的能力，承担GE公司航空机翼铰链肋组合件，月产35架份。

2012年，贵州飞机公司出口教练机4架。

## 六、重大基础设施建设

### （一）安顺民用航空产业国家高技术产业基地建设

2012年，正在实施的民用航空项目16项。其中，重点实施贵州飞机公司民用无人机产业化建设一期项目、贵州安吉航空精密铸造有限公司ARJ－700飞机钛合金精密铸件生产线项目和贵州安大航空锻造公司环形锻件生产线改造项目。项目建成后，形成民用无人机20架/年生产能力和每两年改进或新研制一个民用无人机型号的能力，新增150架份支线飞机16项精密铸件产品和350吨环形锻件的生产能力。

### （二）中航工业贵阳产业基地建设

产业基地发展目标是建设航空发动机整机、零部件研制生产及维修产业基地。目前，重点实施黎阳航空发动机（集团）有限公司航空发动机项目和凯阳航空发动机修理项目。其中，黎阳航空发动机项目已完成项目备案和环评手续，正加紧工程建设，计划2013年完工。凯阳航空发动机修理项目2012年12月已完工。

### （三）中航工业军民结合高新技术产业园建设

2012年，该产业园正在实施的项目主要有贵阳航空电机公司整体搬迁项目、贵州红林机械厂军民结合高新技术产业项目和贵州西南工具公司的航空航天难加工材料数控刀具生产线技术改造项目。其中，贵阳航空电机公司整体搬迁项目2012年完工；贵州红林机械厂军民结合高新技术产业项目包括AMT汽车自动变速器执行机构生产线建设项目和民用飞机控制系统零部件生产线建设项目，正在抓紧建设，计划2013年底完工；贵州西南工具公司数控刀具项目已开工建设，计划2014年初完工。

## 七、行业管理主要工作

一是加强组织领导。认真履行贵州省民用飞机发展协调领导小组、安顺市民用航空产业国家高技术产业基地建设发展工作领导小组职责，积极推进民用航空发展各项工作。二是积极推进产业基地建设，协调解决产业基地项目建设中存在的问题。三是通过重大项目牵引，积极引导企业实施结构调整、技改扩能项目建设，带动黎阳发动机公司、贵州飞机公司、新艺机械厂等航空零部件的转包生产规模化。四是组织民用航空企业积极参加中国（贵州）装备制造业博览会和上海中国国际工业博览会等活动，加大招商引资力度，落实已签约项目的开工建设。五是推进贵州省民航运输业加快发展，出台《贵州省“十二五”民航发展规划》。

（贵州省经济和信息化委员会）

# 陕西省

## 一、本地区基本情况

陕西省是我国大中型运输机和民用飞机科研生产基地，经过50多年的建设和发展，陕西航空工业已形成集飞机研发、设计、试验、生产、试飞鉴定、产品支援、综合保障及教学培训为一体的较为完整的航空产业体系，综合实力居全国前列。全省现有中航工业企业21家、科研院所5家，航空人才培养院校7所，航空配套企事业单位100多家，从业人员12万余人，其中科技人员5万余人。

### （一）陕西重点航空企事业单位

中航飞机有限责任公司、中航工业第一飞机设计研究院、西安飞机工业（集团）有限责任公司（简称西飞公司）和中航工业陕西飞机工业（集团）有限公司等飞机总体设计与总装制造单位；中国飞行试验研究院、中国飞机强度研究所等试飞、试验单位；西安航空发动机（集团）有限公司、西安航空动力控制科技有限公司等发动机系统及部件研制单位；中航工业西安飞行自动控制研究所、中航工业西安航空计算技术研究所、庆安集团有限公司、陕西航空电气有限责任公司、西安航空制动科技有限公司、陕西宝成航空仪表有限责任公司、陕西宏远航空锻造有限责任公司、中航起落架公司燎原分公司、中航电测仪器股份有限公司、中航工业陕西千山航空电子有限责任公司、陕西宏峰精密机械工具公司、国营长空精密机械制造公司、中航工业陕西华燕航空仪表有限公司、国营东方仪器厂、陕西航空硬质合金工具有限公司、汉中群峰机械制造有限公司等机载设备系统及部件研制单位；陕西凌云电器集团有限公司、陕西烽火电子股份有限公司、陕西长岭电子科技有限责任公司、西安航空电子科技有限公司、宝钛集团有限公司、西北有色金属研究院、西部超导材料科技有限公司、西工大超晶科技发展有限公司、西安微电机研究所、西安超码科技有限公司、陕西延长石油西北橡胶有限责任公司、西北橡胶塑料研究设计院、汉中一零一航空电子设备有限公司、陕西秦峰液压有限公司、西安三角航空科技有限责任公司、西安蓝天仿真科技有限公司、西安燎原液压有限责任公司、汉中朝阳机械有限责任公司、汉中华泰机械制造公司、陕西天达航空标准件公司、宝鸡市航宇光电显示技术开发有限责任公司、宝鸡北方科技照明电器有限公司、西安四方超轻材料有限公司、陕西华通机电制造有限公司、西部钛业有限公司、西安康铖机械制造有限公司、西安高科理化技术有限公司、西安康本材料有限公司、西安鑫垚陶瓷复合材料有限公司、西安晨曦航空科技股份有限公司等百余家航空配套单位。

### （二）西安阎良国家航空高技术产业基地

2012年，基地新注册企业85家，其中外资企业5家，累计注册企业500余家。初步形成了整机制造、零部件制造、航空新材料、专用装备、航空维修、飞行培训、航空旅游为配套的全产业链发展体系。

已建成运营的航空培训平台全年为企业提供培训服务60余次，培训人员2000余人次；航空工程服务平台全年提供工程出图、标书制作等服务700余次。孵化器累计入驻企业168家，其中，在孵企业82家。快速制造国家工程研究中心、陶瓷基工程化中心等技术平台已建成运营。

西安三角航空科技有限公司400MN重型航空模锻液压机项目、西安鑫垚陶瓷复合材料有限公司陶瓷基超常性能结构复合材料及制品、西安高科理化技术有限公司KHF－Ⅱ型飞机除冰/防冰液、西安康本材料有限公司高性能聚丙烯腈基碳纤维及其复合材料等重点项目已运营投产，西安四方超轻材料有限公司轻质高强度镁锂合金复合材料产业化等20余个重大项目正在建设。2012年，基地实现零部件加工收入约55亿元，成为我国航空零部件加工领域重要的承载地。

## 二、生产经营情况

2012年，陕西航空企事业单位实现总收入332亿元，其中完成出口交付额53亿元，航空配套单位实现航空配套产值47亿元。

## 三、主要产品

### （一）民用飞机

1．“新舟”系列涡桨支线客机。2012年交付“新舟”60/600飞机15架，签订销售合同22架，开拓了东欧新市场和特种飞机市场；“新舟”60飞机取得了老挝、菲律宾等国民航局维修许可证，短跑道起降程序获中国民航局书面认可；“新舟”600F民用货机与首家用户签约；“新舟”700飞机已完成初步总体技术方案论证。

2．ARJ21－700支线客机。西安飞机工业（集团）有限责任公司承担ARJ21飞机部件的研制生产，完成了两架机部件的交付及燃油结冰、应急撤离、气密3项试验件的研制。中国飞机强度研究所承担飞机全机疲劳试验及部件疲劳静力适航验证性试验11项，完成了方向舵疲劳研发试验、机翼高速颤振模型地面试验、驾驶舱后观察窗鸟撞试验、飞机气密检查、复合材料翼梢研发试验等。陕西宏远航空锻造有限责任公司为ARJ21支线飞机研制生产配套锻铸件毛坯。国营长空精密机械制造公司承担着ARJ21支线飞机前缘缝翼齿轮齿条组件的研制生产，是国内唯一供应商。

3．C919大型客机。西安飞机工业（集团）有限责任公司C919大型客机异地协同工作平台投入使用，工装设计制造、工艺评审、工艺鉴定等工作全面展开，试验件零件已全面投产。中航工业飞行自动控制研究所C919飞机电传控制律详细设计完成了第一阶段合同内容，为主机提供了全面有力支持。中国飞机强度研究所承担C919飞机全机静力/疲劳及损伤容限试验，已完成复合材料后机身部段强度研究静力疲劳试验、中央翼部段强度研究静力试验和前起落架舱RAT舱结构选型试验。庆安集团有限公司与MOOG公司于2012年1月签署了《C919项目高升力系统合作框架协议》，双方已完成初步设计评审，转入详细设计阶段工作。公司开展了C919大型客机高升力系统中翼尖制动装置、扭力管万向节组件和支撑轴承3项LRU和92项零件的试制生产。陕西宏远航空锻造有限责任公司承担的C919大型客机产品热加工技术研究与应用处于锻件研制阶段。西安航空动力控制有限责任公司承担C919大型客机发动机验证机部分产品的研制任务，已完成初步设计阶段的工程设计。西安三角航空科技有限公司承担C919大型客机起落架锻件、发动机吊挂接头锻件，产品已交付。宝钛集团有限公司开展了商用发动机用钛合金板材、棒材的研制，材料达到了中航工业商用发动机公司企业标准要求，部分板材、棒材已交付用户。

4．运8型运输机。中航工业陕西飞机工业（集团）有限公司研制的运8飞机是我国目前最大的中程中型运输机，共有3大系列、24种机型，填补了我国航空工业多项空白，可广泛应用于货（客）运、航测、航邮、空中救援、森林灭火等领域，运8F600型飞机正在研制中。

5．大型救援/灭火水陆两栖飞机。中航工业陕西飞机工业（集团）有限公司主要承担后机身等部件设计、制造；中国飞机强度研究所承担了相关试验及研究任务，完成了疲劳损伤容限设计指南初稿编写；中航工业陕西千山航空电子有限责任公司承担飞行参数系统、发动机指示和空勤告警系统的研制；陕西长岭电子科技有限公司承担661C气象雷达单独CTSO项目取证。

### （二）航空发动机及燃油控制系统

西安航空发动机（集团）有限公司转包生产航空发动机零部件，产品涉及航空发动机盘、环、封严类、机匣、结构件和支撑件共6大类10余个系列、100多个品种、上千种零件，为全球二十多种型号发动机提供配套零部件。

西安航空动力控制有限责任公司研制生产了140余种航空发动机控制系统，液压、燃油、空气控制系统等航空发动机燃油控制附件，近50个机种。同时担负着13个型号近40种发动机控制系统附件的预研、研制、生产与修理。

(三) 航空设备及系统

西安航空制动科技有限公司主要研制生产航空机轮及刹车系统产品（包括机轮、液压、电子、操纵附件等）、大中型镁铸件研制生产、刹车盘 PMA 件制造及维修业务等。已取得 3 种机轮 PMA 证书或 CTSOA 证书，获得 B757 飞机碳盘 PMA 许可证，及 A320 飞机碳刹车盘适航认证。

西安超码科技有限公司主导产品有 B757-200 飞机和空客 A320 系列飞机碳刹车盘、碳/碳热场材料、高温热压模具、碳/陶产品等。可年产飞机碳刹车盘 1700 片，碳/碳热场产品 100 套，是目前国内最大的碳/碳热场产品供应商，市场占有率 70% 以上。波音 757-200、A319/320 飞机碳刹车盘获中国民航局零部件制造人批准证书，A319/320 飞机碳刹车盘性能达国际先进水平。

(四) 航空新材料

宝钛集团有限公司是目前国内最大的综合性钛企业集团，为国内商飞公司、西飞公司和商发公司等多家企事业单位配套生产钛及钛合金型材。并与美国波音公司、古德里奇公司、庞巴迪公司、英国罗·罗公司、法国空客公司、斯奈克玛公司、福泰克公司建立了良好的合作关系，钛及钛合金系列产品已在波音和空客系列飞机上得到成熟应用。

西部超导材料科技有限公司开发了航空 Ti6Al4V ELI 钛合金材料及高端稀有金属材料等新产品，TC4 大规格棒材填补了国内航空用钛合金材料的空白；TC21、TC4-DT 钛合金材料具有独立自主知识产权，填补了我国新型飞机用钛合金材料的空白。

西安康本材料有限公司主要生产经营各种规格的碳纤维、织物、预制体、预浸料及复合材料制品，T400 级碳纤维研制顺利，各项性能稳定。

西安四方超轻材料有限公司研制生产的轻质高强度镁锂合金材料是当今最轻的金属结构材料，具有低密度、高强度、高塑性等特点，已被国内多家航空企事业单位使用。

(五) 其他航空民用产品

西安蓝天仿真科技有限公司累计销售模拟机 4 台，其中交付印尼鸽记航空公司的“新舟”60 飞机全动模拟机是我国首台出口的 C 级民机模拟机。

西安飞豹科技发展公司主要研制生产飞机训练模拟器和工程模拟器、机场助航设备、通用航空产品、空港培训设备、飞机地面保障设备等。

西安燎原液压有限责任公司研制的登机桥整体调平自动装置获国家发明专利，产品已销往国内多家机场使用。此外还生产 LTQ-2000Y 型智能旅客登机桥产品、电动式钢结构机库大门和柔性堆积式机库大门、车载式助航灯具光强检测仪等设备。

陕西烽火宏声科技有限责任公司主要研制 OSD-11（12）、SZD-2 型头戴式送受话器组等小型航空耳机，可进行双工通信和小范围组网通信。

中国飞机强度研究所研制的减振器产品，主要型号有金属丝网、金属橡胶、摩擦片式等高阻尼橡胶，主要用于航空、航天等领域各类电子设备的振动隔离安装，取得发明专利、实用新型专利 10 余项，已大量应用于国内民机机载产品的配套。

## 四、产品开发与技术进步

(一) 民用飞机及部件

西安飞机工业（集团）有限责任公司“新舟”60 飞机改型——“新舟”增雨机进入工程研制阶段；大客壁板喷丸、长桁制造等重点课题技术获得突破；《新型涡桨支线飞机飞行性能分析技术研究》、《民用飞机外开上翻式货舱门研制》等 8 项成果获省部级科技成果。

(二) 航空发动机

西安航空发动机（集团）有限公司通过引进和吸收国外的先进加工技术、加工诀窍、检测方法等，提升了企业的技术能力，增强了企业核心竞争力，部分制造技术已到达或接近国际同行业先进水平。

西安航空动力控制有限责任公司与霍尼韦尔公司于 2012 年 5 月签署了联合研发项目战略协议，西控公司主要负责摆线齿轮等相关部件的设计、零部件的制造或采购、总装测试、部分验证试验和鉴定试验、验证样机的制造和测试以及产品可靠性测试等，项目已完成初步设计评审。通过项目合作及实施，公司建立了民用航空研发质量体系和民用航空产品三阶段设计体系，管理和技术水平得到了提升。

**（三）刹车及机轮装置**

西安航空制动科技有限公司碳/陶复合刹车材料制备技术达国际先进水平，已取得三项相关技术专利，能很好地解决飞机用碳/碳刹车材料静力矩不足等问题。

西安超码科技有限公司自主开发的飞机碳刹车盘刹车摩擦因数、使用寿命以及力学、导热性能达到国际水平。承担了国家军转民技术开发、国家火炬计划、国家重点新产品、陕西省重大科技创新等多项碳刹车盘项目，其中，A319/320 型飞机碳刹车盘获授权专利 8 项，波音 757－200 飞机碳刹车盘获授权专利 6 项。

**（四）航空锻件**

陕西宏远航空锻造有限责任公司 2012 年获《一种等温锻造用大型 K403 高温合金模具的铸造方法》、《ZL101、ZL116 铝合金熔模铸件铸造方法》、《一种 ZL205 铝合金熔模铸件的铸造方法》、《一种大厚度、大尺寸环形零件的分段线切割加工方法》、《一种用于锻造成形机加紧台的固定装置》等 5 项专利授权。

**（五）航空机载设备及系统**

庆安集团有限公司在扭力管万向节组件研发方面取得了突破性进展，在磨损、效率、扭转游隙和费用等方面，达到国内领先水平。

中航工业陕西千山航空电子有限责任公司有 5 项记录器系统取得 CTSOA 适航证，配装“新舟”60 系列、直 8 系列等国产民机。

陕西烽火宏声科技有限责任公司研制的 OSD－11/12/14、SZD－2 型头戴式送受话器组等小型航空耳机、OSDK－12 型有源抗噪头戴式送受话器组、OZC－4 型手持式送话器组等航空耳机/话筒组件取得中国民用航空局《技术标准规定项目批准书》（CTSOA）。

陕西凌云电器集团有限公司建立了“民用航空导航产品研发中心”，重点研发数字化小型、高可靠无线电罗盘、测距器和仪表着陆/伏尔/信标组合设备等产品，以及民机 ICNI 系统无线电罗盘、仪表着陆和测距器等导航模块和功能软件。LDME－4 测距器 2012 年取得民航适航证书，已装备了 HO300、A313 等民机；LMMR－2 组合接收设备 2011 年取得民航适航证书，已装备 AC313、直 8F100、AC312 等飞机；LMMR－2B VOR/ILS 机载设备、WL－7B 无线电罗盘正在开展适航认证工作；WL－7E 无线电罗盘、LMMR－2BG VOR/ILS 导航功能模块已完成正样研制工作。

陕西长岭电子科技有限责任公司研制生产了无线电高度表、多普勒雷达、气象雷达、卫星导航、机载环控设备等五大系列航空电子和航空设备产品。WG－7Z、WG－11B 无线电高度表已取得民航适航证书。

宝鸡市航宇光电显示技术开发有限责任公司研制了“电子导光显示器”、“组合导光控制显示装置”、“与夜视成像系统兼容的导光板”、“加固导光键盘”等具有独立知识产权的导光板产品，以及“乘务员观察系统”、“信号灯控制盒”、“航空 LED 照明灯”等机载配套电子产品。主要为“新舟”60/600、“海鸥”300、运 7、运 8 等飞机配套。

## 五、对外贸易与合作

近年来，陕西航空企事业单位转包生产业务发展迅猛，主要面向美国波音、法国空客、美国 GE、加拿大普·惠等多个国际知名航空企业转包生产机体大部件、发动机零部件、小型精密复杂件和机载设备系统用零组件等。2012 年全省航空企事业单位共完成出口产值 53 亿元。

西安航空发动机（集团）有限公司，与美国 GE、英国罗·罗、法国斯奈克玛、加拿大普·惠等世界著名航空发动机制造企业建立了长期稳固的战略合作关系，并成为其近百种零件的海外唯一供应商，合作方式从简单加工制造发展到风险合作。2012 年转包生产交付 15.7 亿元。

西安飞机工业（集团）有限责任公司的国际转包生产项目主要有波音 737－700 垂直尾翼、747 组合件、A320 机翼、ATR72 飞机 16 段等。2012 年 1 月 13 日，西飞国际向波音公司交付第 2000 架波音 737NG 垂直尾翼和首架波音 747－8 垂直尾翼，9 月 15 日，首架 A320 机翼后缘组件提前交付。2012 年完成转包生产交付

11.8 亿元。

中航工业西安飞行自动控制研究所 2012 年转包生产迈出第一步，完成了与穆格公司十一种零件的首件生产，获得了批产订单 2000 余件；完成帕克公司人感装置首件产品的装调；取得了美国 GE 公司两种零件订单并投产。

庆安集团有限公司主要为波音公司、空客公司和庞巴迪公司生产飞机液压、飞控、电源、机轮刹车、发动机控制零部件和起落架收放等系统使用的各种液压作动器和齿轮作动器零件、组件和完整产品，主要涉及压力开关、精密阀类、筒体类、齿轮和花键类零件等。2012 年转包生产交付额为 1018 万美元。

西安航空动力控制有限公司主要为美国霍尼韦尔公司、汉胜公司等转包生产碟类、齿轮类、阀门类、壳体类、套类等零航空系统零部件。2012 年实现出口交付 785 万美元。

陕西宏远航空锻造有限责任公司主要为波音、空客、古德里奇、梅西埃·道蒂等公司配套生产航空锻铸件毛坯。2012 年航空零部件转包生产交付 1390 万美元。

西安航空制动科技有限公司与美国寰科公司签订合作意向，开展民航 PMA 产品的国际适航取证及海外销售；为美国古德里奇公司转包生产系列固定片、导轨、挡圈、隔热屏、隔热环等产品。2012 年转包出口额 178 万美元。

## 六、重大基础设施建设

中航重机股份有限公司先进锻造产业基地项目。在西安经开区建设等温锻、产品深加工、特材仓储加工中心、快速成形中心、锻铸事业部大楼、研发中心。已完成地勘、文勘等开工前期准备工作。

陕西宏远航空锻造有限责任公司新区基础设施建设项目。在西安经开区泾渭新城，建设等温锻、精密锻造、大型锻造等生产线，以及先进锻造技术模拟中心。已完成等温锻生产线（一期）主厂房施工图设计、厂房招标和厂房桩基工程。

西安航空制动科技有限公司民机机轮刹车制造及维修产业化项目。建设符合国际标准要求的民用飞机机轮、碳刹车盘和粉末冶金刹车盘制造生产线。已完成厂房建设 5000 米$^2$。

西安飞机工业（集团）有限责任公司 ARJ21 支线飞机部装厂房项目。2012 年厂房已建完，部分设备已到位，其余设备正在购置中。

陕西烽火宏声科技有限责任公司航空飞行器舱内噪声有源控制系统项目。建设舱内噪声模拟仿真实验室、消声室、混响室，实现噪声有源控制系统产业化。已建设了模拟机舱及空间噪声测试分析平台，采购了研发仪器设备。

宝钛集团有限公司建设了钛及钛合金熔铸扩能项目、万吨自由锻压机项目及钛合金棒丝材生产线，新增 10000 吨/年熔铸能力、3000 吨/年大型钛合金锻件生产能力，实现钛及钛合金年产 1100 吨的产能。

宝鸡市航宇光电显示技术开发有限责任公司信号灯控制盒项目。建设年产 200 套信号灯控制盒生产线及配套设施，2012 年底通过验收投入使用。

## 七、行业管理主要工作

### （一）深化战略合作，共促“央企进陕”

为促进央企在陕扩大投资，陕西省政府加强了与国务院国资委和各军工集团公司的沟通联系。2013 年 4 月 27 日，在陕西省政府与国务院国资委签署合作备忘录暨央企进陕发展活动仪式上，陕西省政府与中国航空工业集团公司签订了推进军民结合重点项目建设协议书和投资意向书，在新型涡桨支线飞机、航空发动机、机载设备、飞机零部件、航空新材料和航空运输等领域加强合作，推进西安飞机工业（集团）有限责任公司新型涡桨支线飞机等 33 个重点项目建设，总投资近 500 亿元。

### （二）召开了全省军民融合工作推进会

2012 年 9 月 11 日，陕西省政府召开了全省军民融合工作推进会，安排部署军民融合工作，要求各在陕军工企事业单位和省市各级政府、各有关部门要倍加珍惜陕西突出的军工优势和军民融合发展的良好局面，加快推进民用航空、民用航天、先进装备制造业等军民结合产业突破发展。

### （三）支持航空产业项目建设

为深入贯彻落实国发〔2010〕37 号文件精神，陕西省从 2012 年起每年安排不低于 1 亿元支持军民结合项目建设，并制定了《陕西省省级军转民专项扶持资金管理办法》加强对资金的管理。2012年共安排2330万元专项资金，支持了西飞公司“新舟”600特种飞机平台技术研究等12个航空产业项目，带动项目投资9.8亿元。

**（四）第一届中国民营航空产业发展论坛在陕举行**

2012年10月16日，由中国民主建国会中央委员会和陕西省政府主办的，第一届中国民营航空产业发展论坛在西安阎良举行，全国人大常委会副委员长、民建中央主席陈昌智，陕西省省长赵正永出席开幕式并致辞。来自国内外170多家民营企业代表围绕国内外航空产业发展的模式与路径进行了热烈研讨，现场签约6个项目，总投资123亿元。

**（五）第三届航空转包生产暨国际合作论坛在西安召开**

2012年10月18日，第三届航空转包生产暨国际合作论坛在西安阎良举行。来自国内外260多家企业的代表参会，围绕国内外航空产业发展的新趋势新动向、促进航空产业发展的政策形势、欧美航企在华转包生产的潜力及建议等议题进行了深入探讨。近年来，陕西航空转包呈现出稳定增长、快速发展的良好态势，成为陕西外向型经济的重要组成部分。

**（六）推动军民合作交流活动**

2012年4月6日，在第十六届西洽会陕西新兴产业投资合作项目洽谈会上，陕西省国防科工办重点推介了16个新兴产业项目，涉及航空、航天、电子信息、新能源、新材料等领域，并组织了西安阎良国家航空高技术产业基地大功率LED产业园项目、航空零件精密制造项目和康福斯飞机制造等5个项目现场签约，签约金额57.1亿元。

5月22日，陕西省国防科工办、西安国际港务区共同组织召开了“军民结合企业进出口业务工作座谈会”，西安飞机国际航空制造股份有限公司等12家航空企事业单位及其他军民结合企业共38家单位参会。省国防科工办介绍了陕西军民结合产业发展和对外贸易情况，西安国际港务区介绍了港务区规划建设及发展情况，对相关进出口业务作了系统介绍和解答，并从加强陕西军工与港务区的交流合作，充分利用港务区综合服务平台，支持军民结合企业进出口及运输物流业务发展等方面提出了思路。与会企业代表就本单位的进出口业务和物流运输业务发展情况与国际港务区进行了交流探讨。

8月30日，中国和平利用军工技术协会和陕西省国防科工办在西安共同主办了“第十届中国欧亚国际军民结合技术产业博览会”，组织了包括中航工业陕西飞机工业（集团）有限公司等11家航空企事业单位在内的30多家军民结合单位参展，集中展示了陕西航空、航天、电子、节能减排、新能源、新材料、先进制造等军民结合产业发展成果。博览会共设2000多个展位，国内外1000多家厂商参展，达成50余项合作协议及意向，现场成交额1.2亿元。

（陕西省国防科技和航空工业办公室）

# 甘肃省

## 一、本地区基本情况

甘肃航空工业起步较早，1955 年 11 月，我国与苏联签订了关于苏联援助我国航空工业建设项目的协议，现中航工业万里机电有限责任公司、中航工业兰州飞行控制有限责任公司是其中的两项。1966 年 11 月在兰州全面建成。

中航工业万里机电有限责任公司是我国航空工业在航空照明系统、航空专用驱动和作动系统、飞机集中告警系统、电器控制装置系列产品的科研生产专业企业，目前设有航空电子及电传动技术中心（省级产品研发机构），拥有一批先进的加工中心、车削中心、精密螺纹、齿轮加工、三坐标测量机等设备，加工手段、种类齐全，产品广泛应用于航空、航天、兵器、舰船、导弹等领域的飞控、液压、燃油、环控、电气、机外照明、火控、导航、轰炸、告警、救生等系统，主要产品市场占有率 90% 以上，为国防建设发挥着重要的作用。

中航工业兰州飞行控制有限责任公司是航空自动驾驶仪、综合航向系统及陀螺仪表的专业生产企业。

中航天水飞机工业有限责任公司的前身是 1959 年 4 月兰州空军在西宁乐家湾机场附近组建的“西宁航线场站修理场”，主要承担飞机修理、某型机制造、飞机零备件制造及工业用砂轮制造等。2007 年 3 月改制为国有独资公司，归属中航工业集团公司航空装备有限责任公司。

目前，甘肃仅有一家民用航空工业企业即兰州神龙航空科技有限公司。神龙航空科技有限公司（简称神龙航空）成立于 1998 年，是国内实力较强的无人机研发、生产企业。神龙航空长期致力于无人直升机设计、研发、制造，以及高性能数字信号传输系列产品的创新与应用。公司与北京航空航天大学、西安无人机研究所、中国科技协会等单位在技术上建立了稳固的合作关系，是华南理工大学、北京航空航天大学产、学、研实习基地。神龙航空现已成功开发出了 52CC、80CC 无人直升机专用航空发动机和工程化应用无人直升机 8 个系列 24 种机型，已掌握了多项无人直升机核心技术，拥有外观、实用、新型及发明等专利多项。神龙航空不断在无人直升机应用领域进行创新拓展。至今 SLA 系列无人直升机已被广泛应用于影视空中拍摄、地震、洪涝灾情调查、森林火情监测、消防侦察、边境巡视、地质勘察、环境监测、城镇规划、电力巡线、架设、农业植保精准化作业、农作物灾情调查、防治及估产等多个领域。参与过中南矿业公司、中科院兰州寒旱所、甘肃地矿研究院、国家科技部黄河凌汛爆破等项目的无人机飞行作业，效果显著，已被列为国家“十二五”科技支撑计划、国家公共安全应急装备关键技术研究与装备研制项目任务单位。

## 二、生产经营情况

2012 年，甘肃省民用航空工业企业实现工业总产值 1581 万元（此处只统计兰州神龙航空科技有限公司，不含中航工业成员单位数据），较上年增长 20%；工业销售产值 1281 万元，较上年增长 17%；实现利润 14.5 万元，较上年增长 12%。

## 三、主要产品

### （一）无人机系列

1. SLA－30 航模运动无人直升机；
2. SLA－50 航模运动无人直升机；
3. SLA－60 航模运动无人直升机；
4. SLA－90 航模运动无人直升机；
5. SLA－260H 工程化应用无人直升机；
6. SLA－520H 工程化应用无人直升机；

7. SLA－430H 工程化应用无人直升机；

8. SLA－111H 工程化应用无人直升机；

9. SLA－170H 工程化应用无人直升机；

10. SLA－500H 工程化应用无人直升机；

11. SLA 六轴多功能飞行器；

12. SLA 八轴多功能飞行器；

13. 多用途固定翼军事模拟训练靶机系列；

14. SLA－521－Ⅰ型多用途航空动力伞飞行器；

15. SLA－521－Ⅱ型多用途航空动力伞飞行器。

**（二）航空发动机**

在研产品有 52CC 双缸对置式活塞汽油发动机，用于 SLA－520H 无人直升机的主动力配套。

**（三）航空配套产品**

1. SLA 两轴云台

2. SLA 起落架联动两轴云台

3. SLA 三轴云台

4. SLA 起落架联动三轴云台

5. SLA 两轴托板云台

6. SLA 质子磁力仪抗干扰挂载云台

7. SLA 防凌破冰炸药自动投放引爆系统

8. SLA 农药植保施药系统

9. SLA 生命探测仪挂载云台

10. SLA 警用高空视频声频传输系统

**（四）航空维修改装及服务**

航空维修主要发展 SLA－260H、SLA－520H、SLA－430H、SLA－111H、SLA－170H、SLA－500H 等机型的维修和托管、人员培训、作业等服务。

## 四、产品开发与技术进步

新产品开发主要围绕无人直升机工程化应用开展，现已开发生产出 SLA－260H、SLA－430H、SLA－520H、SLA－111H、SLA－170H、SLA－500H 等多种机型，分别达到了 5 千克、8 千克、10 千克、15 千克、20 千克、30 千克等不同量级任务载荷的油动和无人直升机，其中 SLA－260H、SLA－520H 还开发出了节能电动力无人直升机。尤其是自主研发的 52CC 双缸对置式活塞汽油发动机，实现了无人直升机发动机的国产化。52CC 风冷双缸对置式汽油发动机经过长期载荷试验运行，现已定型并能实现量产。

## 五、对外贸易与合作

兰州神龙航空科技有限公司与澳大利亚野马飞机制造公司、澳大利亚时代科技国际有限公司签订了合作协议，成立轻型通用飞机制造公司，引进并制造野马 600 型和野马 610 型轻型通用飞机。

## 六、行业主要管理工作

在甘肃省工业和信息化委员会的支持下，由兰州神龙航空科技有限公司牵头，长风集团科技公司、中航万里航空机电有限责任公司、中航兰州飞行控制有限责任公司、兰州交通大学、甘肃虹光电子有限责任公司、兰州陇星热能集团等七家企业和学院所发起成立了“甘肃省民用轻型飞机和无人机产业联盟”。产业联盟是一个旨在为联盟成员及民用轻型飞机和无人机产业领域相关团体和个人提供信息服务、促进甘肃省民用轻型飞机和无人机产业发展的社会公益性组织。神龙航空总经理被产业联盟推荐为第一任理事长。

（甘肃省工业和信息化委员会）

# 第三部分
# 企业发展概况

# 中国航空工业集团公司

## 一、公司基本情况

中国航空工业集团公司（简称中航工业）是由中央管理的国有大型企业，是国家授权投资的机构，2008年11月6日由原中国航空工业第一、第二集团公司重组整合而成。集团公司实行母子公司和事业部管理体制，设有航空装备、飞机、发动机、直升机、机载设备与系统、通用飞机、航空研究、飞行试验、贸易物流、资产管理、工程规划建设、汽车等产业板块，下辖近140多家成员单位、有26家上市公司，员工约50万人。2012年，中航工业在《财富》杂志世界排名250位，比2011年的310位前进60名。

中国航空工业集团公司将“寓军于民、军民融合”作为重要发展原则，以新理念、新思路、新举措大力发展军民用运输机产业，研制生产“新舟”60、“新舟”600、“新舟”700系列涡桨支线飞机，运8飞机、运12飞机，直9直升机等多种机型，是ARJ21新支线客机的主要研制者和供应商；是A380、A350、波音787和C系列等国际重大航空项目重要合作伙伴，航空国际转包业务和风险合作实现快速增长；是飞机租赁、通用航空、航空运输等服务的提供商。中航工业当前正在深入推进“新舟”700涡桨支线飞机、直15型7吨级先进多用途直升机、“蛟龙”600水陆两栖飞机、先进多用途通用飞机、大型客机发动机验证机等多个产品研制；积极实施型号牵引与技术推动相结合的民机科研项目，完善民用飞机技术体系、突破瓶颈技术和关键技术、注重成果转化和加快技术成熟，为型号研制提供技术支撑；大力开拓民用飞机维修、运营、客户支援与服务等业务领域，致力于打造民用航空产业链，实现跨越式发展。

## 二、生产经营情况

2012年，中航工业实现经营收入3006亿元，同比增长13.9%，实现利润131.8亿元，同比增长8.1%。在民用航空产业方面，民用航空产品产值为146.1亿元，同比增长12.9%，民用航空产品销售产值为145.8亿元，同比增长12.0%。交付各类民机50架（价值约18.1亿元），交付国际用户16架（价值约12.6亿元）。全年转包生产实现收入10.5亿美元，同比增长10%。

## 三、主要产品

2012年，中航工业在产在销的主要民机产品有：“新舟”60、“新舟”600支线飞机，民用型直9直升机，运12Ⅳ、“小鹰”500和运5B通用飞机，A2C轻型飞机等。各型飞机交付情况如下：

“新舟”60飞机11架（其中出口交付7架），运12系列飞机5架，运5B通用飞机12架，A2C轻型飞机12架，直9系列直升机7架（均为出口交付），其他飞机3架。

2012年，“新舟”系列飞机新签出口合同16架，目前储备订单已达107架；直9系列直升机新增订单10架，储备订单已达27架。

## 四、新产品开发

### （一）民机型号研制项目

2012年，中航工业共承担15项民机型号研制项目，取得的主要成绩如下：

“一机立项”。大型客机发动机验证机项目获国家立项批复。通过概念设计阶段总体技术方案评审，开始进行初步设计。

“一机首飞”。2012年10月24日，“新舟”600货机（MA600F）成功实现首飞，填补了“新舟”系列飞机货运型号的空白；11月顺利参加第九届珠海航展并进行静态展示。

“二机取证”。13吨级直8F直升机（AC313）、两吨级AC311直升机分别于2012年1月5日、

6 月 28 日取得中国民用航空局颁发的型号合格证；同年 11 月，两型直升机分别获得 CAAC 颁发的生产许可证，具备批量生产条件。

**（二）各重点型号研制进展**

新型涡桨支线飞机项目。完成了机翼壁板 13 肋处对接结构、机翼下壁板油箱端肋处结构、机头结构抗鸟撞设计、机身转接梁接头结构及典型连接的试验件制造及选型试验；通过开展结构选型试验，验证了相关设计分析方法，为后续结构方案确定、结构材料选用及开展详细设计工作奠定良好的技术基础。

直 8F 直升机项目。2012 年 1 月，取得中国民航型号合格证；11 月，取得中国民航生产许可证。通过项目研制，提升了制造技术能力和直升机符合性适航验证能力，完成了在零下 46 摄氏度环境下的正常使用能力，创造了我国大型直升机 336 千米/时的最大速度纪录。

运 12F 多用途通用飞机项目。已经完成全机静力试验，并已进入全机疲劳试验。01 架机和 02 架机试飞样机均已完成调整试飞工作，正式进入取证试飞阶段。第一架飞行试验原型机（第 001 架机）已完成高原试飞。2012 年 8 月 11 日第二架飞行试验原型机（第 002 架机）成功首飞，已完成适应性试飞、调整试飞。

大型灭火/水上救援水陆两栖飞机项目。完成了气、水动外形优选试验；完成了起落架原理样机试验等关键技术攻关和各系统初步技术方案论证，形成了飞机总体技术方案并通过了评审；2012 年 4 月，完成总体方案定义/联合概念定义工作，已进入全面开展详细设计工作阶段。

“海鸥”300 轻型水陆两栖飞机项目。2012 年 6 月，05 架飞机总转下线，进入研发试飞；11 月，06 架飞机飞转场荆门，开始水密试验；已累计完成试飞任务 101 小时 41 分，197 架次飞行。

农 5B 农林飞机项目。完成 001 架调整试飞，完成升降舵、调整片改进，及改进后的工装制造与修理、新增零件制造；完成对 3 架飞机的设计更改贯彻工作；完成 004 架农用设备系统的零件配套、系统安装与调试。

涡轴 16 中等推力级涡轴发动机项目。2012 年完成详细设计评审，目前已经完成首批发动机零件制造，进入装配程序。

大客发动机验证机项目。完成验证机概念设计方案，及大部分工程图设计绘制；开展关键零部件试制，确定研制任务分工，逐步深入开展国际合作，完成 18 项关键技术攻关，当前，正全面开展体系能力建设。

## 五、航空科研

2012 年，中航工业承担了多项民用飞机科研任务，主要包括飞行器、发动机、航空设备与系统和技术基础等专业领域。部分重点项目情况如下：

飞行器专业方面。开展了复材机翼结构优化设计、机翼复合材料整体壁板设计、机翼分离面对接设计、复合材料大型整体构件自动化成形等关键技术攻关及验证试验；开展了起落架典型结构细节设计、起落架载荷分析等关键技术研究。

发动机专业方面。紧盯技术发展前沿，以自主研究为主、对外开展专业化合作相结合的方式，在已有发动机技术的基础上，开展民用航空发动机关键技术研究，不断提升自主研发能力。主要从涡扇发动机总体方案技术、各部件和系统设计技术、涡扇发动机低噪声设计、涡扇发动机低污染排放以及齿轮传动风扇、间冷回热技术、涡轴/涡桨发动机技术等方面开展研究工作，并通过开展核心机/整机集成验证，逐步发展成熟的民用发动机技术。

航空系统及设备专业方面。利用国际适航专业化资源进行技术支持，开发满足国内外适航要求的平视显示系统；全面开展民用飞机综合模块化航电系统、显示控制系统、主飞行控制系统、主飞控作动系统、综合监视系统、通用信息处理计算机、平视显示系统、大气数据系统、控制板组建和调光控制系统、旅客服务装置、货舱门作动系统和设备架等系统的研制工作；完成小型飞机综合座舱电子系统的技术整体升级和适航研究工作。

技术基础专业方面。继续开展民机标准体系建设、体系分析及急需标准制定、民用飞机产业发展综合研究。

机载适航取证方面。自主研制的激光捷联惯性基准系统和发动机参数采集器均取得中国民航 CTSOA 适航证。

## 六、航空零部件转包生产

2012 年，中航工业航空零部件转包生产业务继续保持快速发展。全年转包生产实现收入 10.5 亿美元，比 2011 年增长 10%；其中直接对波音公司的转包生产交付额为 1.14 亿美元，比 2011 年增长 6.5%；对空客系列飞机（含空客公司、法国宇航、英国宇航、德国 ECD 公司）的转包生产交付额为 2.36 亿美元，比 2011 年增长 21%。

## 七、国际经济技术合作

### （一）继续保持同重点合作伙伴的高层定期对话机制

2012 年，召开中航工业与赛峰集团战略委员会第二次会议；并同霍尼韦尔、空客等公司沟通合作项目进度、问题，确定下一步行动计划，通过同国际重点合作伙伴的定期对话机制，一方面推进了重点合作项目存在问题的解决、促进了新合作领域的探索；另一方面将此类合作提升到集团公司战略协同层面，可以优化资源配置、避免内部竞争，确保集团利益最大化。

### （二）推进 C919 机载系统配套项目落地

2012 年，与 GE 公司民机综合航电系统合资公司在上海注册成立，进入正式运营阶段；中航工业航电系统公司与美国霍尼韦尔公司在北京签署了民机主飞行控制系统合资合同；与美国罗克韦尔柯林斯公司在北京签署了民机综合监视系统合作合同；中航工业机电系统公司和美国汉胜公司共同建立了合资企业，并于 7 月 31 日举行公司奠基仪式；将同派克（Parker）公司成立合资公司，负责 C919 飞机燃油、液压系统的产品提交及供应商管理。通过 C919 项目，以 50% 对 50% 的平等身份成立合资企业或进行风险和收益共担的项目合作成为中航工业国际化开拓的重要手段，提升了中航工业在国际合作中的地位。

### （三）加深了与重要客户的合作

积极参与空客北京工程技术中心项目，并与波音合作建立中航工业－波音制造创新中心，通过学习全球商用飞机制造技术的最佳工业实践，提升中国航空工业工程研发与技术创新能力。

2012 年，中航工业与赛斯纳的母公司德事隆集团签署了协议，双方决定在河北省石家庄市成立合资公司，引进已经被全球市场广泛认可的成熟产品赛斯纳 208 系列飞机进行生产，丰富了企业的产品线，增强了市场竞争力。

此外，中航工业基于国内公务机巨大的潜在市场和国家交通运输体系的发展需要，以及可持续发展和融入地方经济的内在需求，与成都市政府达成共识，拟由中航工业、成都市政府和国际合作伙伴三方组成合资公司，共同发展喷气公务机项目。2012 年 1 月，确定了美国赛斯纳飞机公司为合作伙伴。3 月，中航工业、成都市政府和美国赛斯纳飞机公司在北京人民大会堂签署了合作框架协议。

通过与世界一流制造商赛斯纳等公司建立长期战略合作伙伴关系，引进生产涡扇公务机、涡轮螺旋桨式多用途轻型通用飞机和公务机，发挥各方优势，降低制造成本，实现商业成功。同时引入世界先进飞机制造理念，全面提升中航工业通用飞机研发、制造、人才储备以及经营管理等研制与经营能力，奠定与国际接轨的高起点基础，加快自身能力升级，实现又好又快地发展。

### （四）深化国际技术交流

2012 年，中航大学继续同赛峰大学开展合作，进行了中高层管理人员的培训、互访和讲学活动。4 月，在中航工业与工信部及俄方“俄罗斯技术集团”充分沟通和推动下，中俄机载行业在北京召开了“中俄民机机载系统合作交流会”，在民航机载系统领域进行了深入的交流，取得良好的效果。此外，中航工业也积极探索与国际专业化适航咨询机构合作，采用以我为主、具体项目牵引的方式，充分利用自身成熟产品和能力与适航资源相结合，开辟适航取证新途径。

（中国航空工业集团公司）

# 中国商用飞机有限责任公司

## 一、公司基本情况

中国商用飞机有限责任公司是经国务院批准成立，由国务院国有资产监督管理委员会、上海国盛（集团）有限公司、中国航空工业集团公司、中国铝业公司、宝钢集团有限公司、中国中化股份有限公司出资组建，由国家控股的有限责任公司。公司注册资本190亿（2012年底，国务院国资委增资30亿元），于2008年5月11日在上海揭牌成立。

中国商飞是实施国家大型飞机重大专项中大型客机项目的主体，也是统筹干线飞机和支线飞机发展、实现我国民用飞机产业化的主要载体，主要从事民用飞机及相关产品的科研、生产、试验试飞，及民用飞机销售及服务、租赁和运营等相关业务。

中国商飞所属单位有上海飞机设计研究院（简称上飞院）（设计研发中心）、上海飞机制造有限公司（简称上飞公司）（总装制造中心）、上海飞机客户服务有限公司（客户服务中心）、北京民用飞机技术研究中心（北京研究中心）、民用飞机试飞中心（试飞中心）、上海航空工业（集团）有限公司（基础能力中心）和上海《大飞机》杂志社有限公司（新闻中心）。设立了北京办事处、美国办事处、欧洲办事处，美国公司已基本完成筹建。与浦发银行联合组建了浦银金融租赁公司。公司作为第一大股东参股成都航空公司。

## 二、生产经营情况

2012年，公司实现工业总产值25.7亿元，去年同期为16.7亿元，同比增长54.0%，主要原因是2012年航空产品产值增幅较去年同期有所增长；工业增加值4.3亿元，去年同期为3.3亿元，同比增长29.1%。

截至2012年末，公司从业人员总数为8063人，去年同期7548人，同比增长6.8%。主要原因是上飞院从业人员指标口径变化，增加了劳务派遣人员、新增了应届毕业生、社招人员及引进人才；随着上飞公司生产任务的增加，人员也相应有所增加。

## 三、主要产品

公司重点发展两个飞机型号产品：ARJ21新支线飞机和C919大型客机。

**（一）ARJ21新支线**

飞机试验、试飞工作取得重要进展，成功转入局方审定试飞、预投产和首架交付阶段。

ARJ21新支线飞机是我国首次按照国际民航规章自行研制、具有自主知识产权的中短程新型涡扇支线飞机，座级78～90座，航程2225～3700千米。

2012年，ARJ21项目以管理创新为核心，以取证试飞为重点，以构型冻结为关键，以质量、安全工作为生命线，不断总结民机研制工作经验，完善项目管理模式，理顺试飞管理流程，加大国际合作力度，试验、试飞、适航取证、预投产、客户服务等方面取得重大进展。全年攻克53项影响取证的技术难关；顺利完成45项地面符合性验证试验；安全飞行527架次，972小时，其中研发试飞248架次，申请人表明符合性试飞158架次，局方审定试飞121架次；实施了7项美国联邦航空局影子审查项目和FAA试飞员试飞前培训工作；105、106架机进入系统安装，107架机进行大部件对接，108架机基本完成大部件配套；全年无新增飞机订单，累计订单达到252架。

**（二）C919大型客机**

C919大型客机项目完成立项论证、可行性论证和预发展三个阶段工作，全面转入工程发展阶段。

C919大型客机是我国首次按照国际民航规

章自行研制、具有自主知识产权的大型喷气式民用客机，座级156～168座，航程4075～5555千米。

2012年，C919全机结构详细设计工作全面完成，全部生产数据已发放制造单位，零组件制造全面展开；机载系统安装协调基本完成，关键设计评审（CDR）加快推进，已完成动力装置、发动机短舱等系统工作包的CDR；风洞试验和结构强度试验完成了40余项，有力地支持了设计工作；重大系统试验稳步推进，工程模拟器通过验收投入试验，“铁鸟”试验台架完成建设，航电综合试验台（SIVB2）实现交付；客户服务工程同步开展，部分训练设备启动采购，维修工程分析和航空器评审工作全面展开；完成了25个机载系统工作包研制合同签署；确定了审定基础，与局方签订了专项合格审定计划；全年新增飞机订单165架，累计订单达到380架。

## 四、新产品开发

开展ARJ21新支线飞机豪华经济舱、公务机、遥感飞机等改进改型论证工作。

根据ARJ21－700飞机系列化发展的需要，为进一步提升ARJ21－700飞机性能、改善舒适性、航线适应性，进一步拓展飞机的市场，组织开展了豪华经济舱、公务机、遥感飞机等改进改型论证工作。加强国内公务机及行政机市场的调研与开拓工作，了解各方面客户对该类机型的需求并完善相关的市场调研报告；与中科院就遥感飞机的后续工作思路进行沟通协调，并向发改委进行汇报以确定遥感飞机的后续具体工作及计划；开展ARJ21－700飞机改进改型的立项准备工作，力争立项。

## 五、航空零部件转包生产

2012年，公司二级单位上海飞机制造有限公司转包生产再创佳绩。波音737－NG水平安定面项目，全年交付306架，生产速率从每月24架提升至26架，100%准时交付累计达141个月；空客320货舱门门框项目，全年交付204架，生产速率从每月14架提升至18架。2012年成功开拓新业务，与波音公司签订1050架波音787飞机着陆灯整流罩转包生产合同。

## 六、国际经济技术合作

2012年，公司国际经济技术合作主要如下所述。

**（一）与伊顿（中国）投资有限公司合资成立的航空管路公司有序运营**

公司二级单位上海飞机制造有限公司以现金出资方式与伊顿（中国）投资有限公司于2011年6月成立航空管路公司，主要从事民机管路系统设计研发制造等业务。上海飞机制造有限公司所占股比为51%。2012年，编制完成三年发展纲要（2013—2015）；通过AS9100认证评审；启动施工图设计，推进厂房建设；完成大型客机项目管路联合定义阶段（JDP）联合设计，全面承担详细定义阶段（DDP）设计工作。

**（二）与法国拉比纳公司合资组建线缆公司于2012年6月挂牌成立**

公司二级单位上海飞机制造有限公司以现金出资方式与法国拉比纳公司合资组建的线缆公司，从事民机线缆设计与制造等业务。上海飞机制造有限公司所占股比为51%。公司已进入实质性运营阶段，推进C919大型客机EWIS联合设计工作，公司管理体系建设有序推进。

**（三）推进与英国吉凯恩（GKN）开展复合材料主结构合作**

确定最终技术构型，组建中方联合工作团队、专属联合技术团队，做好前期技术准备工作；签署复合材料合作备忘录、《知识产权许可协议》和《C919飞机水平尾翼制造工艺技术服务协议》。

## 七、重大设施建设

2012年，公司重大设施建设主要包含ARJ21新支线飞机批生产能力建设项目、大型客机研制保障条件建设项目、公司总部基地建设项目和北研中心建设项目。主要完成重大设施建设如下：

1. 上海飞机制造有限公司ARJ21新支线飞机批生产能力建设项目。新增部装、总装、机械加工、钣金、表面处理、金属胶接、复材部分等新增工艺设备；新建交付中心、表面处理厂房等。

2. 上海飞机客户服务有限公司 ARJ21 新支线飞机批生产能力建设项目。建设飞行培训设备、客户支援设施以及技术交流设施。新建客户支援中心、技术交流中心，新增飞行训练等工艺设备。

3. 上海飞机设计研究院 C919 大型客机研制保障条件建设项目。建设集设计、试验、创新为一体的大型客机研发中心，包括以先进的数字化设计仿真为主的设计研发中心、以研发试验和适航符合性验证为主的工程试验区、以基础配套设施为主的辅助配套区，园区规划用地 1200 亩。

4. 上海飞机制造有限公司 C919 大型客机研制保障条件建设项目。建设物流、零部件生产、部装、总装、整机喷漆和试飞交付以及配套的生产辅助设施等。

5. 上海飞机客户服务有限公司 C919 大型客机研制保障条件建设项目。建设大型客机飞行训练中心、航材支援中心、客户支援中心等，满足大型客机研制阶段客户服务体系的建设需要。

6. 北京民用飞机技术研究中心建设项目。总用地 425 亩，建筑面积 260000 米$^2$。建设民用飞机产业发展研究、总体及气动技术、航电及飞控等系统集成技术、航空材料技术、航空制造技术、适航工程、飞行培训等试验手段和条件。

7. 中国商飞公司民用飞机试飞中心购置建设用地项目。购置建设用地 222.7 亩，开展科研基地的建设。

8. 中国商用飞机有限责任公司总部基地建设项目。购置土地 27.5 亩，总建筑面积 13.3 万米$^2$，其中地上 86000 米$^2$。根据功能规划将建设项目管理中心、金融服务中心、市场营销中心、国际交流合作中心、新闻中心等。

## 八、机构调整和体制改革

2012 年 4 月 23 日，中国商飞公司民用飞机试飞中心成立，简称试飞中心。这是公司着力打造民机主制造商核心能力，加快大型客机项目研制的重要举措。试飞中心积极开展能力规划建设，加强与国内外试飞机构的交流合作，全力参与 ARJ21 新支线飞机项目和 C919 大型客机项目研制，主要承担研制飞机的生产交付试飞、科研试飞、取证试飞及客户支援飞行的实施工作。

（中国商用飞机有限责任公司）

# 中航工业西安飞机工业（集团）有限责任公司

## 一、企业基本情况

中航工业西安飞机工业（集团）有限责任公司（简称西飞）创建于1958年，是我国大中型军民用飞机研制生产的重要基地，在50年的发展历程中，西飞先后自主研制生产了30多种型号的军民用飞机，并积极参与国际航空产业分工，同时大力发展非航空产业，现已形成军机、民机、国际航空零部件转包生产业务、国内外投资业务四大产业格局。公司经济规模与综合实力居于同行业领先地位，营业总收入连续6年稳定在百亿元之上。2009年被评为“中国经济百强榜共和国60年最具影响力品牌60强”、“强省建设最具发展潜力企业”，2010年荣登第四届“陕西装备制造业总评榜——最具品牌价值企业”。2012年西飞获得省、部级管理创新成果奖5项，其中第十八届陕西省企业管理现代化创新成果3项，中航工业第四届管理创新成果奖2项。

## 二、主要产品

“新舟”60系列飞机。2012年共销售交付13架，其中“新舟”60飞机11架，“新舟”600飞机2架。出口柬埔寨、喀麦隆、老挝各2架，厄里特里亚、布隆迪各1架，飞机出口额1.5亿美元，截至2012年底，“新舟”系列飞机已累计交付76架。12月17日，西飞与也门交通部签订6架“新舟”系列飞机销售合同，其中，先期交付2架“新舟”600F货机，这是最新研制的“新舟”600F货机首次签订的销售合同，也是西飞民机产品首次进入中东市场。截至2012年年底，“新舟”飞机在亚洲、非洲、拉美、东南亚、独联体等区域15个国家250多条航线上运营。“新舟”飞机日飞行小时已达到国外同类飞机在欧美运营的先进水平，国内用户幸福航空公司已连续两年荣获民航航班正点率排名第一名。

国际航空零部件转包产品。与美国波音、英宇航、法宇航、法国ATR公司、意大利航空、美国古德里奇公司等国际知名航空企业合作，是其重要的零部件供应商。2012年，西飞国际合作业务快速增长，产品研发及生产能力持续增强，出口交付额再创新高，共交付20个品种1750架份国外航空零部件，出口交付额2.8亿美元，实现了批产项目稳定交付：A320翼盒生产和机翼总装、波音737－NG垂尾项目均保持了稳定交付，全年完成A320翼盒交付41架份，机翼总装37架份，波音737－NG垂尾交付265架份。

航空复合材料。由位于奥地利的FACC公司生产。主要产品有飞机结构（机翼－机身整流罩、机翼前缘、翼梢小翼、头部雷达罩等）、发动机结构件（风扇头锥、风扇机匣、整流罩、分流环、外涵道等）、内饰件（顶板、行李架、货舱内衬、地板、内部系统和机舱内饰）三大类，2012年实现主营业务收入33亿元，同比增长了18%。

## 三、产品开发与技术进步

西飞重视产品研发投入，近两年科研费投入占营业收入比重在15%左右。2012年，获得国家专利授权25项，其中发明专利14项。年末拥有有效专利数112项，其中有效发明专利44项。当年开展民用航空产品科技活动项目43项。全年获得省部级科技成果奖15项，其中：民用飞机数字化集成技术开发与应用获得二等奖、涡桨支线飞机座舱降噪技术、民用飞机外开上翻式货舱门研制、MA60飞机维修成本控制与维修方式改进等科技项目获得三等奖。

2012 年，“新舟”600F 民用货机成功实现首飞，不仅标志着“新舟”600F 民用货机科研目标圆满实现，同时标志着“新舟”飞机已成功开展专业化、系列化发展。11 月，“新舟”600F 民用货机参加了在珠海举行的“第九届中国国际航空航天博览会”，这是“新舟”600F 民用货首飞成功后首次公开亮相。该机型的成功研制，填补了“新舟”系列飞机货运型号的空白，有助于提高“新舟”系列飞机在国内外支线航空市场的份额。

## 四、国际经济技术合作

2012 年，国外航空零部件出口额比上年同期增长了 27%，创历史最好水平。转包产品新研项目按计划推进，为后续发展提供了新的增长点。

1 月 13 日，中航工业西飞国际向波音公司交付第 2000 架波音 737 - NG 垂直尾翼和首架波音 747 - 8 垂直尾翼。3 月 23 日，西飞通过了美国联邦航空局对公司波音项目质量管理体系适航审查。4 月 12 日，西安赛威短舱有限公司（西飞与法国赛峰集团埃赛公司成立的合资公司）生产的首架 A320 反推装置门成功交付国外客户。8 月 15 日，西飞向波音公司交付了波音 767 - 300 客改货地板梁项目首架产品。9 月 15 日，与空客公司共同举行仪式，向西飞鲨鱼团队颁发奖牌，表彰他们在 A320 鲨鳍型后缘组件研制中做出的贡献，首架 A320 机翼后缘组件高质量提前交付。

11 月 13 日，在第九届中国国际航空航天博览会上，西飞、中航国际和空中客车公司共同举行仪式，庆祝首架由西飞制造的空中客车 A320 飞机鲨鳍机翼翼盒成功下线。空客 A320 机翼是迄今为止中航工业生产的最大的空中客车飞机部件，也是技术含量最高、生产难度最大的部件。11 月份，波音公司基于对中航工业西飞前期各项目的优质交付记录、完善的质量体系以及卓有成效的质量控制措施等的认可，取消了对西飞现有的 3 个波音批生产项目的客户代表检验环节，主动授权西飞只需进行内部检验后即可交付产品。

## 五、重大设施建设

2012 年开展的民用航空重大投资项目为中航飞机募集资金投资项目。当年投资的项目有：MA60 飞机扩产条件建设项目、飞机机翼制造条件建设项目、飞机机身制造条件建设项目、飞机复合材料（内装饰）扩产条件建设项目、民用飞机关键零部件批产条件建设项目。项目计划投资总额 31.9 亿元，当年投入资金 2.1 亿元，已累计完成投入资金 24 亿元。

## 六、企业改革改制

2012 年西飞建立了以 EVA 为导向的模拟资产经营考核指标体系和考核方法，将各生产单位关注管理改进、提升资产使用效率、降低各项成本消耗和为公司、股东和员工创造价值的成果与其绩效相挂钩。按照中航工业关于开展“管理提升与创新工程”活动的要求，围绕管理提升、管理工具应用、构建管理体系选立了八个“管理提升与创新工程”实施项目。从工作质量、实物质量、服务质量、经营质量四个方面促进了公司管理水平和质量效益的提高，取得了阶段性成果。

2012 年 10 月 9 日，西飞国际在西安市阎良区隆重举行了发行股份购买资产暨关联交易资产交割签字仪式，这标志着国内首家飞机业务板块资产重组成功实施，中国航空制造“旗舰”正式启航。12 月 20 日，西飞国际召开 2012 年第四次临时股东大会，批准《关于变更公司名称、证券简称的议案》，决定将名称变更为：“中航飞机股份有限公司”，证券简称变更为“中航飞机”。

（西安飞机工业（集团）有限责任公司）

# 中航工业哈尔滨飞机工业集团有限责任公司

## 一、企业基本情况

中航工业哈尔滨飞机工业集团有限责任公司（简称哈飞公司）创建于1952年，是我国“一五”时期156个重点建设项目之一。现有职工6000余人，是中航工业、中航工业直升机的骨干企业，是我国直升机、轻型多用途飞机和航空复合材料结构件科研生产基地。曾研发生产了直5、直6等机型，并通过引进吸收、自主研发、国际合作等方式，相继研制生产了直9系列、H410、H425、直15等直升机，以及运12系列等多种轻型多用途飞机。哈飞公司拥有先进的航空及复合材料结构件制造优势，是波音、空客公司的主要机体部件供应商，并承担了C919大型客机的研制生产任务。

哈飞公司经过30多年的发展，复合材料研发设计能力不断提高，具备了较好的复合材料制造技术基础，建立了完整配套的复合材料研发、制造、检测、实验技术体系。

## 二、生产经营情况

2012年，哈飞公司工业总产值67.8亿元，同比增长21.9%；营业收入61.7亿元，同比增长11.4%；利润总额6903万元，同比增长25.8%。

2012年共生产运12系列飞机6架、EC175机体12架份、EC120机体6架份、波音787整流罩36架份。共销售运12系列飞机5架、EC120机身结构2架份、波音787翼身整流罩36架份。

## 三、主要产品

运12系列飞机。哈飞公司自主研制的运12系列轻型多用途飞机，是我国第一个取得中、英、美三国型号合格证的飞机。目前在产机型有运12Ⅱ型、运12Ⅳ型、运12E型等。已外销到20个国家和地区，是我国出口数量和出口国家最多、唯一获得国外适航证、出口潜力最大的民用飞机，也是在国际市场机队规模最大的国产民用机型。截至2012年底，哈飞公司已交付运12系列飞机150余架。

EC120直升机。1993年，哈飞公司与法国欧直公司、新加坡科技宇航公司采取共同投资、共担风险、共享利益的方式，共同研制、联合设计、合作生产了单发五座轻型EC120直升机，该机已取得了30多个国家的型号合格证。是我国航空领域国际合作的成功典范。截至2012年底，已交付EC120机身结构700余架份。

## 四、产品开发与技术进步

运12F飞机研制项目：运12F飞机是以运12E飞机为基础，通过换装大功率发动机和对机翼、机身、起落架等改进设计，提高飞机飞行速度、增大商载能力和航程、改善乘坐舒适性、降低使用维护成本，在非增压座舱竞争飞机中处于先进水平。2005年10月项目获得原国防科工委批复；2006年完成打样设计；2007年完成详细设计；2010年12月28日完成首飞，2012年6月完成调整试飞，2012年11月完成高原试飞。计划2013年完成适航取证工作。

## 五、国际经济技术合作

哈飞公司以转包生产、建立合资企业、风险合作等三大模式为主在航空领域开展国际合作。与美国波音公司合作的波音787翼身整流罩项目交付业绩被波音评定为“金牌”，并新增该项目的改进型和副翼调整片项目工作包。与英国GKN公司合作的HTF7500发动机短舱风扇罩项目将生产首件产品，并新签署EA4短舱工作包。与法国埃赛公司合作的F－7X短舱风扇罩项目按计划运行良好，又签订新的“银冠”短舱风扇罩风险合作项目。获得了英国罗·罗公司为波音787配套的发动机消声板工作包，成为其亚洲唯一复合材料零件供应商。

直15直升机研制项目。是哈飞公司与法国欧洲直升机公司联合研制的先进中型多用途直升机，项目总投资6亿欧元，中法双方各投资3亿欧元，以分别承担工作份额的方式定义、研制、工业化、制造、销售和支援先进中型多用途直升机。先进中型多用途直升机在欧直公司的直升机序列内代号是EC175，在中国直升机序列内代号是直15，中航工业哈飞和欧直将分别建立一条总装生产线，向各自市场份额内的客户提供直升机和客户支援服务。中方负责部分总体研究、机身结构、动力装置系统、燃油系统、起落架、操纵系统、主旋翼系统、尾传动系统、铁鸟试验、中方份额的综合后勤保障、第二架原型机的总装和试飞、高温高原试飞、申请中国民用航空总局的型号合格证等工作。2006年1月份项目正式启动。2009年7月7日公司和欧直签订了EC175－Z15项目工业化合同，工业化合同中约定EC175预期最高年产量为50架份，直15为30架份。2008年中方交付第一架机身结构；2009年第一架原型机PT1架机首飞；2010年PT3架机实现首飞，交付S01架机主机身机构；2011年完成燃油抗坠毁试验机T02机身结构制造交付，并交付中方份额的EASA取证所需相关试验件。截至2012年底已累计交付机身13架份，2013年将配合欧直公司取得EASA型号合格证。

空客转包生产项目。哈飞公司与空客合资筹建了复合材料零部件制造中心项目。2008年7月，中航工业哈飞与空客签署了《共同建立复合材料制造中心的框架合同》，商定在哈尔滨合资设立飞机复合材料零部件制造中心，这将是空客在中国设立的第三家航空工业合资企业。2009年1月，中航工业哈飞等中方合作伙伴与空中客车中国公司在西班牙马德里签署了《哈尔滨哈飞空客复合材料制造中心有限公司合资合同》，双方将共同在哈尔滨建设复合材料飞机零部件制造中心。项目总投资20.6亿元，注册资本10亿元。中方为大股东，以实物及现金出资，持股80%，其中：中航工业哈飞将拥有50%股权，哈飞航空工业股份有限公司（哈飞股份）、哈尔滨开发区合力基础设施发展有限公司、中国航空科技工业股份有限公司（中航科工）将分别拥有10%的股权。空客为小股东，以现金出资，持股20%。2009年6月8日，哈尔滨市工商局颁发了企业法人营业执照，制造中心依法正式设立。2009年6月30日，制造中心新厂房奠基仪式暨第一次董事会在哈尔滨举行；2009年底，新厂房钢结构实现了“热封闭”。2010年7月，实现了A320升降舵首件试验件交付；2011年7月，实现了A350方向舵首件试验件交付；2012年02月，实现了A350勤务舱门首件交付。截至2012年12月，已累计交付A320升降舵9架份、A320方向舵64架份、A350勤务舱门1架份，其他工作包也按计划逐步开始试生产。

（哈尔滨飞机工业（集团）有限责任公司）

# 中航工业西安航空发动机（集团）有限公司

## 一、企业基本情况

中航工业西安航空发动机（集团）有限公司（简称中航工业西航）始建于1958年，是以资产为纽带，母子公司体制的企业集团。1998年，公司经批准进行了现代企业制度改革，成立了国家独资的中航工业西安航空发动机（集团）有限公司。2001年，实行债转股，组建了以原中国航空工业第一集团公司和华融资产管理公司为股东的有限责任公司，注册资本12.2亿元。

2007年3月，中航工业西航借中国粮油集团公司对“吉林华润生化股份有限公司”实施资产重组的契机，实现了借壳上市的战略部署。2008年11月20日，中航工业西航控股的“西安航空动力股份有限公司”（简称航空动力）正式成立，成为国内首家航空动力装置生产领域整体上市的公司。2009年12月24日，航空动力首次非公开发行股票10245万股，募集资金20.49亿元，为公司长远、健康的发展奠定了坚实的基础。

截至2012年，中航工业西航拥有员工14000余人，其中：工程技术人员2000多名，拥有各种国内外先进的冷、热加工设备和计量测试设备8000余台（套）。

## 二、生产经营情况

2012年，中航工业西航实现销售收入90.2亿元，实现利润2.7亿元，较上年均有不同幅度的增长。同时，实现工业总产值69.6亿元，民用航空产品产值11.8亿元，出口交付额2.5亿美元。

## 三、主要产品

中航工业西航拥有比较稳定的产品系列，在民用航空领域，主要以航空发动机及其衍生产品的零部件转包为主，产品涉及发动机压气机、燃烧室、涡轮、机匣等关键部件，包括盘类零件、环类零件、封严类零件、轴类零件、机匣类零件、涡轮叶片和压气机叶片零件以及其他结构类零件等。产品的零件种类超过上千种，为全球二十多型发动机提供零件配套。同时，还开展了航空衍生产品的零件转包业务，为LM2500、LM6000等燃机提供零件制造业务。

## 四、产品开发与技术进步

公司外贸转包中多数产品属于航空发动机的关键件和重要件，工艺复杂、加工难度大、技术条件苛刻，是航空发动机制造技术领域的尖端零部件。

通过外贸转包生产，不仅扩大了我国航空发动机零件的出口，提高了创汇能力，而且提升了中国制造企业在全球航空工业的地位，提高了在世界航空发动机制造领域的知名度。通过与客户建立了长期稳定的业务与生产过程合作关系，促进了公司技术保障体系、质量保证体系、内部管理体系、商务运作等逐步与国际接轨；通过引进和吸收国外的先进加工技术、加工诀窍、检测方法、特种加工手段，大大提升了企业的技术能力，增强了企业核心竞争实力，部分制造技术已达到或接近国际同行业先进水平。

## 五、国际经济技术合作

经过20多年的发展，中航工业西航航空零部件转包生产取得突破性进展，先后与美国GE、英国罗・罗公司、法国斯奈克玛、加拿大普・惠等世界著名航空发动机制造企业建立了长期稳固的战略合作关系，并成为数家外国发动机制造公司的近百种零件的海外唯一供应商，合作方式已发展到RSP风险合作。

2010年，中航工业西航与意大利艾维欧航空航天动力集团（简称艾维欧）及艾维欧（北京）航空航天动力技术有限公司（简称艾维欧北京），合资成立了西安西艾航空发动机部件有限责任公司，主要负责燃烧室部件转包生产。

## 六、企业改革改制

在国有企业实行“精化分立、主辅分离”的政策引导下，公司重组整合了民品业务，先后组建了多家独资或控股公司，建立了现代企业制度；在原有产品的基础上，开拓了航空航天地面设备等业务。

近年来，为了加速公司转型升级，公司对外贸业务的主力板块——国际业务分公司（简称动力国际）的组织机构进行了重新整合，使动力国际更好地实现航空动力外贸转包业务战略目标。同时，2012 年公司针对各子公司业务开展情况，组织相关部门进行走访调研，制定了中航工业西航子公司整合实施方案，确保企业改革顺利实施。

（西安航空发动机（集团）有限公司）

# 中航工业沈阳飞机工业（集团）有限公司

## 一、公司基本情况

中航工业沈阳飞机工业（集团）有限公司（简称沈飞公司）是以飞机制造为核心主业，集科研、生产、试验、试飞为一体的大型现代化飞机制造企业，现有从业人员18478人。沈飞公司拥有飞机装配、整机试验、可靠性试验、飞行试验的技术、设备和完整的航空产品制造生产线及设备。具有数控加工、计算机网络及软件开发能力。具备较好的数字化设计制造的基础，初步形成了数字化设计制造能力，并且在数字化并行设计、全数字化协调、数控加工、数字化装配与检测、工装数字化设计和制造等方面积累了比较丰富的实践经验。沈飞公司实现了数字化制造技术在航空工业制造上的领先应用，同时还具备支线飞机、通用飞机等民用飞机研制能力，拥有大小近百条专业生产线。

## 二、生产经营情况

2012年，中航工业沈飞民机销售收入5.0亿元，同比增长18%；民机产值达6.2亿元，同比下降29.5%；民机出口交付额1.3亿美元，同比降低22.6%。

民机产值和民机出口交付额同比下降显著，主要原因是受全球经济低迷、市场需求疲软的影响，L162、Q400前机身、后机身、中机身、尾段、波音747客改货、波音737散组件、A320翼肋等项目订单数量下滑较多，尤其是L162、Q400后机身、波音747客改货等项目订单数量同比下降超过50%。面对不利形势，沈飞公司加快转变民机产业发展方式，强化自主创新，在L162飞机国内市场开拓和生产线国产化方面均取得了新突破。

## 三、主要产品

国内转包生产项目：ARJ21－700吊挂、尾段、电源中心、无线电架、全机电缆。C919后机身、垂尾、APU门、吊挂。

国际转包生产项目：波音737上舱面、下舱面、APU门，波音737－48段，波音787垂尾前缘，波音747客改货地板、口框，波音757客改货口框、波音767客改货口框、地板、舱门，ECD应急舱门，A320翼肋、机翼前缘，Q400前机身、中机身、后机身、尾段、中机身电缆，L162飞机。

国际风险合作项目：C系列后桶段、前机身、中机身。

## 四、产品开发与技术进步

### （一）产品开发

2012年沈飞公司与俄罗斯阿穆尔河“加加林”航空生产联合体就SSJ－100飞机零件加工项目进行沟通、互访，并完成了首轮谈判。

### （二）技术进步

通过C系列飞机的研制，突破了第三代铝锂合金材料应用于民用飞机主体结构的关键技术，完成了第三代铝锂合金的典型设计试验验证、材料组织性能分析和制造工艺性能试验，建立了第三代铝锂合金材料基础性能数据体系和工艺参数体系，有效支持了C系列飞机的研制和生产。

通过C919复合材料结构件制造关键技术攻关，自动铺带设备已经完成安装调试，目前已可以正式投入使用。实现了复合材料结构件制造从手工到自动化操作的转变。

## 五、国际经济技术合作

沈飞公司与美国波音公司、势必瑞公司、加拿大庞巴迪公司、英国英宇航公司、德国欧洲直升机公司、新加坡宇航、以色列IAI公司等开展了民机零部件转包生产合作。

作为加拿大庞巴迪公司的风险合作伙伴，

参与了 C 系列项目的设计、制造、测试、售后服务和适航取证工作。2012 年完成后桶段首批零件制造并交付客户 4 架份。中机身、前机身工作包零件工艺准备工作全面启动，10 月 26 日中机身首件制造开工。

## 六、重大设施建设

C 系列项目进行了复合材料和部分金属加工专业的技术改造，固定资产投入 44189.21 万元，主要建设内容为：新建 802 复合材料厂房 26076 米$^2$，新增工艺设备热压罐、热隔膜成形机、吊车、五坐标数控铣床、数控蒙皮滚弯机、数控弯管机及表面处理生产线等 82 台/套。

通用飞机制造项目进行了关键件的建线工作，固定资产投入 1808 万元，主要建设内容为：新增数控喷丸机、数控下料铣床、数控车床等设备 29 台套。

（沈阳飞机工业（集团）有限公司）

# 中航工业沈阳黎明航空发动机（集团）有限责任公司

## 一、企业基本情况

中航工业沈阳黎明航空发动机（集团）有限责任公司（简称中航工业黎明）前身始于1919年建立的东三省兵工厂，1954年3月，公司作为国内第一家航空发动机制造企业正式组建成立。中航工业黎明占地面积约299万米$^2$，在岗员工1.75万人，各类技术、技能专家约1300人，拥有各类设备及仪器、仪表17000台套。

在新中国航空发动机历史上，中航工业黎明曾经创下5个第一：第一台航空涡轮喷气发动机、第一台地地导弹液体火箭发动机、第一台具有完全自主知识产权的航改燃机、第一台具有完全自主知识产权的航空发动机、第一台具有完全自主知识产权的重型燃机均在这里诞生。公司被誉为“中国航空发动机的摇篮”。

中航工业黎明在总结历史经验基础上，围绕企业核心技术专长，组织实施重大战略转型，推行技术相关和市场相关多元发展战略，建成了一个以航空发动机、燃气轮机、转包与民机和非航空产业为主体的大型企业集团。

## 二、生产经营情况

2012年，中航工业黎明全年销售收入突破130亿元。同时公司获得“中国精益大奖——精益企业奖”。

## 三、主要产品

中航工业黎明民用航空产品主要是转包生产。主要承担民用航空发动机零部件及同类透平类机械产品与欧美企业的国际合作。目前，转包生产正在加工的民用航空发动机零部件主要有：机匣组件、轴类件、环形件、槽形件、涡轮叶片、压气机鼓筒等。

## 四、产品开发与技术进步

转包机匣、鼓筒等新件研制取得进展，推动了该领域技术的发展。

与外方在发动机敏感件湍达700转子组件研制方面经过近一年的攻关，2012年项目研制成功并顺利批产。

在发动机机匣锯齿孔加工、长轴珩磨加工、油气水路一体化燃油喷嘴组合加工、真空油淬、热障涂层、无磁钢管加工、钛合金金属黏结、蓝腐蚀表面处理、硅橡胶填充等重大技术上取得了突破，自制了12工位电极夹具、液压胀形装置、悬臂式送料系统等多种生产设备，完成各种攻关课题89项，申请专利34项，其中多项创新成果填补了公司、行业和国内的技术空白。

## 五、国际经济技术合作

中航工业黎明的民用航空转包业务已由当年的国际窗口日益演变成公司的重要经济型产业之一。与客户的合作也由最初的一般供应商逐步发展为风险共担的战略合作伙伴，加工的零件逐渐从简单件向复杂件、一般件向关键件、零件向部件和组装件乃至整机过渡。合作伙伴主要包括美国GE公司、意大利油气公司、英国罗·罗公司、德国罗·罗公司、法国斯奈克玛公司、美国普·惠公司、加拿大普·惠公司、美国哈立波顿公司、意大利Avio公司、美国FMC公司、比利时Tachspaces公司等。其中与美国GE公司签署了CF34－10A航空发动机部件及整机装配试车项目的框架协议，标志着中航工业黎明与国际知名公司合作进入了一个全新阶段。

曾经获得 GE 能源公司“最佳交付质量奖”和 GE 航空公司“最佳交付奖”，在斯奈克玛公司全球供应商 17 家同类零件加工企业中综合排名第二，被称为“极具竞争力的供应商”。

## 六、重大设施建设

近年来，为保证民用航空发动机业务的快速增长，中航工业黎明紧紧抓住国际各大航空发动机企业大举进军中国市场的契机开展合作，先后投资建设民用航空发动机 7 条专业化生产线，主要包括喷嘴生产线、机匣生产线、盘鼓生产线、长轴生产线、钣金生产线、转包大机匣及 RR 短轴生产线。

## 七、企业改革改制

对技术系统进行重组，搭建并不断强化技术管理、技术产出、专业 COE、快速反应四大平台建设，提升整体技术创新能力，并大力推行“长、家”分离制度，同时大力加强开放式研发体系建设，相继建立“国防科技工业精密铸造技术研究应用中心”、“黎明—北航共建试验基地表面工程中心”、“航空材料及热工艺实验室”等联合研发机构，集各方力量和资源为公司服务。

对转包和非航空产品实行事业部制；以综合平衡计分卡（IBSC）为引领，将精益生产、流程管理、信息化建设、绩效管理等多种方法融合在一起，逐步建立起以经济增加值（EVA）为核心的企业价值管理体系。

按照国家有关文件精神以及中航工业结构调整、精化主业、主辅分离的战略部署，中航工业黎明紧紧围绕核心技术专长的进步和企业的长远发展目标，从 1999 年开始对企业内部结构实施了战略性调整。积极探索国有企业产权制度变革的新途径，逐步完善形成了具有黎明特色的“整体剥离，改制分流，员工持股，内需扶持”的主辅分离改制模式，呈现出了主业兴旺、辅业发展的良好局面。

（沈阳黎明航空发动机（集团）有限责任公司）

# 中航工业成都发动机（集团）有限公司

## 一、企业基本情况

中航工业成都发动机（集团）有限公司（简称中航工业成发），始建于1958年，是中国航空发动机及其衍生产品科研、制造基地。拥有国家级及省级技术中心各一个，拥有具备国家、国防检测和校准实验室认可资格的国防二级区域计量站，以及通过了国家实验室资格认可的理化检测中心。

截至2012年12月，资产总额69.8亿元，拥有7个全资子公司、1个控股上市子公司和4个参股公司，建立了规范、高效的集团管控体系；拥有从业人员6457人，其中：工程技术人员1275人、管理人员1057人，具备高级职称的有218人。

## 二、生产经营情况

### （一）企业整体经营情况

2012年，实现工业总产值36.5亿元，同比增长13%；增加值8.6亿元，同比减少11%，其中工业增加值6.9亿元，同比增长6%；实现营业收入44.3亿元，同比增长13%，其中外贸转包实现销售收入1.56亿美元，同比增长15%，创历史新高；利润总额1.37亿元，同比增长1%。

### （二）民用航空经营情况

2012年，民用航空外贸实现销售收入7494万美元，同比增长23%。其中，对GE航空销售收入4264万美元，同比增长19%，对罗·罗公司完成销售收入2553万美元，同比增长22%；HWL项目实现销售收入659万美元，同比增长74%。

## 三、主要产品

民用航空产品主要有航空发动机的风扇机匣、涡轮机匣、轴承机匣、蜂窝密封件、环形件、燃烧室机匣、燃烧室钣金件等航空发动机零部件，产品涉及美国GE公司的GE90系列、CF6、CF34系列、GEnx系列、LM2500、GP7200、LeapX、Passport20和英国罗·罗公司的湍达1000、RB211－545、V2500、BR710等民用航空发动机型号。同时，公司也在积极参与中航工业商发的民用航空发动机的研制。

## 四、产品开发与技术进步

### （一）产品开发

GE公司航空转包生产项目发展迅速，成功引入新研发的下一代主力机型LeapX和Passport20四个同步研发项目，成功引入GE90燃烧室机匣项目。

从罗·罗公司获得了新机型TXWB、TRENT1000、BR725等新产品（以机匣为主）的报价机会。获得了罗·罗公司航空2012年度卓越供应商奖。

霍尼韦尔公司转包生产项目在2012年交付额度同比大幅增长，并获得了2012年霍尼韦尔的年度供应商奖，现已成为霍尼韦尔中国最大的供应商，也是航空叶片中国区唯一供应商。与该公司在航空锻铸件方面的合作也在论证中。

### （二）技术进步

中航工业成发在技术攻关、工艺改进、新工艺资格获得、NADCAP审核等方面都取得了显著成绩：

技术攻关。公司获得GEO&G的火焰钎焊工艺资格，这是公司首次在外贸项目上采用该焊接工艺；首次获得GEAE的尺寸修复工艺资格，这是采用喷涂工艺进行零件尺寸修复的方法，对尺寸超差零件的挽救具有极其重要的意义；在GEAE项目上首次获得电子束焊接工艺资格；完成了GE大尺寸转子叶片成形辊轧工艺试制，有效解决了原工艺中存在的尺寸不稳定、锻件余量大和材料消耗大等三大问题，节省原材料 15% 以上；完成了 GEAE 产品 4055T92 镀铬工艺报批和首件试制，成为国内首个镀铬工艺通过 GEAE 批准的供应商。

工艺改进。完成了 RR 零件外燃烧机匣 FK23746 等离子喷涂涂层降低裂纹工艺改进项目，实现零件涂层裂纹出现率从 40% 以上降低到 2% 以内；完成了降低零件 2070M18 化学转换表面颜色差异的工艺改进项目，实现零件一次提交合格率由原来的 60% 增加到现在的 90%；与 GEAE 的 AWO 设计工程团队一起进行 M90 的技术改进工作，形成了 12 项改进建议。

新工艺资格的获得。2012 年，获得了孔加工（P11TF12）、电子束焊（P8TF10）、镀铬（AMS2406）、热处理（AMS2759/3）等 7 项新特种工艺资格。

NADCAP 认证。2012 年，进行了 NDT、非常规加工和热喷涂三个项目的审核，其中 NDT 和非常规加工获得了一年的供应商奖励，喷涂工艺获得了半年的供应商奖励。三个项目获得延期，可以直接节约审核经费约 1.3 万美元（不含税费）。目前，8 项工艺全部获得了 NADCAP 认证。

## 五、国际经济技术合作

在民用航空发动机领域与美国 GE 公司、美国普·惠公司、英国罗·罗公司、德国罗·罗公司、法国斯奈克玛公司、西班牙 ITP 公司、加拿大普·惠公司等世界知名航空发动机制造商建立了长期合作关系，成为美国 GE 公司、普·惠公司和英国罗·罗公司的合格供应商。

航空零部件转包生产从单一的小零件制造逐步向高端、精密制造发展，客户已发展到世界著名航空发动机制造商客户群。民用航空产品转包生产交付额逐年提高。

## 六、重大设施建设

中航工业成发多年来在航空制造基础建设上进行了持续投入，制造能力与水平有了较大的提升，满足了民用航空发动机生产的需要。2012 年基础建设投资 0.7 亿元。

（成都发动机（集团）有限公司）

# 中航工业成都飞机工业（集团）有限责任公司

## 一、企业基本情况

中航工业成都飞机工业（集团）有限责任公司（简称中航工业成飞），创建于1958年10月18日，是我国航空武器装备研制生产和出口主要基地、民机零部件重要制造商，国家和四川省的重点优势企业。坐落于成都市西郊黄田坝，拥有综合性机场、铁路货运线，公司占地近500万米$^2$，在册职工1.6万名。

中航工业成飞先后承接了麦道机头、波音757尾段、空客A320后登机门、达索公务机油箱以及波音787方向舵的转包生产。在大型民用客机C919研制以及国产新支线客机ARJ21的研制中，承担机头的研制生产。目前正在与成都市政府及美国赛斯纳公司合作，共同开发高端公务机项目。

中航工业成飞拥有雄厚的技术实力和与国际接轨的质量保证体系，曾获得国家、省部级科技进步奖500余项，一批具有世界先进水平的新技术、新设备、新工艺、新材料被广泛应用于产品的设计制造过程中，是国家“CIMS应用领先奖”的航空企业，初步实现了数字化研发和制造。

中航工业成飞荣获了全国“五一”劳动奖状、全国文明单位、全国质量奖、中国企业自主创新奖、中央企业先进集体等400多项省部级以上荣誉，是中国企业形象AAA级单位。

## 二、生产经营情况

2012年实现主营业务收入100.9亿元，较上年减少3.1亿元。其中：民机转包生产实现收入5.9亿元，占总收入的5.89%，较上年增长29.4%。实现利润总额3.4亿元，较上年增长19%。实现增加值24亿元，较去年同期增长15.2%。

实现经济增加值（EVA）2.14亿元，比去年增加0.11亿元。主要由于税后利润较上年同期增加0.74亿元。

2012年，含少数股东权益的净资产收益率4.27%，不含少数股东权益的净资产收益率5.04%。

2012年民机转包生产交付产品2692架份，其中美洲项目1370架份，欧洲项目1292架份，以色列项目30架份。交付较多的是A320后登机门、波音737应急门等。

## 三、产品开发与技术进步

### （一）民机转包项目

国外转包项目，按集团专业化调整要求，全面启动与成飞民机公司合同主体转移工作。中航工业成飞和成飞民机公司将联合发展转包项目，利益共享、风险共担、一体化发展，成飞民机公司将作为国内外民机转包项目的主体，中航工业成飞作为成飞民机公司的零件供应商。截至2012年底，已经将1项A320机轮舱项目的合同主体变更为民机公司，计划2013年将完成其余12个转包合同的主体转移。

### （二）公务机项目

2012年3月，配合中航工业航空装备（授权中航工业成飞作为实施主体）、成都市（授权成都工投集团作为实施主体）与赛斯纳签署了《喷气公务机项目合作框架协议》，合作模式为三方在成都组建合资公司。2012年共进行了两轮合资经营合同的谈判，目前正在就合作细节和主要分歧开展深入谈判。

2012年10月，重启了与以色列宇航工业公司（IAI）合作喷气公务机项目的洽谈，并于11月初、12月初与IAI进行了二次合作洽谈，形成了合作框架协议初稿。

2012 年 11 月，在珠海航展上对拟通过国际合作研制的公务机进行了宣传。

**（三）FBO（固定运营基地）项目**

持 4% 的小股份参与了成都市、霍克太平洋公司在成都双流机场的公务机 FBO（固定运营基地）项目，此外成都市授权航空枢纽公司占 51% 的股份、霍克太平洋占 45% 的股份，整个项目预计投资 1.5 亿人民币。

（成都飞机工业（集团）有限责任公司）

# 中航工业洪都航空工业（集团）有限责任公司

## 一、企业基本情况

中航工业洪都航空工业集团（简称中航工业洪都）是中国航空工业集团公司所属的大型骨干企业，始建于1951年，经过62年的发展，现已成为以航空产品为主，集转包生产、车辆、外协民品等多种机电产品科研生产经营为一体的高科技企业集团，具有完善的科研设计、生产工艺、质量保证、经营管理和人才开发体系，以及独特的厂所合一的产品研发、制造体系。现有职工1.1万人，企业占地面积约803万米$^2$，建筑面积160万米$^2$。

中航工业洪都科研技术力量雄厚，拥有包括飞机设计研究所等科研机构的国家级企业技术中心和博士后科研工作站，建成了强度、燃油、液压、电气、电子综合、飞控、仿真等一批相当规模的实验室。拥有完整的航空产品生产线并有各种加工设备8000余台（套），在铸造、锻造、机械加工、钣金成形、热处理、表面处理、非金属制造和铆接装配，模具设计与加工等方面具有雄厚的实力。截至2012年底洪都集团获省（部）级科学技术奖15项，并拥有多项专利技术。于1997年通过了中国新时代质量体系认证中心ISO9001体系认证；2007年获得了环境管理/职业健康安全管理体系认证。

中航工业洪都拥有各类专业技术职务人员5000余人，其中具有副高级及以上技术职称的900余人，包括中国工程院院士1人。是国家重点扶持的520家企业、航空工业外贸出口的主要基地。是国家首批520家“重合同守信用”企业之一和江西省“重合同守信用”AAA级企业。

1979年以来，企业获部级以上科研成果百余项，其中：1985年荣获全国企业管理优秀奖——金马奖，连续多年荣获“江西省优秀企业”称号，管理创新取得显著成效，先后有2项成果荣获国家级企业管理现代化创新成果二等奖，7项成果荣获国防系统企业管理现代化创新成果奖。

## 二、生产经营情况

2012年收入总额18.1亿元；2012年底资产总额56亿元；全年完成工业总产值18.5亿元，实现利润总额3825万元；全年EVA实现3026万元，同比提升141万元。（本部分数据不含洪都股份公司经营数据）

## 三、主要产品

60多年来，中航工业洪都累计研制生产了5个系列20多种型号，5000多架飞机。

运5飞机：1957年12月24日，自行研制的新中国第一架多用途轻型运输机——运5首飞成功，累计生产728架。1970年，根据原三机部指示，将产品成套技术图样和生产任务全部移交石家庄飞机制造厂。

井冈山4号飞机：1970年9月30日，自行研制的客货通用轻型运输机——井冈山4号飞机首飞成功，后根据上级部门指示，将全部图样移交哈尔滨飞机制造厂。

农5A飞机：中航工业洪都是我国唯一一家农林专用飞机的生产基地，自主研制的国内首架小型农林飞机农5A飞机已获得中国民航总局颁发的型号合格证、生产许可证和美国FAA型号合格证。至今累计生产销售18架。

## 四、产品开发与技术进步

### （一）大飞机项目

承担C919大飞机前机身、中后机身，以及部分舱门的研制项目，已经完成了前货舱门、散货舱门试制交付，并开始了翼身组合体试验件的制造工作。

数字化装配技术。中航工业洪都围绕数字化装配仿真技术、数字化装配工艺设计技术、壁板的自动化钻铆技术、柔性制孔技术、机器人制孔技术、部件自动定位和对接技术、AGV技术、数字化检测技术开展了大量的研究应用，将在C919项目上建设一条国际先进、国内一流的飞机机身大部件数字化装配生产线。

喷漆技术。正在新建一条先进的喷漆生产线，用于飞机大部件和中小型飞机机身整体喷漆。该系统采用先进的数字化控制系统，立体式高效过滤系统和多重安全性保障措施，清洗、喷漆、烘干三大功能分离布局，各功能区域独立运行，节能高效，环保安全，质量稳定可靠。

### （二）通用飞机研制

中航工业洪都在大力发展农林飞机的同时，积极探索公务机、特种飞机的研发。

农5B飞机研制：2008年7月9日，农5B型飞机顺利实现首飞，目前正处于适航取证阶段。2012年农5B飞机的市场销售推广工作持续推进。

### （三）通用航空运营

中航工业洪都在传统农林作业市场已经树立起了品牌形象。2012年在工业航空市场实现突破，全年共执行航空测绘任务近90小时，实现营业收入120多万元。

## 五、国际经济技术合作

中航工业洪都大力发展国际航空转包生产。通过了多个国际NADCAP论证，拿到了相应证书，大大提高了特种工艺水平。

近几年，中航工业洪都充分利用航空资源优势，大力发展航空转包生产，先后与空客公司、古德里奇公司和波音公司等国际巨头建立了良好的合作关系。

2012年，中航工业洪都波音747－8项目和GR787项目等两个国际航空转包项目都成功实现批产，年度交付总值达到500多万美元，创历史新高，较上年同期增长175%。

## 六、重大设施建设

在南昌航空工业城建设用地约824亩，2012年建设内容包括：大部件装配厂房及数字化生产线设备、行政办公楼，以及相应的配套设施。

（江西洪都航空工业（集团）有限公司）

# 贵州黎阳航空发动机（集团）有限公司

## 一、生产经营情况

公司销售收入2.3亿元（由于斯奈克玛项目大量是来料加工，材料费未能计入销售收入，实际产值为3.3亿元），出口交付额为5277万美元。

## 二、产品开发与技术进步

转包生产的核心产品为：环件（含机匣）、短轴、钣金焊接、叶片类零件。全年公司共完成30个外贸件号的首件试制，一季度完成了古德里奇（Goodrich）项目梦幻飞机波音787的18个新件号试制任务，并立即转入批量生产。公司启动了GE项目9个新件号的试制工作，3个件号已获准，待转入批产。

工程部与经营管理部共同组织完成了GE、斯奈克玛、古德里奇、MTU、哈里伯顿（HB）等公司共计200余个零组件的报价工艺分析、工时计算、成本分析等工作。

## 三、内部管理

### （一）工程技术攻关、技术管理工作

1. 在批生产方面。公司完成古德里奇公司V2500发动机和波音787机型发动机短舱环件的小批转大批生产加工程序调试完善、降本增效等技术攻关；公司通过大量的刀具切削试验工作和技术改进，使得CFM56－3风扇轴和CFM56－5B风扇轴的铣加工效率提高了50%以上；公司独立自主完成了整体叶盘课题的工艺编制、程序编制、试加工、检测及加工方案论证；在斯奈克玛项目订货量急剧增大的情况下，公司及时做好了瓶颈工序的备份工作；公司积极组织设备的保养和维修工作，及时向工段提供各种工具、工装，完成了生产准备保障工作。

2. 随着古德里奇项目易变形大环件投入批产，公司完成了机内在线检测系统和关节臂式三坐标测量机的调试使用，保证了零件加工状态的控制，为易变形大环件的顺利交付提供了便捷可靠的检测方式。

3. 在技术管理工作方面。完善了外贸生产技术文件管理制度（主要是客户的文件和技术规范，包括查询、换版），保证文件受控。

### （二）质量管理工作

积极组织各方资源，完成了年内的各项审核：

1. 在NADCAP认证方面，完成并通过对生产一部腐蚀工艺（含钛清洗）、荧光探伤、真空热处理和普通热处理、喷丸、精孔加工审核认证；获得NADCAP对于荧光检查工艺延长12个月审核周期的奖励；完成并通过生产二部的真空热处理、NDT审核。

2. 在斯奈克玛公司认证方面，完成斯奈克玛批生产转动件关键尺寸的数据收集和过程能力分析；完成474风扇轴、4级涡轮叶片的产品审核。

3. 在GE公司认证方面，完成对洪湖发动机零部件有限公司加工零件1358M45P04的工位审核；通过GE对生产一部黑色氧化工艺审核认证；完成批生产零件2048M21P03的零件审核。

4. 在古德里奇公司认证方面，完成批生产零件725Z4121和1127的产品审核；在GR公司质量人员的指导下完成对GR零件锻件和闪光焊接件毛料供应商的产品审核。

5. 在哈里波顿公司认证方面，完成产品审核。

6. 在体系认证方面，完成BVQI对黎阳外贸生产质量体系的补充审核（AS9100C版）。

7. 在其他方面，完成生产过程的各项数据收集工作，并形成月度、季度、年度的质量报表；完成新购进检测设备的跟踪调试和使用；初步完成测量系统数据集成化管理工作，为实

现生产过程质量数据的集成化奠定基础。

**（三）其他管理工作**

1. 不断规范出口管理体系，通过对黎阳外贸实际情况进行充分调研，认真找准海关管理要求与黎阳外贸实际的结合点，在强化内部管理，制定工作规范等方面做了大量深入细致的工作，使黎阳成功取得海关最高荣誉 AA 资质，并于 2012 年 5 月获得海关授牌，成为贵州省海关建立以来获得此殊荣的第四家企业。AA 企业资格的获得，有力提升了黎阳在政府管理部门和金融机构的信用等级，以及商业交往中的信誉度，大大缩短了商业合同的成交时间及货物物流时间，有效降低了企业物流成本。

2. 在财务部门的协助下，取得近 1000 万元的出口退税。

3. 根据黎阳公司的总体安排，充分准备，确保了总公司一级保密单位审查和 6S 铜牌复评验收。

4. 积极与物资供应部、特检中心无损探伤、计量检定、机匣分厂、盘轴分厂、热表分厂、工程技术部等单位协调，较好控制了外因对外贸产品的交付影响。

5. 积极发展下级供应商，与航天 531 厂签订了战略合作协议，重点解决立车不足的问题。全年共外委加工 30 多个件号，实现产值 1700 多万元。

（贵州黎阳航空发动机（集团）有限公司）

# 中航工业西安航空制动科技有限公司

## 一、企业基本情况

中航工业西安航空制动科技有限公司是中国航空机轮刹车系统研发和生产的大型专业化企业，为国家“一五”期间156项重点建设项目之一。公司现有总资产28.5亿元，净资产10.4亿元，占地面积122.8万米$^2$，职工5222人，其中各类专业技术人员1987人。公司研发中心坐落在西安高新技术开发区，生产试验基地位于陕西省兴平市和贵州省安顺市。

公司拥有代表世界先进水平的大型电惯量模拟动力试验中心，是经英国民用航空器适航署（CAA）认可的试验机构。制定的GJB1184A、GJB4193、HB/Z126、HB965等10项标准已成为指导我国航空机轮刹车装置设计制造及镁合金铸造的规范。

公司拥有碳刹车盘制备技术、碳刹车盘防氧化技术，及与碳刹车机轮设计制造技术相匹配的电子数字防滑刹车系统的设计和制造技术。研制的碳/碳、碳/陶基复合材料达到了世界先进水平。自主研制的大型天然气气相沉积炉为国内首创。

公司取得了中国民航颁发的图－154飞机机轮和刹车装置的PMA证，“新舟”60碳刹车机轮适航批准书，取得了空客A300、A310、A320、A340，波音757、ATR72飞机等80余项刹车机轮维修许可证。

公司将航空刹车技术应用于汽车制动产品研发生产，经过20多年的发展已成为国内轿车及微型汽车制动系列产品的重点生产企业之一。公司为一汽、长安、昌河、奇瑞等研发配套产品，并通过TS16949质量管理体系认证。“华兴”牌商标系陕西省著名商标。

## 二、生产经营情况

公司2012年实现营业收入14.8亿元，利润总额5682万元。

## 三、产品开发与技术进步

公司积极开发民航业务市场，民航业务从小到大，从少到多，营业收入从刚开始的几万元发展到过亿元，形成公司新的经济增长点，步入产业化发展的正常轨道。为适应市场竞争和产业化发展的需要，公司采用市场化运营机制，以合作投资方式于2006年9月成立了西安天元航空科技有限公司，专门从事民用航空机轮及刹车装置部件的维修和相关产品PMA件的销售业务，西安天元航科科技有限公司拥有先进的机轮刹车专业的试验检测设备，在民用航空机轮、刹车装置、碳刹车盘及气动、液压附件等产品的深度维修方面拥有国内领先的技术。目前，公司维修范围涉及波音、空客、国产“新舟”60及俄制伊尔－76等40多个机型上百项机轮、刹车装置、碳刹车盘及气动、液压附件的维修。已累计为东航、南航、海航、国航、厦门航、深航、幸福航等国内多家航空公司维修了大量产品。

为在PMA产品研发上赢得先机，公司民航突破传统运行模式，实行市场调研、立项、研制、试验、取证、生产、销售及服务的一体化运作，与此同时适航维修及制造体系建设取得一定成效。“十一五”期间，公司PMA产品研发取得突破，种类涉及碳盘、机轮及密封圈共计24个件号，特别是A320、波音757碳盘获得民航局颁发的PMA件证书，80余项民机产品取得维修许可证。

公司以民航机轮及刹车装置的PMA制造与维修为基础，充分利用民航市场的人脉和信息资源，积极发掘技术相近或相通的新的产品门类，创造新的经济增长点。公司尝试以合资并购的方式接洽了飞机辅助动力装置（APU）、飞机座椅、地板等部件C检的维修项目等；跟进并探索了民用飞机起落架维修项目的可行性；采取合资合作和协同代理的方式，利用现有的经营民航 PMA 产品及维修市场的平台和军用机起落架专业的技术专长，优势互补，为今后整合外部资源、合作开发出新的 PMA 产品积累了一定的经验。同时，利用公司的铸造、锻造、焊接、热处理、表面处理、粉末冶金、碳复合材料等多种技术，使民航业务技术水平达到国内领先水平。

公司为促进民航 PMA 产品及维修业务发展，累计投入 1350 万元。2012 年公司民航 PMA 件销售实现收入 830 万元，缓解了航材采购及维修生产线改造资金捉襟见肘的被动局面，初步形成年维修航空机轮 1200 套、刹车装置 800 套，年维修产值 8000 万元的维修能力，并具备国内先进的航空机轮及刹车装置无损探伤检测和 PMA 产品试验鉴定能力，提升了民航业务的核心竞争力。

## 四、国际经济技术合作

公司以集团“两融、三新、五化、万亿”的发展战略为指导，依据公司经营目标，加强市场开发力度。目前对外开展的经济合作业务主要是航空产品制造转包业务。公司转包业务主要同古德里奇、霍尼韦尔、梅塞尔 - 布加迪（Messier - Bugatti）、美捷特（Meggitt）、邓禄普（Dunlop）等知名航空企业进行合作交流。2012 年实现转包业务收入 97 万美元。

2011 年通过市场研究和前期调研，公司与美国寰科公司进行了联系，并充分利用 WENCOR 公司 FAA 取证优势及我公司在飞机刹车领域研制的技术优势进行合作。2012 公司领导对美国寰科公司进行了访问，双方高层通过互访、签订合作意向加深了相互的认知，同时针对未来的合作建议也达成共识，9 月公司正式成立与 WENCOR 公司合作项目办公室与美国 WENCOR 公司的团队进行合作。

2012 年古德里奇被 UTC（美国联合技术公司）兼并，与汉胜合并组成 UTAS（美国联合技术公司宇航系统）。经多次协商，2012 年公司与 UTAS 签订了《采购协议 1 号修正文件》，采购协议的有效期到 2018 年。该文件的签订，为拓展公司转包生产，与 UTAS 保持长期合作奠定了基础。

2012 年公司通过了 AS9100C 版换版认证；通过了 NADCAP 热处理的复审，12 月初进行了表面处理复审。

（西安航空动力控制有限责任公司）

# 上海飞机制造有限公司

## 一、企业基本情况

上海飞机制造有限公司是中国商飞公司总装制造中心，注册资本20亿，承担着总装制造（新支线飞机及未来大型客机的总部装生产、试飞取证及交付工作）、关键零部件转包生产（波音新一代737水平安定面生产项目、空客A320货舱门框生产项目）及改装维修业务。截至2012年12月底，上飞公司从业人员4399人，其中在岗职工4036人。公司位于上海，占地面积222万米$^2$，分为大场基地和浦东基地。

## 二、生产经营情况

2012年完成总收入24.9亿元，较去年同比增长69.4%；完成工业总产值24.8亿元，较去年同比增长58.5%；完成工业增加值38766万元，较去年同比增长31.8%；完成出口创汇6912万美元，较去年同比增长4.2%。

## 三、产品开发与技术进步

### （一）C919大型客机项目

在项目管理方面，建立项目经理责任制和计划管理平台，以项目例会、专项工作专题会、供应商月度电话会议为抓手，密切跟踪行动项情况，提高项目管控力度。

在并行工程方面，阵地前移同步审查工程数模，完成工程模块工艺会签1466项、各部段交付规范22份、工作包界面控制文件升版19份。

在材料采购和供应商管理方面，先后与15家国内外材料供应商完成合同签署并发放部分采购订单，与3家复材供应商完成长期协议签署；与12个系统的供应商达成一致，完成6项剩余系统的供应商选择。

在技术准备和关键技术攻关方面，正式发放233份工艺规范，编制完成39份工艺验证试验大纲；完成8项关键技术攻关项目。

在试验件制造方面，正式发放铁鸟试验件制造三大方案，设计许用值试验件技术与生产准备工作基本到位。

在质量适航方面，完成对8家机体供应商的年度质量体系复审，批准机体供应商103项特种工艺，完成3个首件开工零件的制造符合性检查。

### （二）ARJ21－700飞机项目

试验试飞保障富有成效。配合完成TIR机上专项检查和整改项目300余项、机上测试等工作570余项，有效保障了TIA攻关、应急撤离试验等工作；配合落实技术攻关、构型到位工作，完成4项试验件制造，推动东营机场建设工作实施。

预投产稳步推进。105、106架机进入系统安装，107架机进行大部件对接，108架机基本完成大部件配套。开展预投产批成品件构型比对工作，累计解决4000余件已到货产品的入库问题。

工艺质量管控逐步深化。针对交付状态等内容赴机体供应商开展“精品工程”暨第三阶段综合梳理工作，优化工艺、质量、工装等工作，形成行动项目155项，完成136项，正在开展19项。

适航工作扎实推进。实现制造符合性检查动态跟踪管理，完成26个大部件、175项验证试验与特许飞行前的制造符合性预检查。

交付准备工作逐步开展。编制接收检查手册、客户检查单、飞机交付文件标准。完善客户监造体系，答复处理全部客户关注项目87份，完成555项飞机手册验证工作。

### （三）转包生产

成立凯飞事业部。模拟事业部制管理模式初步形成，整体运营状况良好。

建立三合一标准化平台。提高生产现场装

配效率和质量。

转包生产再创佳绩。波音 737 - NG 水平安定面项目，全年交付 306 架，生产速率从每月 24 架提升至 26 架，100% 准时交付累计达 141 个月；空客 320 货舱门门框项目，全年交付 204 架，生产速率从每月 14 架提升至 18 架。

成功开拓新业务。与波音公司签订 1050 架波音 787 飞机着陆灯整流罩转包生产合同。

## 四、重大设施建设

### （一）条件能力建设

浦东基地方面，新开工面积 10.8 万$米^2$，累计开工 29.3 万$米^2$。工装设计与制造中心等 5 大单体完成实物验收；总装厂房、部装厂房、复合材料中心等 4 大厂房完工，试飞调整机库完成主体工程；热表处理厂房、综合管线及道路等 7 个项目开工；71 台（套）设备进入安装调试阶段。

大场基地方面，各单体施工全部完成，204a 表面处理厂房等 4 个单体完成竣工验收。工艺设备签订合同 4 台（套），交付使用 16 台（套）。

### （二）大型客机部总装生产线建设

总装移动、水平尾翼装配、机身对接及全机对接装配、中央翼装配 4 条生产线完成总承包合同签署。3 条生产线进入详细设计阶段，2 条生产线进入初步设计阶段。技术人员组成专项团队参与设计，将精益理念融入生产线设计制造。

## 五、国际经济技术合作

伊飞管路合资公司有序运营。编制完成三年发展纲要（2013—2015）；通过 AS9100 认证评审；启动施工图设计，推进厂房建设；完成大型客机项目管路联合定义阶段（JDP）联合设计，全面承担详细定义阶段（DDP）设计工作。

赛飞线缆合资公司成功组建。6 月 27 日挂牌成立，进入实质性运营阶段；推进 C919 大型客机 EWIS 联合设计工作；合资公司管理体系建设有序推进。

推进与吉凯恩公司开展复合材料主结构件合作。确定最终技术构型，组建中方联合工作团队、专属联合技术团队，做好前期技术准备工作；签署复合材料合作备忘录、《知识产权许可协议》和《C919 飞机水平尾翼制造工艺技术服务协议》。

（上海飞机制造有限公司）

# 中电科航空电子有限公司

## 一、集团公司基本情况

中电科航空电子有限公司（简称航电公司）于2009年6月16日正式注册成立，是中国电子科技集团公司以国家启动大型客机项目为契机，整合内部优质资源，统一开展对外交流与合作的平台，是专门从事民用航空电子领域系统及设备的系统设计、集成开发、产品研发和维修服务的高科技企业。公司注册资金10亿元，由中国电科集团和下属第10研究所共同出资，中国电科集团控股。公司在上海和北京设有办事处。2010年9月，由中国电子科技集团、四川省国投、成都市工投、成都市高投以及中国电科集团10所、14所、20所、28所、32所、41所、54所共同为航电公司再次追加10亿元注册资本金，注册资金增加至20亿元。

目前，航电公司总部现有员工145人，其中，公司高管7人，中层干部19人。平均年龄34岁，50%以上为硕士研究生，已形成了一批专业结构合理、勇于拼搏、敢于攻关、具有奉献精神的员工队伍。

## 二、生产经营情况

2012年，完成了C919项目IFE系统三方主合同的谈判工作，落实了C919项目数据链以及商飞实验室IFE样段研制任务；签署了C919项目信息系统2012年度研制合同，“蛟龙”600通信导航系统市场工作取得较好进展，完成了“蛟龙”600项目无线电通信导航系统合作意向书以及技术协议的签订。同时，四川省省级战略性新兴产业项目、军民结合产业资金项目以及国有资本经营研制补贴项目等政府基金项目获得正式批复。2013年度工信部民机科研项目也在积极跟踪。

全年实现营业收入1.2316亿元，利润总额1099万元，超额完成了年度经济目标。

## 三、主要产品

公司的两大发展方向为：1. 干线飞机、支线飞机：全航电系统集成、设备研发生产和服务。2. 通用航空：航电系统集成、设备研发生产和服务，建立全产业链通用航空产业基地。

公司的主要业务方向为飞机航空电子系统和功能分系统与设备、地面维护保障系统与设备、模拟训练系统与设备、空中交通管理系统与设备、无人机系统等五大产业。

重点技术发展方向如下：

**（一）民用航空电子系统和功能分系统与设备**

1. 先进的航空电子系统技术；
2. 新一代综合通信导航监视系统；
3. 民用航空电子综合显示及告警系统；
4. 新一代机载处理平台及网络技术；
5. 民用航空平台卫星通信系统；
6. 先进的机载客舱系统；
7. 民用航空数据链技术。

**（二）地面维护保障系统与设备**

1. 民机航电设备成品件功能和性能测试平台；
2. 通信导航监视系统集成测试与验证平台；
3. 客舱系统集成测试与验证平台。

**（三）模拟训练与设备**

1. 先进的模拟训练系统技术；
2. 干线/支线飞机综合模拟训练系统；
3. 通用飞机综合模拟训练系统。

**（四）空中交通管理系统与设备**

1. 新一代空中交通管理系统；
2. 基于软件无线电的空管通信、导航和监视系统；
3. 机场综合气象探测系统；
4. 机场场面综合监视管理系统；
5. 机场跑道道面智能监视管理系统；

6. 飞机起降光电成像跟踪航管系统。

**（五）无人机系统**

1. 无人机平台的设计与改装；

2. 有效载荷对平台适应性改装；

3. 有效载荷一体化设计；

4. 无人机系统标准化设计。

## 四、新产品开发

**（一）公司当前主要业务概况（承担项目情况）**

1. 承担国家重大专项 1 项，为国家 C919 大型客机航电系统研制，包括通信导航系统、客舱娱乐系统、外部通信系统、信息系统，用户为中国商用飞机有限责任公司。

2. 承担工信部民机科研项目 1 项，为“基于防撞告警与应答的综合监视系统技术”。

3. 承担地方基金项目 2 项，分别为四川省科技厅的四川省战略性新兴产业项目和四川省经信委的四川省战略性新兴产品项目。

4. 承担通用航空项目 1 项，为“蛟龙”600 飞机通信导航系统，用户为中航通飞公司。与中航通飞公司签署《“蛟龙”600 飞机项目通信导航监视（CNS）系统合作意向书》。

5. 公司创新基金项目 2 项，分别为通用飞机综合航电系统、客舱/外部通信/信息一体化系统。

6. 集团公司创新基金项目 1 项，为集团公司主导类创新基金低空空管项目。

**（二）业务进展情况**

1. C919 各承研项目研制工作稳步推进

2012 年，公司研制工作主要围绕 C919 项目详细设计工作、C919 通信导航系统仿真器研制交付，以及通用飞机航电系统（一期）、“蛟龙”600、乘客通信等自筹基金项目研发展开。

C919 通信导航系统方面：完成与柯林斯公司全周期分工谈判，以及关键设计评审（CDR）相关文件编写，正式交付商飞公司，项目团队正在美国参加详细设计阶段联合设计工作。

C919 客舱娱乐系统方面：完成了 epcu2 和 RDOM4 第一轮样机的研制和测试工作，突破了产品研发中的关键技术难点并在样机中得到验证；启动了商飞客舱样段项目系统集成的设计工作。

C919 外部通信系统方面：配合商飞和松下航电开展详细设计和进行 CDR 相关准备，完成了系统实验台（SIVB）需求定义、详细设计工作。

C919 信息系统方面：完成了机场无线通信单元、机场无线通信天线、驾驶舱打印机等 3 个 LRU 以及 5 款软件的设计需求评审和初步设计评审，以及 LRU 内部评估功能样机研制，启动了通用信息处理平台研制。

CN 系统仿真器方面：于 8 月初完成产品研制，并作为第一家单位交付商飞公司，通过商飞现场验收。

自筹基金项目方面：完成通用飞机综合航电系统项目（一期）研制和结题，突破了航电设备综合模块化设计关键技术，初步掌握了通用飞机航电系统总体与系统集成设计方法，开发成功了具有自主知识产权的通用飞机综合无线电设备（IRE 设备）原理样机。其他自筹基金项目按计划稳步推进。

2. 维修板块业务拓展顺利起步

自 2012 年 5 月，航电公司成功控股华太航空科技有限公司后，按照企业法人治理结构和集团公司的相关要求，航电公司遵循“发展第一、通过制度规范公司经营、实现业务紧密结合”的原则，先后召开了第一届股东会和第一、第二届董事会，明确了 2012 年收入和利润目标，起草了财务管理制度 8 项，并按照专业分批次与华太航空进行技术交流，成果显著。目前华太公司与航电公司及集团 41 所等单位正在合作项目 5 项，进展顺利。经过半年多的磨合，于 2013 年 2 月正式授牌。2012 年，华太航空共实现收入 9291.15 万元，利润 1094 万元，超额完成了年度目标。

3. 条件保障条件建设取得新进展

研制保障条件建设。为保障 C919 研制项目的顺利推进，公司紧跟国家和集团公司政策，完成了《C919 信息系统研制保障条件建设项目建议书》的编制和预评审后上报。同时，公司投入了 1797.34 万元，提前启动了急需的科研条件建设。

信息化建设。2012 年，完成公司信息化建设调研，形成了产业园《IT 基础设施总体规划设计》、《IT 基础设施建设方案》，以及《中电科泰雷兹合资公司 IT 建设方案》初稿，并开展了信息化专项规划的修订工作。

CMMI 建设及其他资质建设。组织完成了 CMMI2 级 7 大过程域相关文件拟制和评审工作，正在进行试点项目运行，计划 2013 年 4 月通过 CMMI2 级评估。2012 年，经过努力，公司还取得了高新技术企业资质。

## 五、国际经济技术合作

采用国际高起点发展民用航空产业是公司的既定发展战略，公司自成立以来便积极与国外行业领先企业沟通交流，谋求合作，柯林斯、泰雷兹、松下、霍尼韦尔等公司成为公司的重点合作对象，2012 年，在对外合作方面，公司取得重大进展。

1. 与泰雷兹公司合作方面，2012 年 3 月，公司在德国汉堡与泰雷兹完成了合资企业合同的签署；2012 年 7 月，双方通过组建监察委员会和筹备委员会，启动了合资公司的模拟运行工作；并在较短时间内完成全球反垄断申报，2013 年 2 月份完成合资企业工商注册，2013 年 5 月合资公司正式开业。

2. 与柯林斯公司合作方面，经过双方共同努力，谈判终于取得突破性进展，并于 9 月 27 日，完成了合资企业合同和知识产权授权协议的草签。后续公司组织开展合同文本内部审批及上报集团工作，双方将共同努力，争取尽快完成合同文本的正式签署。

3. 与松下公司合作方面，公司与松下航电公司进行的 C919 外部通信项目合作洽谈，目前除了合同报价条款存在开口项外，其余已基本达成一致。

4. 与霍尼韦尔公司合作方面，作为中国电科集团与霍尼韦尔公司合作协调委员会的中方牵头单位，航电公司与霍尼韦尔公司签署了陆基增强系统（GBAS）项目合作备忘录，积极探讨双方在低空空管领域的合作，并组织集团 28 所、32 所与霍尼韦尔公司分别签署了四维航迹项目和下一代中央维护计算机系统项目合作备忘录。

5. 其他方面：公司还积极推进与欧宇航公司的合作，共同争取中国商飞系统集成验证平台任务，现已完成合作备忘录签署。在无人机及通用飞机方面，公司与奥地利钻石飞机公司以及意大利 ALPI 飞机公司进行了接触和洽谈。与 CMC 公司就通航领域进行了接洽和交流。双方后续将深入沟通，寻找合作项目，共同开拓中国民用航电市场。

## 六、重大设施建设

2012 年，航电产业园建设项目一期一标段项目（2#、3#楼）顺利完成主体建设及室内外主要的装修、安装工程等的建设内容，计划 2013 年春节前可完工；二标段项目（5#、6#、15#～17#楼）于 7 月 6 日正式开工，目前已完成 15#楼主体结构封顶和 17#楼主要的地下室工程，预计 2013 年上半年可完成建设工作。全年累计完成投资约 12500 万元。

（中电科航空电子有限公司）

# 新宇航空制造（苏州）有限公司

## 一、企业基本情况

新宇航空制造（苏州）有限公司（简称新宇航空）是一家外商独资企业，注册资本为1200万美元。前身新达精密机械（苏州）有限公司成立于1995年，是投资在苏州工业园区内的第一家航空制造企业。2003年新宇航空公司投资方为了扩大在苏州的生产规模，在苏州工业园区出口加工区A区置地建厂，并吸收合并了新达精密公司。新宇航空从2004年2月正式开始生产经营，主要从事设计、生产、检测航空及其他零件和组件，销售本公司所生产的产品并提供相关的售后服务；提供本公司生产产品的同类商品的特殊工艺处理及相关服务。

## 二、生产经营情况

公司正式投产以来，业务量不断提升，生产产品的种类，产品的附加价值，产品的复杂性，生产工艺的难度和广度，产品生产所涉及的物料品种的计划性和复杂性也有大幅度的提高。公司拥有目前国内最先进的柔性制造系统，擅长于高精度、高硬度合金材料的机械加工。

2012年公司实现销售收入3.3亿元，比去年同期增长11%，利润同比增长15%。由于市场需求不断增加以及产品不断引入，公司进入稳步发展的阶段。

## 三、主要产品

主要产品为民用航空发动机零部件，如发动机叶片，发动机风扇气流出口导向隔框组件，发动机吊架及连接件等。涉及材料有镍合金、钛合金和航空铝材等。

## 四、产品开发与技术进步

目前公司拥有专利12项。主要涉及加工中心主轴中心出水高压系统、加工中心主轴恒温系统、加工中心工作台机械液压系统及金属玻璃粉尘空气除尘系统等方面。

公司重视技术进步和产品的质量。为此引进六西格玛、精益生产等管理工具，每年进行项目改进，来不断提高产品质量和提升工作效率。

## 五、重大设施建设

2012年公司固定资产投入1747万元，其中1450万元用于购买4台卧式数控铣床，以组成一条新的柔性制造系统，扩大产能，满足日益增长的市场需求。

（新宇航空制造（苏州）有限公司）

# 威海广泰空港设备股份有限公司

## 一、企业基本情况

威海广泰空港设备股份有限公司（简称威海广泰）由李光太先生创办于1991年，位于美丽的海滨城市威海，是从事空港地面设备及专用装备研发与制造的专业公司。经过20余年的发展，公司现已形成了以空港地面设备、消防装备板块为主，特种车辆和电力电子为新兴板块的产业格局。

2007年，威海广泰于深圳证券交易所上市，至2012年底，注册资本30727万元，总资产18.09亿元，固定资产3.24亿元。

威海广泰占地57万米$^2$，下属控股子公司及合营公司：北京中卓时代消防装备科技有限公司、威海广泰空港电源设备有限公司、威海广泰特种车辆有限公司、威海广泰科技开发有限公司、威海广泰房地产开发有限公司、广泰空港设备香港有限公司、广泰空港国际融资租赁有限公司及深圳广泰空港设备维修有限公司等。

公司具有一支敬业的职业化员工队伍，员工人数1000余人，其中26%的人员从事研发工作，有高级职称人员38名，中级职称人员122名，硕士以上学位人员31名。

威海广泰在不断提高标准化管理水平的过程中，是国家级火炬计划重点高新技术企业、国家创新型企业，拥有国家认定的企业技术中心，2009年获批组建“国家空港地面设备工程技术研究中心”，标志着公司已成为我国空港地面设备全行业的科研开发和产业化基地。

威海广泰现有的26个系列120余种型号产品，覆盖了机场机务、客舱服务、飞机货运、场道维护、油料加注和消防六大领域，能为一架飞机配齐所有地面设备，部分主导产品国内市场占有率达40%～60%，是全球空港地面设备品种最全的供应商。公司产品遍布中国各大航空公司、机场、飞机制造公司和试飞院，出口到亚洲、欧洲、非洲、南美洲和大洋洲的30多个国家和地区。

在北京、上海、深圳、成都、昆明、西安、乌鲁木齐、哈尔滨、武汉、青岛、长春和香港，公司还设有专门的售后服务基地和备件库，实现48小时到位服务的郑重承诺。

## 二、生产经营情况

2012年，公司面对国内外复杂多变的经济环境，进一步抢抓机遇，创新发展，公司整体经营指标及运行情况仍呈现上升趋势，圆满地完成了年度目标。2012年公司营业收入为8.0亿元，同比增长29.2%。空港地面设备方面，公司继续稳固扩大国内市场，积极拓展国际市场，在竞争日益激烈的情况下，使公司产品的市场占有率稳步提升，公司营业收入、净利润等指标再创历史最高水平；消防车业务持续迅猛发展，营业收入及净利润同比均增长50%以上；特种车公司的矿用自卸车实现初步销售；募投项目按照建设计划稳步推进，为公司的进一步发展壮大打下坚实的基础。

### （一）航空运输业形势及对空港地面设备行业的影响

2012年，国内民航业的发展态势带来空港地面设备需求的稳步增长，公司2012年国内市场签订合同额比上年同期增长15.4%，国内市场占有率进一步提高。但国际市场受到全球航空地面设备市场尤其是欧洲市场需求不振的影响，签订合同额未达到预计目标，同比下降37.9%，但仍然新增土库曼斯坦、伊朗、乌克兰、柬埔寨、斯里兰卡、日本等新市场。

### （二）2012年公司整体经营策略和措施

国内市场方面：2012年度公司一方面紧抓重点机场、重点航空公司的市场拓展，另一方面盯紧新建支线机场和改扩建机场的市场机遇，合同中标率稳步提升，国内市场签订合同额比上年同期增长 15.4%。2012 年国内市场中标合同的两大特点，一是千万元的大额订单增多至 16 个，占到国内市场合同签订额的 69.8%；二是平台车、牵引车、气源车、除冰车、食品车和残登车等大型产品中标金额占合同总额的 52.6%。

国际市场方面：虽然签订合同额同比下降 37.9%，未达到预计目标，但仍然新增土库曼斯坦、伊朗、乌克兰、柬埔寨、斯里兰卡、日本等新市场，加之公司对一系列高端产品的关键技术和制造工艺的成功突破，产品国际竞争力进一步提升。回顾近三年的国际市场营销，从销售规模上公司已经奠定了基础，在一些市场（香港、印尼、乌兹别克、塔吉克斯坦、老挝等）已经占据了稳定的市场地位，这些市场的份额都在 50% 以上，其中香港已经占有 70% 的市场份额，成为广泰走向海外的窗口和活广告；新兴市场如巴西、俄罗斯本土、沙特也都有很好的表现，广泰在国际市场的认可度越来越高。同时为了确保客户满意度，销售经理对产品生产、销售、售后服务进行全程跟踪控制，目前国际客户的回头率是 95%。

## 三、主要产品

公司业务涉足空港设备行业、消防车行业和其他行业；公司主要产品包括机务设备、客舱服务设备、货运设备、消防设备等。

## 四、产品开发与技术进步

公司坚持以产品创新为动力，加快研发高端空港地面装备和高端消防车。报告期公司继续结合低碳经济、节能减排大方向，着力实施空港地面设备电动化开发，取得较大进展。全年共完成 20 项重点新产品和 34 项新改型产品的研发工作，主要新产品有：35 吨大型升降平台车工程设计、AM500 大型无杆牵引车国产化、数字电源车、250 千瓦和 50 千瓦大型光伏逆变器、并联型有源电力滤波器、26 米高喷消防车、32 米登高平台消防车产品试制、含 AT 结构城市主战 AB 类消防车、双排斯堪尼亚机场消防车、高层供水车等。此外，国家空港地面设备工程技术研究中心已经按照计划任务建设完成，大大提升公司的自主创新能力。随着以上新产品逐步开发成功实现量产，公司竞争实力和规模效益将进一步提升。

同时，公司顺应国家对技术创新的支持政策，紧紧围绕“自主创新和转方式、调结构”这一主线，积极申报项目，2012 年公司的“飞机地面抱轮技术研究及装备产业化项目”荣获山东省科技进步二等奖，“高除净率多功能除雪装备产业化项目”获威海市科技进步一等奖。全年共新争取国家无偿补助及奖励资金 1140 万元，有力支撑公司自主创新能力的进一步提升。报告期公司申报专利 28 项（其中发明专利 6 项），新获专利证书 27 个（其中发明专利 8 项，外观专利 1 项）；中卓时代申报专利 8 项（其中发明专利 3 项、外观专利 1 项），新获专利证书 3 个（其中发明专利 2 项）。

## 五、重大设施建设

募集资金项目实施进展顺利，再融资募集资金项目之一“国家空港地面设备工程技术研究中心技术改造项目”工程技术研究中心大楼工程基本完工，2013 年 5 月份将投入使用；新产品研发试制车间和技术培训综合楼主体完工，进入内装修阶段。“高端空港装备及专用装备制造羊亭基地项目”土建主体工程已基本完成。“中卓时代消防装备技术改造项目”总装车间已于 12 月份正式投产，喷漆车间、试验检测中心也已基本完工，预计 2013 年 6 月份投入使用。

## 六、企业改革改制

公司经过三年管理标准化工作的推进，形成了 1 本企业文化手册、366 个管理标准、438 个管理表格、171 个岗位工作标准、4 个技能操作手册和 1 个员工行为规范手册，公司标准化管理文件整体上已经达到“工作流程化、操作标准化、文件格式化”的要求，成为公司“四化”战略目标中最先趋于完成的一项，并可以作为管理模式对子公司输出，整体管理水平得到显著提升。工作流程化打破了部门条块管理模式，从机制上贯彻深化“顾客价值导向”的理念，高质量高效率地完成价值链上各节点的工作。生产精细化进一步推进，生产效率提高

15%；通过质量规划项目的实施，健全产品输入过程、生产过程的控制规范，使质量体系要求落地，产品质量有了很大提升。人力资源管理针对不同岗位健全了专项激励方案，完善绩效管理手段；规划了公司内部人才梯队信息库，建立了动态更新机制，并针对重要岗位人才制定专项培养计划。子公司管理方面通过对子公司实行预算管理、制度管理、资金管理和财务预警，加强对子公司的有效管控。

同时，公司适时合资设立了广泰空港国际融资租赁有限公司，为国内各大机场、航空公司、机场地勤服务公司以及其他相关企业提供融资租赁服务，为公司增加新的利润增长点。以租赁方式可以带动公司产品的销售，增加公司的销售收入；同时，融资租赁方式也可以延续公司的服务链条，满足不同客户的多种需求，为公司创造更多市场空间。

（威海广泰空港设备股份有限公司）

# 山东太古飞机工程有限公司

## 一、企业基本情况

山东太古飞机工程有限公司（简称山东太古或STAECO），位于济南遥墙国际机场航空产业园内，1999年3月正式投入运营。山东太古的成立填补了山东省民用飞机工程改装与维修的空白。

公司股东包括山东航空集团有限公司（简称山航集团或SDAG）、香港飞机工程有限公司（港机工程或HAECO）、厦门太古飞机工程有限公司（厦门太古或TAECO）和香港中凯航空工程顾问服务有限公司（简称香港中凯或HKZK）。山航集团是一家国有大型一类航空运输企业，主要从事航空客货运输、飞机维修、航空食品、飞行培训、酒店旅游等相关产业，旗下山东航空股股份有限公司是深圳B股上市公司。港机工程已获得世界主要国家飞机维修许可的大型飞机维修企业，具有很强的经济技术实力和完善的维修实施，先进的经营管理经验和可靠的市场客户，是一家香港上市公司。厦门太古是由中国大陆、中国香港、英国、日本、新加坡、美国等国家和地区的企业在共同出资兴办的大型民用飞机维修工程企业。香港中凯是一家专业从事飞机航空工程服务的企业。山东太古、厦门太古、港机工程依靠股本联系共同组成了世界最大的飞机工程联盟，市场覆盖了欧美、亚太等世界大部分客户，在业内享有极高的声誉。

## 二、生产经营情况

公司成立十余年来，实现了持续健康稳定的发展，资产总额增长近十倍，营业额保持25%以上的增长，利润指标保持平稳，股东和员工回报丰厚，社会贡献突出，累计实现利税超过10亿元。

## 三、主要产品

目前公司已形成完善的产业体系，涵盖从产品研发设计、生产制造、工程培训、机队管理服务等全部飞机工程的全部产业链，主要以波音737系列、A320系列，CRJ系列、ERJ系列、SAAB等干支线机型以及湾流、庞巴迪、巴航等主流公务机为主，是亚太地区重要的窄体飞机工程基地。

目前公司建有已专业门类齐全、基础设施完善的飞机工程资源平台，厂区占地约400亩，拥有五座设施完善的机库，可同时容纳10架波音737或A320飞机，并建有配套完备的辅助车间、器材仓库、NDT、工装设备、停机站坪、发动机试车位等配套设施，建立了全部运营管理ERP系统和工程设计系统。现拥有员工近2000名，各类科技人员占30%以上，并逐步形成了民航工程技术研发中心和航空培训中心。

## 四、产品研发与技术进步

十余年来，公司的发展获得了国外的飞机厂商、航空管理当局及国内外众多客户的一致认可。目前是波音公司波音737系列机型全球最大的工程技术方案提供商，是庞巴迪和巴西工业亚太地区的重要工程服务中心（ASF），是美国Pemco公司亚太地区的首家客改货工程服务中心（PTF），并于2011年成为首批获得中国民航局批准的DMDOR（民用航空器改装委任单位代表）单位。公司目前持有多项专利，参与制定行业标准四项，公司已获得了中国CAAC、美国FAA、欧洲EASA、澳洲CASA、日本JCAB等13个国家、地区民航局的多种机型的工程服务资质。

2012年，公司成功研发飞机客舱AVOD系统，为国内首家并打破了国外对该技术的垄断；公司首次在国内完成EMB190定检，并获得巴航工业的授权服务中心；公司首次在国内完成飞机客舱 WIFI 系统。

## 五、国际经济技术合作

2012 年山东省人民政府鲁政发（2012）3 号文件《关于加快军民结合产业发展的指导意见》中要求：“加快建设以山东太古飞机工程有限公司为主体的航空产业园”、“重点建设山东太古飞机工程有限公司的民用航空工程技术研发中心”。目前，山东太古公司拥有行业领域的第一家山东省级企业技术中心和济南市级工程技术中心，公司先后与美国波音、欧洲空中客车、加拿大庞巴迪、巴西航空工业公司等国外知名的飞机制造公司建立了深入的联系，同时与国内北京航空航天大学、南京航空航天大学、中国商用飞机研究院等航空院校和研究机构合作，逐步建立起完善的技术研发团队，公司技术中心拥有专业研发设计人员 68 人，其中，外聘国内技术专家 5 人、国外技术专家 6 人。公司目前建有航空无损检测实验室（是国内仅有的三家具有美国无损检测能力的实验室之一）、航空理化实验室、航空力学分析实验室、航空温度实验室等，配备了国内外先进的检测仪器和实验设备。

（山东太古飞机工程有限公司）

# 珠海保税区摩天宇航空发动机维修有限公司

## 一、企业基本情况

珠海保税区摩天宇航空发动机维修有限公司是中国南方航空集团和德国最大的发动机制造商——MTU航空发动机有限公司（MTU Aero Engines GmbH）各出资50%合资组建的民用航空发动机维修企业。公司总投资额1.9亿美元，为国内迄今为止投资规模最大、维修等级最高的航空发动机维修基地。自2003年1月正式营运以来，公司已先后获得中国民航局、欧洲航空安全局、美国民航局、日本民航局（JCAB）以及印度尼西亚、越南和新加坡等国家的适航维修许可证，客户遍布中国、亚洲各国以及欧美各国。迄今珠海摩天宇已成为中国最大的民用航空发动机维修公司，在亚洲行业市场处于领先地位。

## 二、生产经营情况

2012年，珠海摩天宇公司共维修发动机196台，折合171.5个SLU（标准大修量），创下公司开业以来业务量的新高。

## 三、主要产品

公司为中国、亚洲乃至世界各国运营V2500和CFM56－3/－5B/－7系列发动机的航空公司提供优质、高效以及便利的民用航空发动机维修的修理、翻修、维护和各种辅助服务。

## 四、重大设施建设

企业的最初年维修能力为200台，2012年底主体厂房扩建区域投入使用后，年维修能力为300台。其试车台不但适用于目前市场上所有航空发动机的检测，并可满足未来15万磅[①]推力级别的检测需求。

（珠海保税区摩天宇航空发动机维修有限公司）

① 1磅＝0.454千克。

# 广州飞机维修工程有限公司

## 一、企业基本情况

广州飞机维修工程有限公司（简称 GAMECO）是目前国内排名前列的大型综合性民航维修企业，公司成立于 1989 年 10 月 28 日，总部位于广州白云国际机场，注册资本 6500 万美元，是由中国南方航空股份有限公司（南航）、香港和记黄埔飞机维修投资有限公司以及南华国际飞机工程有限公司共同合资经营，其中中国南方航空股份有限公司持有 50% 的股份，南华国际飞机工程有限公司、香港和记黄埔飞机维修投资有限公司各持 25% 的股份。公司现有员工人数 4400 多人，其中大专学历以上员工约占 77%。

公司拥有中国民用航空局（CAAC）、美国联邦航空局（FAA）、欧洲航空安全局（EASA）等 20 个国家和地区适航当局批准的民用航空器维修许可证，具备飞机大修及改装、航线维修、附件维修、工程技术服务、航材管理服务和培训服务等全面的维修服务能力。

公司在广州的维修设施主要分成三个部分，位于广州市区（旧机场）2 万多米$^2$的附件维修中心；位于广州白云国际机场候机楼约 2 千米$^2$的航线维修设施以及；位于广州白云国际机场北区约 14 万米$^2$的基地维修设施。

公司基地维修设施的飞机维修机库为中国跨度最大的桁架结构机库，机库总跨度 350 米，总建筑面积 9.6 万米$^2$，可同时容纳四架宽体飞机（两架波音 747 和两架空中客车 A380）或 12 架窄体飞机（波音 737、波音 757 和空中客车 A320）在内维修。同时，公司拥有一个独立的全天候（可调节温度和湿度）喷漆机库，可容纳一架 A380 或波音 747 飞机。此外，还包括约 4 千米$^2$拥有先进环境控制系统的航材仓库。

除广州总部以外，公司目前还在乌鲁木齐、上海、重庆等地设有定检/航线维修站点。

公司服务的客户包括中国南方航空、中国邮政航空、四川航空、顺丰航空、美国联邦快递公司（FedEx）、新加坡航空、韩亚航空、港龙航空等一百多家国内和国际客户。

## 二、生产经营情况

2012 年，公司在安全与质量、生产保障、能力建设、科技创新、班组建设及管理提升、队伍建设等各个方面均取得了骄人成绩，圆满完成了公司董事会的各项任务，为南航安全飞行 1000 万小时作出了重要贡献，同时也赢得了业界肯定，荣获“中国最佳 MRO”称号。

2012 年公司为南航 93 架飞机提供基地保障服务，全年完成 C 检约 190 架次，完成航线维护超过 10 万架次，附件修理 2 万多件次，地面保障部共抢修车辆 3767 台次，保养车辆 831 台次。

2012 年，公司总业务收入约 20 亿元人民币，同比增长 9.3%。

## 三、主要产品

公司的主要业务是为中外航空公司提供高质量、快捷及经济的飞机维修服务，经营范围包括：

1. 航线和周期性维护及特种检查；
2. 结构修理及零件翻修；
3. APU 及发动机热部件、冷部件检修以及单元体更换和检修；
4. 适航及服务改装；
5. 飞机损伤修理；
6. 飞机翻新、喷漆、内部装修；
7. 提供特种车辆服务和维修，地面设备修理、制造及零备件加工；
8. 外来加工，外来咨询，外来培训及其他技术工程；
9. 航空器材进出口销售（涉及许可证管理

和专项规定的按有关规定经营)；

10. 航空器材仓储、工具设备租赁及自制专用工具设备销售。

其中飞机维修业务所涵盖的机型包括：波音737、波音747、波音757、波音767、波音777，空中客车A300、310、319、320、321、330、380，EMB145和ERJ190等目前国内常见机型。

同时，公司附件维修能力覆盖液压、气动、燃油、飞行操纵、机载应急设备、起落架、机轮/刹车、无线电、机载计算机、仪表、娱乐系统、发电机、电气附件等几乎全部附件种类，拥有国内最完备的飞机附件维修能力。

## 四、产品开发与技术进步

2012年公司的工程设计能力再次获得重大进展，完成了航空零部件制造人批准（PMA）相关的组织机构配置、人员培训培养和生产体系建设，于2012年8月22日获得了中国民航局的零部件制造人批准证书（PMA)，并完成了共计430项PMA件的批准。建立了E190的航线和定检维修能力，通过复合材料清洁间改造工程具备了波音787复合材料维修条件。

在附件维修方面，公司自主研发的自动测试台IATS3000的首批A320机载计算机维修能力获得CAAC批准。

在地面保障方面，公司建立了飞机无杆牵引车大修能力；9月18日，公司与全球领先的民航地面设备制造商美国卓缤科技集团公司（JBT）签订合作协议，成为其授权在中国区域唯一的航空地面设备维修和培训基地。

2012年度，公司继续大力推进新能力开发和技术创新工作，新增CAAC批准部件维修能力156项，新增FAA部件维修能力142项；新增CAAC机体维修能力项目共14项，新增其他局方机体维修能力项目共3项。公司开发项目新增立项45项，新申报国家专利16项，其中6项已获得专利授权。三项产品获得广东省高新技术产品认定。

2012年，公司通过了高新技术企业的复审认定。

## 五、重大设施建设

公司位于白云国际机场的二期机库工程项目正在按计划施工，预计2013年下半年投产，该项目投资约5亿元人民币，建筑面积6万多米$^2$，可以同时为八架窄体飞机开展定检维修。

公司还计划在广东省清远市建设国内最先进的、具备完整表面处理能力的起落架大修基地，项目总投资将超过2亿元人民币，预计在2013年下半年动工，2014年年中投产。

（广州飞机维修工程有限公司）

# 深圳中集天达空港设备有限公司

## 一、企业基本情况

深圳中集天达空港设备有限公司成立于1992年，注册资本1350万美元，是一家专门从事空港设备和现代物流设备开发、设计、制造、安装、咨询及维修服务的专业化公司。

公司现有员工900多人，其中35%以上为工程技术人员，45%以上为技术工人。博士、硕士、学士以上工程技术和管理人员350人，生产工人逾200人持特种作业操作证，所有技术工种均持证上岗。

公司2007年通过ISO9001质量管理体系认证，2011年获得ISO14001环境管理体系认证和GB/T28001职业健康安全管理体系认证。

## 二、生产经营情况

公司2012年营业收入7.6亿元，其中登机桥业务收入5.5亿元，出口创汇3714万美元。工业总产值8.2亿元，工业增加值1.5亿元，纳税总额3241万元，净利润6882万元。2012年公司共生产登机桥230台套，销售228台套。

## 三、主要产品

公司主要产品有：旅客登机桥、航空货物处理系统、自动化立体停车系统，旅客登船桥、旅客行李处理系统、飞机泊位引导系统、现代物流仓储系统，以及航空食品车、货物升降平台车、飞机除冰车、机场乘客摆渡车等民航地面专用车辆设备。

目前公司生产的旅客登机桥综合实力全球第一，国内市场占有率90%以上，全自动航空货物处理系统居全球第三位。公司的产品和服务不断拓展到旅客登船桥、自动化仓储物流系统、立体停车系统、飞机泊位引导系统、食品车、客梯车、军用运输平台车等。公司是目前世界上唯一能够同时生产液压、机电和机液混合三种驱动方式登机桥的制造商。公司完全自主开发的服务于A380高桥，采用行走机构双点支撑、四轮独立驱动的新技术，其性能与运行稳定性居球领先水平。公司将技术和经验应用于新的领域——豪华游轮的登船桥，制造出了中国第一台登船桥，成为国内唯一成功生产出登船桥的制造商。

## 四、产品开发与技术进步

公司是“国家火炬计划重点高新技术企业”，每年对研发的投入非常大，有完善的研发体制和技术开发平台，从资金上和技术上保障研发工作的顺利进行。2008年以来，公司每年投入的研发费用占销售收入比例逐年增加，占比达到5.5%，2012年公司研发经费投入3463万元。

公司技术中心是“市级企业技术中心”，具有丰富的开发经验和较强的技术创新能力。2012年获专利授权19项，其中发明专利14项，实用新型5项。公司累计申请专利数量和获得专利授权数量均在世界同行业中遥遥领先。

2012年公司完成激光式可视引导系统、登机桥电缆输送装置、全自动航空货物处理系统、大行程旋转伸缩式登船桥、带式搬运器等27项研发项目，部分项目已取得生产许可证或已交付使用。

## 五、国际经济技术合作

公司拥有一个电气开发实验室，该实验室由公司企业技术中心、日本三菱电气公司、德国西门子电气公司、法国施耐德电气公司、日本数据电气公司和美国组态软件Intellution公司共同组建。上述公司推向市场的最新技术，第一时间送到该实验室，使得公司的技术发展步伐与自动控制的发展步伐保持一致，做到信息资源共享，提高了产品研发效率。

## 六、重大设施建设

2012 年公司加强了实验设施和检测设施的配备，总计投入了约 177 万元的研究试验设施。

公司通过实施 PDM 和 ERP 的升级项目，提升采购、生产、财务基础设计数据收集整理水平，全面整合产品制造过程数据，进一步提升了产品制造中，设计、采购、物料分配、生产工单分配、财务结算、库存管理等各个环节的管理水平，使得整个产品制造过程准确、高效、有序，产品开发周期和订单的响应速度得到有效提升。公司配置电气仿真设计软件 EPLAN，提高了电气设计效率。

## 七、企业改革改制

公司在制度机制建设上从培养技术带头人、人才激励机制、知识产权保护、创新资金投入方面开展。目前，技术创新体系有效的推动和保障了技术创新，保持着高效的运转。

2012 年公司内部组织架构进行事业部制改革，成立运作事业部，全面负责项目运营、物流采购、技术研发、产品生产及综合管理，有效提升管理实效。公司对物流及车辆事业部、车库事业部进行结构调整，适应市场发展需要，明确技术研发方向和职责分工。

为配合各技术部组织架构的调整，2012 年公司进一步完善了技术中心的组织体系和研发平台，以高效地支持技术研发工作。公司加强了对技术研发的管理，进一步强化了公司技术委员会在研发过程管理和决策中的作用，由公司各领域资深技术专家组成的技术委员会，指导技术中心的发展方向，充分听取各方面的意见，对重大的技术问题进行专题评审，避免重大的技术失误。

（深圳中集天达空港设备有限公司）

# 广州航新航空科技股份有限公司

## 一、企业基本情况

广州航新航空科技股份有限公司创建于1994年，是一家专业提供军民用航空设备和技术服务的高新技术企业，致力于为客户提供优质航空产品和全方位满意服务。

公司旗下有广州、上海、哈尔滨、天津四家子公司，并设有研发中心和制造中心，主要业务涵盖机载设备研制、ATE（自动测试设备）研制及系统集成、航空维修支持、飞机加改装及军民一体化保障。

作为拥有包括中国CAAC、美国FAA、欧洲EASA等多项全球主要适航体系认证的MRO企业，同时作为波音公司在华首批授权维修服务商，公司具备涵盖波音、空客等40多种民机和通航飞机电子、机械部附件的维修能力。同时，由于在质量、维修周期和服务方面表现优异，BAE系统公司、塞科尔国际公司、KIDDE航宇公司、通用航太公司等数多家国际知名OEM授权公司为其维修中心，为中国及周边国家提供一站式服务。

凭借机载设备研制和维修的雄厚实力，公司为多家用户完成了空中防撞计算机、近地告警计算机、应答机、甚高频电台、应急定位发射机、飞行参数记录系统等加改装任务。公司先后参加了2008奥运安保工程和国庆60周年阅兵保障工程，被某部评为“一体化保障典范”和“技术支援保障优质单位”。

## 二、生产经营情况

公司2012年销售收入4.1亿元，净利润8460万元，上缴各项税费4307万元。2012年公司资产负债率为52.8%，较去年有所提高。公司生产经营正常运转，财务运行逐步稳健，经济效益日渐良好，对项目具有良好的财务支撑能力。

## 三、主要产品

目前，公司主导产品包括综合维修检测系统和飞行参数记录系统，其中，综合维修检测系统的市场占有率达30%，飞行参数记录系统的市场占有率近20%，全国排名领先。

### （一）航空维修

多年来，公司与国内多家龙头企业建立战略合作伙伴关系，在ATE产品研制方面已成功开发了上百套高性能的专用测试设备、综合测试设备、自动测试设备、原位检测设备、通用检测设备及测试程序集，在中国同行业中处于领先地位。同时，ATE产品广泛吸纳国际先进总线、虚拟仿真、嵌入式计算机、综合诊断和完好性设计等技术，在技术方面具备有很强的优势。

公司在通航飞机维修领域有十多年的维修经验，拥有覆盖各种通航飞机电子、机械部附件的维修能力，并成为米-26直升机在国内唯一具备维修能力且符合中国民航总局CAAC适航要求的企业。

凭借机载设备研制和维修的雄厚实力，公司为多家用户完成了空中防撞计算机、近地告警计算机、应答机、甚高频电台、应急定位发射机、飞行参数记录系统等加改装任务，可为用户提供整套工程解决方案。

### （二）机载设备和检测设备

公司是国内最优秀的机载设备研制商之一，通用型飞行参数记录系统总师单位。在飞行参数记录系统、飞行管理数据打印机、闭锁铰链控制盒、音频控制面板等机载设备方面具备很强的研发和生产优势。

作为国内生产规模最大、覆盖机型和产品种类最多的ATE研制基地，公司在ATE产品研制方面已成功开发了上百套高性能的专用测试设备、综合测试设备、自动测试设备、原位检测设备、通用检测设备及测试程序集。

## 四、产品开发与技术进步

成功回购法国航空公司股份之后，公司大力加强技术创新投入力度和强度，近三年，研发投入都占销售收入的 8.5% 以上。

### （一）研究开发人员

公司拥有强大的技术研发团队，现有大专学历以上的研发人员 381 人，其中 63 人具有高级职称，121 人具有中级职称。公司先后与华南理工大学、中山大学、北京航空航天大学、南京航空航天大学等高校单位合作，从重点航空院校的优秀毕业生中招录优秀的大学毕业生，并通过对各类专业工种实行可持续的人才培养计划。同时，为即时响应客户在相关项目方面的需求，公司还与中科院广州自动化所、国家航空研究院所等研究机构建立良好的沟通渠道，对市场和产品技术产生一定的主导和影响力。

### （二）研发设备

公司具有雄厚的技术设备基础。多年来，公司一直从事航空部附件的维修、机载电子设备、自动检测设备的研制和产品的制造生产。公司自主研发了多种国内先进的自动检测设备，还成功研制了飞行数据打印机、音频控制板、飞行参数记录系统、高压电源组件、振动测量仪、音频记录器、娱乐系统液晶监视器等机载设备。

### （三）研发经费投入

近三年，公司大力加强了技术创新投入力度和强度，研发投入均占销售收入 8.5% 以上。2013 年，公司将成为广东省第一家航空板块上市企业，公司可通过发行股票上市融资，为项目的研发经费投入提供了资金保障。

### （四）承担项目

2009 年，公司承担广州经济技术开发区重点科技攻关计划项目（米－171 系列直升机机载设备综合维修检测系统），已顺利通过验收。

2010 年，公司承担广州市经贸委 2010 年度广州市技术创新专项资金项目（广播式自动相关监视（ADS－B）系统）。

2011 年，公司承担国家火炬计划项目（机载设备综合维修检测系统）。

2011 年，公司承担中央地方特色产业中小企业发展资金项目（雷电探测预警系统）。

### （五）研究成果

公司自 2008 年以来相继申请了 40 多项知识产权，其中包括自动测试系统、自动测试软件、无线电罗盘测试软件、塔康精密测距机载设备测试软件、全自动数字开调测试软件、无线电高度表测试软件、模块化通用测试系统、无线电高度收发机测试软件等综合检测领域 30 多项软件著作权。

## 五、国际经济技术合作

公司与国际各大航空公司和飞机 OEM 厂商保持着紧密的合作。

## 六、重大设施建设

2012 年，公司在光宝路 1 号正式动工建设“航新综合大楼”并于年底完工。2013 年上半年，公司所有项目及办公人员搬入航新综合大楼。

## 七、企业改革改制

公司在 2009 年实施股份制改造，并将于 2013 年在创业板上市。

（广州航新航空科技股份有限公司）

# 陕西凌云电器集团有限公司

## 一、企业基本情况

陕西凌云电器集团有限公司始建于1960年2月，是从事无线电导航设备及民用电子产品研制、生产、销售和服务的专业公司，总部设在宝鸡国家级高新技术产业开发区，在宝鸡、西安、深圳设有7个子公司。

2010年，公司通过了GJB9001B—2009质量管理体系换版认证。2012年，公司通过了ISO14000环境管理体系认证。公司拥有无线电装配和调试、精密机械加工、柔性加工、蓄电池制造、消防车制造、SMT贴装、表面处理、印制电路板加工等多条国内技术领先的专业生产线，公司拥有各类先进设备2000余台套。

公司研制和生产的产品已形成：无线电导航、汽车蓄电池、消防车、汽车音响、高频电子组件、警灯警报器、太阳能热水器等多个系列。公司产品畅销全国，出口40多个国家和地区，其中30余种产品获90多项国家级、部省级奖项，拥有专利技术74项。

## 二、生产经营情况

公司隶属于陕西电子信息集团有限公司，注册资本3.6亿元，2012年末总资产19.2亿元，公司现有员工2200余人。

从2004年起，凌云公司步入发展的快车道，各项经济技术指标年年创历史新高，目前企业各项工作已经达到建厂53年来的最好水平，2012年实现营业收入15.82亿元。

## 三、主要产品

近年来，凌云公司按照我国民用飞机的装机需求，相继研制无线电罗盘、测距器和组合接收设备等系列民用航空产品，这些产品已列装HO300、AC313、AC312等多型民用飞机，为公司创造了良好的经济效益。

### （一）无线电罗盘

无线电罗盘主要用于飞机归航和辅助进场着陆引导，公司研制生产的民用产品型号有WL－7E、WL－7F两个品种，目前处于市场推广阶段。

### （二）测距器

测距器主要为飞机提供相对于地面台的距离信息，公司目前研制生产的民用产品LDME－3、LDME－4、LDME－4G等3个型号，主要为HO300、AC313等飞机配套。

### （三）组合接收设备

组合接收设备具有仪表着陆系统（ILS）、伏尔（VOR）和信标三种功能，主要用于飞机的航路导航及进场着陆引导。目前公司研制生产的民用产品LMMR－2、LMMR－2B等3个型号，主要为HO300、AC313、AC312等飞机配套。

## 四、产品开发与技术进步

公司将民用航空导航产品研发和市场开发作为“十二五”的主要工作，在西安凌云科技公司建立“民用航空导航产品研发中心”。针对各型民用飞机的要求，重点研发数字化小型高可靠无线电罗盘、测距器和仪表着陆/伏尔/信标组合设备等产品；根据航电综合化发展趋势，研发民用航空飞机ICNI系统无线电罗盘、仪表着陆和测距器等导航模块和功能软件；开展适航认证工作和市场推广工作，全力向民用航空领域拓展。目前，公司正在研制生产的民用航空导航产品有5个型号，这些产品应用领域是各型民用飞机。

### （一）LDME－4测距器

2010年开始研制，属自主研发。该产品采用中频软件无线电技术和固态功率合成技术，体积小、重量轻和可靠性高，适合装备各种民用飞机。2012年取得民航适航证书，荣获2012年陕西电子信息集团科技进步一等奖，已推广装备HO300、AC313等民用飞机。

**（二）LMMR－2B VOR/ILS 机载设备**

2010年开始研制，属自主研发。该产品接收机为OEM板，具有仪表着陆和信标两种功能，可以达到Ⅱ类着陆标准要求，适合装备各种民用飞机。目前正在进行适航认证，已推广装备了HO300飞机。

**（三）WL－7E 无线电罗盘**

该产品是全固态小型化无线电罗盘，适合装备各种民用飞机。目前已完成正样研制工作，正在进行市场推广。

**（四）LMMR－2 组合接收设备**

2007年开始研制，2008年通过设计鉴定，2011年取得民航适航证书，处于推广应用阶段。该产品具有仪表着陆、伏尔和信标三种功能，可以达到Ⅱ类着陆标准要求，适合装备各种民用飞机，已装备AC313、AC312等飞机。

**（五）WL－7E 无线电罗盘**

2010年开始研制，属自主研发。该产品接收机为OEM板形式，适合装备各种民用飞机。目前已完成正样研制工作，正在进行市场推广。

**（六）LMMR－2BG VOR/ILS 导航功能模块**

2011年开始研制，属自主研发。该产品是针对民用飞机航电综合化要求研制的导航功能模块，具有伏尔和仪表着陆两种功能，可以达到Ⅱ类着陆标准要求，主要为各种民用飞机综合通信导航识别系统（ICNI）配套。目前已完成正样研制工作，正在进行市场推广。

## 五、企业改革改制

2005年12月，陕西凌云电器总公司完成整体债转股，由陕西凌云电器总公司以经营性净资产2.2亿元（60.52%）与中国东方资产管理公司以1.4亿元（39.48%）债转股权共同出资3.6亿元，组建成立了陕西凌云电器有限公司。按照公司章程设立董事会、监事会，完善了法人治理结构。此举从根本上改善了公司的资本结构，减轻了企业负担，实现了“主辅分离，精干主业”，初步建立起现代企业制度，为公司进一步发展奠定了基础。

根据企业发展和管理的需要，2010年2月25日经省工商局批准将公司名称更名为“陕西凌云电器集团有限公司”，公司积极探索集团运营管理新模式，促进企业加快发展。

（陕西凌云电器集团有限公司）

# 中国民用航空企业名单

| 单位名称 | 所属集团 | 登记注册类型 | 控股情况 | 主要民用航空产品 |
|---|---|---|---|---|
| 总计（132） | | | | |
| 北京（17） | | | | |
| 北京航空材料研究院 | 中航工业 | 国有 | 国有控股 | 复合材料制件飞机垂尾、壳体，橡胶胶料及制品，高温合金及铸件，密封材料，涂料，航空焊条 |
| 北京青云航空仪表有限公司 | 中航工业 | 国有独资公司 | 国有控股 | 仪表 |
| 北京航科发动机控制系统科技有限公司 | 中航工业 | 其他有限责任公司 | 国有控股 | 航空摇臂系列 |
| 北京民用飞机技术研究中心 | 中国商飞 | 国有独资公司 | 国有控股 | |
| 北京百慕航材高科技股份有限公司 | 中航工业 | 股份有限公司 | 国有控股 | 飞机刹车盘 |
| 北京锐创信通科技股份有限公司 | — | 股份有限公司 | | 情报终端服务器，飞行信息服务系统，情报分析测试仪，电子飞行包串口协议通信服务器，通信矩阵交换器 |
| 北京长空机械有限责任公司 | 中航工业 | 国有独资公司 | | 航空摇臂系列 |
| 北京北摩高科摩擦材料有限责任公司 | — | 其他有限责任公司 | 私人控股 | 波音飞机刹车盘，空客系列飞机刹车盘，麦道飞机刹车盘，伊尔飞机刹车盘，运7、运8飞机刹车盘，图－154、里尔－30、安－24飞机刹车盘 |
| 北京金轮坤天特种机械有限公司 | — | 其他有限责任公司 | 国有控股 | 无 |
| 北京浩天翼航空技术有限公司 | — | 其他有限责任公司 | | HW13小型无人机 |
| 北京科源轻型飞机实业有限公司 | — | 其他有限责任公司 | 私人控股 | AD200系列轻型飞机设计制造，航空电子通信设备机械设备制造，AD系列轻型飞机技术知识 |
| 中航复合材料有限责任公司 | 中航工业 | 其他有限责任公司 | 国有控股 | 树脂预浸料，蜂窝，树脂 |
| 铱格斯曼航空科技集团有限公司 | — | 私营股份有限公司 | 私人控股 | 隐身玻璃 |
| 北京安达维尔科技有限公司 | — | 私营有限责任公司 | 私人控股 | 测试设备的研制，电子部、附件的维修 |
| 北京中航智科技有限公司 | — | 私营有限责任公司 | 私人控股 | TD220无人直升机，TC无人直升机，TL自动激光驱鸟器 |
| 北京友泰顺城科技发展有限公司 | — | 私营有限责任公司 | | 无人直升机，激光驱鸟器 |
| 北京华安天诚科技有限公司 | — | 私营有限责任公司 | | 班组资源管理电子应用工具软件 |
| 天津（4） | | | | |
| 天津航空机电有限公司 | 中航工业 | 国有独资公司 | 国有控股 | 断路器，继电器 |
| 天津华翼蓝天科技有限公司 | — | 私营有限责任公司 | 私人控股 | 飞行训练器，维护训练器，工程仿真设备 |
| 天津全华时代航天科技发展有限公司 | — | 私营有限责任公司 | 私人控股 | 无人机 |
| 空中客车（天津）总装有限公司 | — | 中外合资经营 | 外商控股 | 空客系列产品 |

续表

| 单位名称 | 所属集团 | 登记注册类型 | 控股情况 | 主要民用航空产品 |
|---|---|---|---|---|
| 河北（2） | | | | |
| 石家庄飞机工业有限责任公司 | 中航工业 | 国有独资公司 | 国有控股 | 运 5B 飞机，“小鹰”500 飞机 |
| 惠阳航空螺旋桨有限责任公司 | 中航工业 | 其他有限责任公司 | 国有控股 | 直升机动部件 |
| 山西（1） | | | | |
| 太原航空仪表有限公司 | 中航工业 | 国有独资公司 | 国有控股 | 民用飞机零部件 |
| 辽宁（3） | | | | |
| 沈阳黎明航空发动机（集团）有限责任公司 | 中航工业 | 其他有限责任公司 | 国有控股 | 航空零部件转包生产 |
| 沈阳飞机工业（集团）有限公司 | 中航工业 | 其他有限责任公司 | 国有控股 | ARJ 项目，Q400 项目，转包生产 |
| 沈飞民用飞机有限责任公司 | 中航工业 | 其他有限责任公司 | 国有控股 | ECD 应急舱门，波音 787 垂尾前缘，Q400 机身段，ARJ21 大部件，C919 大部件 |
| 吉林（1） | | | | |
| 吉林航空维修有限责任公司 | 中航工业 | 国有独资公司 | 国有控股 | 民用飞机修理，国产支线飞机 ARJ21 零备件制造及修理 |
| 黑龙江（2） | | | | |
| 哈尔滨东安发动机（集团）有限公司 | 中航工业 | 国有独资公司 | 国有控股 | 直升机传动系统发动机修理 |
| 哈尔滨飞机工业集团有限责任公司 | 中航工业 | 其他有限责任公司 | 国有控股 | 直 9 民用直升机，运 12 飞机 |
| 上海（8） | | | | |
| 上海航空测控技术研究所 | 中航工业 | 国有 | 国有控股 | C919 飞机机载娱乐系统，C919 飞机客舱核心系统，C919 飞机信息系统，ARJ21 驾驶舱门监视系统 |
| 中国航空无线电电子研究所 | 中航工业 | 国有独资公司 | 国有控股 | 航空电子系统总体与航电核心分系统研发 |
| 中航商用飞机有限公司 | 中国商飞 | 国有独资公司 | 国有控股 | ARJ21－700 |
| 上海飞机制造有限公司 | 中国商飞 | 国有独资公司 | 国有控股 | 航空零部件转包生产，飞机制造 |
| 上海飞机客户服务有限公司 | 中国商飞 | 国有独资公司 | 国有控股 | 民用飞机客户服务相关业务 |
| 中国商飞上海飞机设计研究所 | 中国商飞 | 国有独资公司 | 国有控股 | |
| 上海航空工业（集团）有限公司 | 中国商飞 | 国有独资公司 | 国有控股 | |
| 中国商用飞机有限责任公司（本部） | 中国商飞 | 国有独资公司 | 国有控股 | |
| 江苏（17） | | | | |
| 金城集团有限公司 | 中航工业 | 国有独资公司 | 国有控股 | 其他民用航空产品及零部件 |
| 宏光空降装备有限公司 | 中航工业 | 国有独资公司 | 国有控股 | 热气球，牵引升空伞，山坡伞 |
| 南京大桥机器有限公司 | — | 股份有限公司 | 私人控股 | 高空气象探测雷达，卫星云图接收设备，数字式电子探空仪 |
| 南京全信传输科技股份有限公司 | — | 股份有限公司 | 私人控股 | QLA 系列传输线 |
| 无锡压缩机股份有限公司 | — | 股份有限公司 | 集体控股 | 飞机充氧车，飞机气源车，飞机空调车 |
| 江苏金陵机械制造总厂 | — | 国有 | 国有控股 | 无 |
| 无锡透平叶片有限公司 | — | 国有独资公司 | 国有控股 | 铝合金 OGV 导叶，发动机低压压气机盘 |
| 江苏希西维轴承有限责任公司 | — | 其他有限责任公司 | | 向心关节轴承，杆端关节轴承，舱门拉杆组件 |
| 南京航申科技有限公司 | — | 私营合伙 | 私人控股 | 飞机燃油系统零件 |

续表

| 单位名称 | 所属集团 | 登记注册类型 | 控股情况 | 主要民用航空产品 |
|---|---|---|---|---|
| 昆山新宇航航空器材有限公司 | — | 私营合伙 | 私人控股 | 航空机载设备维修 |
| 南京常荣噪声控制环保工程有限公司 | — | 私营有限责任公司 | 私人控股 | 高声强发生器，声学试验控制系统 |
| 无锡翼龙航空设备有限公司 | — | 私营有限责任公司 | 私人控股 | 航空器用翻新轮胎 |
| 华德宝机械（昆山）有限公司 | — | 外资企业 | 外商控股 | 登机桥，机场地面设施 |
| 新宇航空制造（苏州）有限公司 | — | 外资企业 | 外商控股 | 飞机发动机吊架，飞机发动机叶片，飞机发动机风扇隔框，其他发动机配件 |
| 通用电气航空系统（苏州）有限公司 | — | 外资企业 | 外商控股 | 飞机发动机零部件，飞机零部件 |
| 南京长江电子信息产业集团有限公司 | — | 其他有限责任公司 | 国有控股 | 航管雷达 |
| 司普斯金属制品（中国）有限公司 | — | 外资企业 | — | 板金支架，用于飞机发动机 |
| 浙江（4） | | | | |
| 杭州天扬机械有限公司 | — | 其他有限责任公司 | — | 飞机起落架零件 |
| 浙江西子航空工业有限公司 | — | 其他有限责任公司 | — | 航空金属机加件，航空钣金件，航空零部件装配，航空金属件热处理及表面处理 |
| 浙江圣奇运动器械制造有限公司 | — | 私营有限责任公司 | — | 后蒙皮，整体肋，加强板，肋接头，散件包，肋加强件 |
| 浙江金马逊机械有限公司 | — | 私营有限责任公司 | 私人控股 | 数控弯管机，管子缩口机床 |
| 安徽（1） | | | | |
| 中航工业合肥江航飞机装备有限公司 | 中航工业 | 国有 | 国有控股 | 波纹管 |
| 福建（1） | | | | |
| 厦门太古飞机工程有限公司 | — | 与港澳台合资经营 | 港澳台商投资 | 维修 |
| 江西（8） | | | | |
| 昌河飞机工业（集团）有限责任公司 | 中航工业 | 国有独资公司 | 国有控股 | S76 直升机（转包）尾斜梁 |
| 江西昌河航空工业有限公司 | 中航工业 | 国有独资公司 | 国有控股 | A109 直升机转包生产 |
| 江西洪都航空工业（集团）有限责任公司 | 中航工业 | 国有独资公司 | 国有控股 | 农 5A |
| 江西洪都航空工业股份有限责任公司 | 中航工业 | 国有独资公司 | 国有控股 | |
| 同方电子科技有限公司 | — | 其他有限责任公司 | 国有控股 | 机内通话器 |
| 江西联创电缆科技有限公司 | — | 其他有限责任公司 | 集体控股 | 绝缘安装线，射频同轴电缆，航空航天电缆，控制电缆，绝缘屏蔽安装线 |
| 江西省信航航空科技有限公司 | — | 私营股份有限公司 | 私人控股 | 航空零部件 |
| 江西瑞金金字电线电缆有限公司 | — | 私营有限责任公司 | 私人控股 | 航空电线，航空发动机部件 |
| 山东（7） | | | | |
| 济南特种结构研究所 | 中航工业 | 国有 | 国有控股 | 雷达罩，复合材料结构件 |
| 威海广泰空港设备股份有限公司 | — | 股份有限公司 | 私人控股 | 升降平台车，客梯车，电源车，清水车，除冰车，除雪车 |
| 山东翔宇航空技术服务有限责任公司 | — | 其他有限责任公司 | — | 飞机部分部附件修理 |
| 山东艾诺仪器有限公司 | — | 私营有限责任公司 | 私人控股 | 飞机地面静变电源 |
| 山东太古飞机工程有限公司 | — | 与港澳台商合资经营 | 国有控股 | 波音 737 系列，A320 系列，CRJ200、CRJ700 |
| 山东滨奥飞机制造有限公司 | — | 中外合资经营 | 股份合作 | DA40 飞机 |

**续表**

| 单位名称 | 所属集团 | 登记注册类型 | 控股情况 | 主要民用航空产品 |
|---|---|---|---|---|
| 潍坊天翔航空工业有限公司 | — | 中外合资经营 | 私人控股 | V750 无人直升机 |
| 河南（2） | | | | |
| 新乡航空工业（集团）有限公司 | 中航工业 | 国有 | 国有控股 | |
| 洛阳电光设备研究所 | 中航工业 | 国有 | 国有控股 | 平视显示器，视景增强系统 |
| 湖北（2） | | | | |
| 航宇救生装备有限公司 | 中航工业 | 国有 | 国有控股 | 民机座椅，民机内饰，热求球、滑翔伞、其他飞行器 |
| 中国特种飞行器研究所 | 中航工业 | 国有 | 国有控股 | A2C 超轻型小飞机 |
| 湖南（6） | | | | |
| 国营长江动力机械厂 | 中航工业 | 国有 | 国有控股 | 航空发动机零部件 |
| 长沙中传机械有限公司 | 中航工业 | 国有独资公司 | | 中尾减速器，转包齿轮 |
| 中国南方航空工业（集团）有限公司 | 中航工业 | 国有独资公司 | 国有控股 | 转包生产民用航空发动机 |
| 中航飞机起落架有限责任公司 | 中航工业 | 其他有限责任公司 | 国有控股 | 防扭臂 |
| 湖南省博云新材料股份有限公司 | — | 股份有限公司 | | 波音 757 刹车副，2612 刹车盘，1587 刹车副，A320 刹车副 |
| 湖南山河科技股份有限公司 | — | 私营股份有限公司 | 私人控股 | Aurara 轻型飞机，动力三角翼 SVU220 无人直升机，SUF30 航拍无人机 |
| 广东（5） | | | | |
| 广州航新航空科技股份有限公司 | | 股份有限公司 | 私人控股 | 飞行参数记录系统，综合维修检测系统 |
| 汕头市西北航空用品有限公司 | — | 其他有限责任公司 | 私人控股 | 飞机客舱零部件和材料，飞机货舱零部件和材料，飞机钢刹车副，飞机碳刹车副 |
| 广州飞机维修工程有限公司 | — | 与港澳台商合资经营 | | 飞机维修，零附件维修 |
| 深圳中集天达空港设备有限公司 | — | 与港澳台商合资经营 | 港澳台商控股 | 旅客登机桥，航空货物处理系统，航空食品车 |
| 珠海保税区摩天宇航空发动机维修有限公司 | — | 中外合资经营 | 股份合作 | V2500 系列航空发动机深度维修，CFM56 - 7B 航空发动机深度维修，CFM56 -3航空发动机深度维修，CFM56 - 5B 航空发动机深度维修 |
| 四川（12） | | | | |
| 四川凌峰航空液压机械有限公司 | 中航工业 | 国有 | 国有控股 | 运 12 飞机起落架，运 12（F）飞机起落架，“小鹰”500 飞机起落架，“小鹰”500 飞机五项成件，AC313 飞机阻尼器 |
| 成都飞机工业（集团）有限责任公司 | 中航工业 | 国有独资公司 | | 转包项目 |
| 成都发动机（集团）有限公司 | 中航工业 | 其他有限责任公司 | 国有控股 | 通用电气发动机集团项目，罗·罗公司项目，霍尼韦尔公司项目，加拿大普·惠公司项目 |
| 成飞民用飞机有限责任公司 | 中航工业 | 其他有限责任公司 | 国有控股 | C919 机头、ARJ21 - 700 机头，空客 A320 登机门、地板、框、机轮舱、A321 壁板，波音登机门、应急门、方向舵、副翼、扰流片、垂尾、平尾 |

**续表**

| 单位名称 | 所属集团 | 登记注册类型 | 控股情况 | 主要民用航空产品 |
| --- | --- | --- | --- | --- |
| 成都凯天电子股份有限公司 | 中航工业 | 其他有限责任公司 | 国有控股 | |
| 四川川大智胜软件股份有限公司 | — | 股份有限公司 | 私人控股 | MDSL 多通道数字同步记录系统，民航空管自动化系统，空管仿真模拟训练系统 |
| 中国第二重型机械集团（德阳）万航模锻厂 | — | 国有 | 国有控股 | 中央翼，外翼，垂尾，吊挂，舱门 |
| 四川泛华航空仪表电器有限公司 | 中航工业 | 国有 | 国有控股 | 航空油耗量表 |
| 四川九州电器集团有限责任公司 | — | 国有独资公司 | 国有控股 | 空管二次监视雷达系统，空中防相撞系统，新航行系统，陆基导航系统 |
| 成都华太航空科技有限公司 | — | 其他有限责任公司 | 集体控股 | 自动飞行系统检测、修理、翻修、改装，导航系统检测、修理、翻修、改装，通信系统检测、修理、翻修、改装，电器/电子部件和多功能组件检测、修理、翻修、改装，指示/记录系统检测、修理、翻修、改装 |
| 四川长虹电源有限责任公司 | — | 其他有限责任公司 | 国有控股 | GNYG4－20，GNC40－2 |
| 四川航泰航空装备有限公司 | — | 其他有限责任公司 | 国有控股 | “小鹰”500 起落架，运 12（F）起落架，地面保障设备 |
| 贵州（7） | | | | |
| 中航力源液压股份有限公司 | 中航工业 | 股份有限公司 | 国有控股 | 柱塞泵、柱塞马达及零备件 |
| 贵州黎阳航空发动机（集团）有限公司 | 中航工业 | 国有 | 国有控股 | 民用航空发动机零部件，叶片 |
| 贵州云马飞机制造厂 | 中航工业 | 国有 | 国有控股 | 波音 737 垂尾，波音 737 平尾，梁间肋、后部肋、肋和接头 |
| 贵州红林机械有限公司 | 中航工业 | 国有独资公司 | 国有控股 | 民用航空转包 |
| 贵州华烽电器有限公司 | 中航工业 | 国有独资公司 | | 电磁制动器，吸气风扇，电连接器 |
| 贵州安吉航空精密铸造有限责任公司 | 中航工业 | 其他有限责任公司 | 国有控股 | ARJ21 配套铝精铸，钛精铸铸件 |
| 贵州安大航空锻造有限责任公司 | 中航工业 | 其他有限责任公司 | 国有控股 | 锻件 |
| 云南（1） | | | | |
| 昆明电缆股份有限公司 | | 股份有限公司 | 私人控股 | 航空导线 |
| 陕西（20） | | | | |
| 国营东方仪器厂 | 中航工业 | 国有 | 国有控股 | 航空仪表 |
| 中航工业西安飞行自动控制研究所 | 中航工业 | 国有 | 国有控股 | 主飞控系统，飞控电子产品 |
| 西安航空动力控制科技有限公司 | 中航工业 | 国有 | 国有控股 | 轴类航空产品，叠轴类航空产品 |
| 庆安集团有限公司 | 中航工业 | 其他有限责任公司 | 国有控股 | 航空转包生产 |
| 西安航空发动机（集团）有限公司 | 中航工业 | 其他有限责任公司 | 国有控股 | 航空发动机零部件 |
| 西安飞机工业（集团）有限责任公司 | 中航工业 | 其他有限责任公司 | 国有控股 | “新舟”60 系列飞机，航空零部件，航空复合材料 |
| 西安航空制动科技有限公司 | 中航工业 | 其他有限责任公司 | 国有控股 | “新舟”60 飞机及刹车附件，波音 737、A320 碳刹车盘 |
| 陕西宝成航空仪表有限责任公司 | 中航工业 | 其他有限责任公司 | 国有控股 | 民用飞机零部件 |
| 陕西飞机工业（集团）有限公司 | 中航工业 | 其他有限责任公司 | 国有控股 | 运 8 出口机，运 8 邮政机 |

续表

| 单位名称 | 所属集团 | 登记注册类型 | 控股情况 | 主要民用航空产品 |
|---|---|---|---|---|
| 陕西宏远航空锻造有限责任公司 | 中航工业 | 其他有限责任公司 | 国有控股 | 锻件毛坯 |
| 西安晨曦航空科技股份有限公司 | — | 股份有限公司 | | 发参显示系统，发参采集器，组合导航系统 |
| 陕西凌云电器集团有限公司 | — | 国有独资公司 | 国有控股 | 组合接收设备，测距器 |
| 西安超码科技有限公司 | — | 其他有限责任公司 | 国有控股 | 飞机碳刹车盘 |
| 宝鸡市航宇光电显示技术开发有限责任公司 | — | 其他有限责任公司 | 国有控股 | 导光面板，LED 照明装置，航电控制盒，信号灯控制盒，机载娱乐系统 |
| 陕西烽火宏声科技有限责任公司 | — | 其他有限责任公司 | 国有控股 | 航空耳机/话筒组件 |
| 西安蓝天仿真科技有限公司 | — | 其他有限责任公司 | 私人控股 | 航空仿真模拟器 |
| 西安飞机设计研究所 | 中航工业 | | | |
| 西安航空动力控制有限公司 | 中航工业 | | | |
| 西安三角航空科技有限责任公司 | — | | | |
| 中国飞机强度研究所 | 中航工业 | 国有 | | |
| 甘肃（1） | | | | |
| 兰州万里航空机电有限责任公司 | 中航工业 | 其他有限责任公司 | 国有控股 | 电动机构，着陆灯，襟翼操纵系统 |

# 第四部分
# 中国民用航空
# 工业统计表

# 一
# 综合情况

**表1－1 全国民用航空工业企业综合情况**

| 指标 | 计量单位 | 2012年 | 2011年 | 指标 | 计量单位 | 2012年 | 2011年 |
|---|---|---|---|---|---|---|---|
| 单位数 | 个 | 132 | 104 | 其他民用航空产品及零部件产值 | 万元 | 318006 | 190093 |
| 国有企业 | 个 | 24 | 28 | 民用飞机修理产值 | 万元 | 334607 | 308572 |
| 股份合作 | 个 | — | 1 | 民用航空发动机修理产值 | 万元 | 260709 | 251257 |
| 有限责任公司 | 个 | 65 | 48 | 其他民用航空产品及零部件修理产值 | 万元 | 80911 | 63319 |
| 股份有限公司 | 个 | 14 | 9 | 民用飞机机载系统和设备产值 | 万元 | 33786 | 5828 |
| 私营公司 | 个 | 17 | 8 | 工业增加值 | 万元 | 3240972 | 3036938 |
| 港澳台商投资、外商投资 | 个 | 12 | 10 | 资产合计 | 万元 | 31058560 | 32190411 |
| 全部从业人员人数 | 人 | 331551 | 300253 | 主营业务收入 | 万元 | 18403975 | 15961673 |
| 民用飞机累计交付数量 | 架 | 907 | 708 | 民用航空产品收入 | 万元 | 3777288 | 1964813 |
| 民用飞机本年交付数量 | 架 | 120 | 84 | 主营业务成本 | 万元 | 15443107 | 13525952 |
| 民用飞机本年交付金额 | 万元 | 1368878 | 122506 | 利润总额 | 万元 | 990563 | 797564 |
| 民用飞机新增确认订单 | 架 | 159 | 129 | 经济效益综合指数 | | 147.3 | 145.9 |
| 民用飞机新增意向订单 | 架 | 94 | 67 | 总资产贡献率 | % | 5.6 | 4.6 |
| 民用飞机储备确认订单 | 架 | 456 | 340 | 资本保值增值率 | % | 114.3 | 170.8 |
| 民用飞机储备意向订单 | 架 | 374 | 315 | 资产负债率 | % | 63.7 | 61.5 |
| 民用飞机零部件交付金额 | 万美元 | 71400 | 59018 | 流动资产周转次数 | 次/年 | 1.0 | 0.8 |
| 民用发动机零部件交付金额 | 万美元 | 46684 | 42142 | 成本费用利润率 | % | 5.3 | 5.1 |
| 其他民用航空产品交付金额 | 万美元 | 25857 | 2826 | 全员劳动生产率 | 元/（人·年） | 112100 | 103415 |
| 民用飞机零部件新增订单 | 万美元 | 26453 | 81464 | 产品销售率 | % | 95.0 | 97.2 |
| 民用发动机零部件新增订单 | 万美元 | 39007 | 53089 | 民用航空产品固定资产投资 | 万元 | 362393 | 210867 |
| 其他民用航空产品新增订单 | 万美元 | 9447 | 4784 | 民用航空产品（R&D）经费支出 | 万元 | 310770 | 344738 |
| 民用飞机零部件储备订单 | 万美元 | 292541 | 283488 | | | | |
| 民用发动机零部件储备订单 | 万美元 | 30308 | 38244 | | | | |
| 其他民用航空产品储备订单 | 万美元 | 4341 | 646 | | | | |
| 工业总产值 | 万元 | 15267563 | 13654738 | | | | |
| 民用飞机产值 | 万元 | 1807910 | 349556 | | | | |
| 民用飞机零部件产值 | 万元 | 762678 | 578800 | | | | |
| 民用航空发动机零部件产值 | 万元 | 330363 | 254005 | | | | |

**表1－2 2012年全国民用航空工业企业主要经济指标**

| 指标 | | 单位数/个 | 全部从业人员人数/人 | 民用航空产品产值/万元 | 民用航空产品销售收入/万元 | 工业增加值/万元 | 利润总额/万元 |
|---|---|---|---|---|---|---|---|
| **全国总计** | | **132** | **331551** | **3726881** | **3777288** | **3240972** | **945247** |
| **按注册登记类型分** | | | | | | | |
| 内资企业 | 小计 | 120 | 317273 | 1761725 | 1837359 | 2795476 | 721561 |
| | 国有企业 | 24 | 65813 | 66939 | 238538 | 447750 | 179829 |
| | 有限责任公司 | 65 | 231676 | 1559443 | 1455303 | 2234865 | 480594 |
| | 股份有限公司 | 14 | 18135 | 106962 | 119145 | 97409 | 50876 |
| | 私营企业 | 17 | 1649 | 28381 | 24373 | 15452 | 10262 |
| 港澳台商投资企业 | | 5 | 12121 | 424711 | 407686 | 154769 | 38306 |

**续表 1－2**

| 指标 | 单位数/个 | 全部从业人员人数/人 | 民用航空产品产值/万元 | 民用航空产品销售收入/万元 | 工业增加值/万元 | 利润总额/万元 |
|---|---|---|---|---|---|---|
| 外商投资企业 | 7 | 2157 | 1540445 | 1532243 | 290727 | 185380 |
| **按三大经济地带分** | | | | | | |
| 东部地区 | 68 | 92609 | 2386926 | 2576922 | 1259804 | 418418 |
| 中部地区 | 23 | 74596 | 392774 | 118088 | 598162 | 122144 |
| 西部地区 | 41 | 164346 | 947181 | 1082278 | 1383006 | 404685 |
| **总计中** | | | | | | |
| 中国航空工业集团公司 | 60 | 275331 | 1524056 | 1379779 | 2300654 | 554579 |
| 中国商用飞机有限责任公司 | 7 | 8063 | 44956 | 265658 | 42923 | －20125 |
| 地方民用航空工业企业 | 65 | 48157 | 2157869 | 2131851 | 897395 | 410793 |

**表 1－3　2012 年各地区民用航空工业企业主要经济指标**

| 地区 | 单位数/个 | 全部从业人员人数/人 | 民用航空产品产值/万元 | 民用航空产品销售收入/万元 | 工业增加值/万元 | 利润总额/万元 |
|---|---|---|---|---|---|---|
| **全国总计** | **132** | **331551** | **3726881** | **3777288** | **3240972** | **945247** |
| 北　京 | 17 | 10848 | 68867 | 79468 | 155627 | 58482 |
| 天　津 | 4 | 2089 | 1190334 | 1185696 | 181333 | 184740 |
| 河　北 | 2 | 3657 | 14346 | 14005 | 22065 | 2960 |
| 山　西 | 1 | 1819 | 4202 | 4202 | 22312 | 6050 |
| 辽　宁 | 3 | 38771 | 188497 | 166971 | 521425 | 78995 |
| 吉　林 | 1 | 2471 | 758 | 24 | 9854 | －1308 |
| 黑龙江 | 2 | 11269 | 339746 | 76757 | 106383 | 11541 |
| 上　海 | 8 | 10115 | 44999 | 258137 | 48041 | －20116 |
| 江　苏 | 17 | 11729 | 94780 | 102404 | 84976 | 30467 |
| 浙　江 | 4 | 482 | 3320 | 2828 | 7865 | 4597 |
| 安　徽 | 1 | 2786 | 517 | 322 | 50475 | 6730 |
| 福　建 | 1 | 5144 | 135755 | 135755 | 33939 | 13350 |
| 江　西 | 8 | 19388 | 16002 | 15439 | 129790 | 15006 |
| 山　东 | 7 | 3146 | 110349 | 108448 | 31331 | 11232 |
| 河　南 | 2 | 13223 | 258 | 258 | 70196 | 52215 |
| 湖　北 | 2 | 9536 | 9684 | 2880 | 71456 | 7157 |
| 湖　南 | 6 | 14104 | 21606 | 18206 | 137696 | 24753 |
| 广　东 | 5 | 6628 | 535680 | 523209 | 173201 | 53711 |
| 四　川 | 12 | 46335 | 208615 | 181588 | 467519 | 177268 |
| 贵　州 | 7 | 21212 | 33999 | 43725 | 199718 | 22452 |

**续表 1－3**

| 地区 | 单位数/个 | 全部从业人员人数/人 | 民用航空产品产值/万元 | 民用航空产品销售收入/万元 | 工业增加值/万元 | 利润总额/万元 |
|---|---|---|---|---|---|---|
| 云　南 | 1 | 1351 | 73 | 161 | — | 992 |
| 陕　西 | 20 | 93824 | 704214 | 856523 | 707290 | 198667 |
| 甘　肃 | 1 | 1624 | 280 | 280 | 8480 | 5306 |
| 总计中 | | | | | | |
| 中国航空工业集团公司 | 60 | 275331 | 1524056 | 1379779 | 2300654 | 554579 |
| 中国商用飞机有限责任公司 | 7 | 8063 | 44956 | 265658 | 42923 | －20125 |
| 地方民用航空工业企业 | 65 | 48157 | 2157869 | 2131851 | 897393.75 | 410793 |

**表 1－4　2012 年全国民用航空工业企业分布**

个

| | 企业数 | 按注册登记类型分类 | | | | | |
|---|---|---|---|---|---|---|---|
| | | 国有 | 有限责任公司 | 股份有限公司 | 私营 | 港澳台 | 外资 |
| **全国总计** | **132** | **24** | **65** | **14** | **17** | **5** | **7** |
| 北　京 | 17 | 2 | 8 | 2 | 5 | — | — |
| 天　津 | 4 | — | 1 | — | 2 | — | 1 |
| 河　北 | 2 | — | 2 | — | — | — | — |
| 山　西 | 1 | — | 1 | — | — | — | — |
| 辽　宁 | 3 | — | 3 | — | — | — | — |
| 吉　林 | 1 | — | 1 | — | — | — | — |
| 黑龙江 | 2 | — | 2 | — | — | — | — |
| 上　海 | 8 | 2 | 6 | — | — | — | — |
| 江　苏 | 17 | 2 | 4 | 3 | 4 | 1 | 3 |
| 浙　江 | 4 | — | 2 | — | 2 | — | — |
| 安　徽 | 1 | 1 | — | — | — | — | — |
| 福　建 | 1 | — | — | — | — | 1 | — |
| 江　西 | 8 | — | 5 | 1 | 2 | — | — |
| 山　东 | 7 | 1 | 1 | 1 | 1 | 1 | 2 |
| 河　南 | 2 | 1 | 1 | — | — | — | — |
| 湖　北 | 2 | 2 | — | — | — | — | — |
| 湖　南 | 6 | 1 | 3 | 1 | 1 | — | — |
| 广　东 | 5 | — | 1 | 1 | — | 2 | 1 |
| 四　川 | 12 | 3 | 7 | 2 | — | — | — |
| 贵　州 | 7 | 2 | 4 | 1 | — | — | — |
| 云　南 | 1 | — | — | 1 | — | — | — |
| 陕　西 | 20 | 7 | 12 | 1 | — | — | — |
| 甘　肃 | 1 | — | 1 | — | — | — | — |

**续表 1－4**

| | 总计中 | | | 按从业人员数量分类 | | | |
|---|---|---|---|---|---|---|---|
| | 中国航空工业集团公司 | 中国商用飞机有限责任公司 | 地方民用航空工业企业 | 300 以下 | 300～1000 | 1000～2000 | 2000 以上 |
| **全国总计** | **60** | **7** | **65** | **45** | **26** | **18** | **43** |
| 北　京 | 5 | 1 | 11 | 13 | — | 2 | 2 |
| 天　津 | 1 | — | 3 | 2 | 1 | 1 | — |
| 河　北 | 2 | — | — | — | — | 1 | 1 |
| 山　西 | 1 | — | — | — | — | 1 | — |
| 辽　宁 | 3 | — | — | — | — | — | 3 |
| 吉　林 | 1 | — | — | — | — | — | 1 |
| 黑龙江 | 2 | — | — | — | — | — | 2 |
| 上　海 | 2 | 6 | — | 2 | 3 | 1 | 2 |
| 江　苏 | 2 | — | 15 | 8 | 7 | 1 | 1 |
| 浙　江 | — | — | 4 | 4 | — | — | — |
| 安　徽 | 1 | — | — | — | — | — | 1 |
| 福　建 | — | — | 1 | — | — | — | 1 |
| 江　西 | 4 | — | 4 | 2 | 1 | 2 | 3 |
| 山　东 | 1 | — | 6 | 4 | 2 | 1 | — |
| 河　南 | 2 | — | — | — | — | — | 2 |
| 湖　北 | 2 | — | — | — | — | — | 2 |
| 湖　南 | 4 | — | 2 | 2 | 1 | 1 | 2 |
| 广　东 | — | — | 5 | 1 | 3 | — | 1 |
| 四　川 | 6 | — | 6 | 2 | 6 | 1 | 3 |
| 贵　州 | 7 | — | — | — | — | 3 | 4 |
| 云　南 | — | — | 1 | — | — | 1 | — |
| 陕　西 | 13 | — | 7 | 5 | 2 | 1 | 12 |
| 甘　肃 | 1 | — | — | — | — | 1 | — |

# 二

# 产品交付、新增和储备订单及转包生产情况

**表 2-1　全国民用航空产品交付情况**

| 产品名称 | 计量单位 | 2012 年 | 2011 年 | 2010 年 | 2009 年 | 2008 年 | 2007 年 | 2012 年比 2011 年增长/% |
|---|---|---|---|---|---|---|---|---|
| **全国总计** | **万元** | **3351761** | **1764124** | **1695758** | **1298511** | **1443002** | **1471290** | **90.0** |
| 民用飞机整机 | 万元 | 186078 | 122506 | 263949 | 216709 | 172007 | 197209 | 51.9 |
| 引进总装线生产飞机 | 万元 | 1182800 | — | — | — | — | — | — |
| 民用航空发动机整机 | 万元 | 0 | 1217 | — | 969 | 285 | 602 | -100.0 |
| 民用飞机零部件 | 万元 | 744606 | 578846 | 508638 | 293537 | 284309 | 246994 | 28.6 |
| 民用航空发动机零部件 | 万元 | 341448 | 270955 | 245423 | 188214 | 235012 | 67550 | 26.0 |
| 其他民用航空产品及零部件 | 万元 | 212042 | 171253 | 122773 | 62772 | 115041 | 196694 | 23.8 |
| 民用飞机修理（不含发动机） | 万元 | 324881 | 308586 | 233785 | 252072 | 309480 | 521470 | 5.3 |
| 民用航空发动机修理 | 万元 | 260709 | 252959 | 222603 | 242703 | 291502 | 177450 | 3.1 |
| 其他民用航空产品及零部件修理 | 万元 | 99197 | 57802 | 98587 | 41535 | 35366 | 63321 | 71.6 |
| **民用飞机数量合计** | **架** | **120** | **84** | **78** | **55** | **30** | **27** | **42.9** |
| （一）支线客机系列 | 架 | 49 | 9 | 24 | 15 | 16 | 12 | 444.4 |
| “新舟”60 | 架 | 11 | 6 | 18 | 7 | 10 | 5 | 83.3 |
| “新舟”600 | 架 | 2 | 1 | — | 1 | — | — | 100.0 |
| ERJ145 | 架 | — | 2 | 6 | 7 | 6 | 7 | -100.0 |
| A320 | 架 | 36 | — | — | — | — | — | — |
| （二）运输机系列 | 架 | — | — | — | — | — | 1 | — |
| 运 8CE 型机 | 架 | — | — | — | — | — | 1 | — |
| （三）通用飞机系列 | 架 | 34 | 55 | 36 | 30 | 9 | 2 | -38.2 |
| 运 12IV | 架 | 2 | 5 | — | 6 | 4 | 2 | -60.0 |
| 运 12E | 架 | 3 | 2 | 2 | — | — | — | 50.0 |
| “小鹰”500 飞机 | 架 | — | 20 | 15 | 10 | — | — | -100.0 |
| 运 5B 飞机 | 架 | 12 | 5 | 6 | 7 | — | — | 140.0 |
| DA 40 TDI | 架 | 17 | 23 | 13 | 7 | 5 | — | -26.1 |
| （四）特种飞机 | 架 | 12 | 11 | 6 | 4 | 2 | 4 | 9.1 |
| A2C 超轻型水上飞机 | 架 | 12 | 11 | 6 | 4 | 2 | 4 | 9.1 |
| （五）直升机系列 | 架 | 25 | 9 | 12 | 6 | 3 | 8 | 177.8 |
| 斯瓦泽 269C-1 型直升机 | 架 | — | — | — | — | — | 1 | — |
| 斯瓦泽 269C 型直升机 | 架 | — | — | — | — | — | 2 | — |
| 直 9 民用系列 | 架 | 7 | 2 | 4 | 6 | 2 | 3 | 250.0 |
| 直 410G 直升机 | 架 | 1 | — | — | — | — | — | — |
| HW13 小型无人机 | 架 | 6 | 2 | 3 | — | — | — | 200.0 |
| S76 | 架 | — | — | 4 | — | — | — | — |
| V750 无人直升机 | 架 | — | 5 | 1 | — | — | — | -100.0 |
| CA109 | 架 | — | — | — | — | 1 | 2 | — |
| 无人直升机 | 架 | 11 | — | — | — | — | — | — |

**表2-2 各地区民用航空产品交付情况**

万元

| 地区 | 2012年交付金额 | 2011年交付金额 | 2010年交付金额 | 2009年交付金额 | 2008年交付金额 | 2007年交付金额 | 2012年比上年增长/% |
|---|---|---|---|---|---|---|---|
| **全国总计** | **3351760** | **1764124** | **1695760** | **1298510** | **1443001** | **1471289** | **90.0** |
| 北　京 | 43971 | 19729 | 22808 | 2806 | 4083 | 3846 | 122.9 |
| 天　津 | 1190184 | 4060 | 27621 | — | — | — | — |
| 河　北 | 14005 | 7639 | 7406 | 6210 | 460 | 320 | 83.3 |
| 山　西 | 2312 | 670 | 1067 | 538 | 1697 | 1057 | 245.1 |
| 辽　宁 | 208960 | 164158 | 128717 | 95152 | 91393 | 70847 | 27.3 |
| 吉　林 | 685 | 1083 | 758 | 709 | 454 | 485 | -36.7 |
| 黑龙江 | 56585 | 51920 | 92955 | 138408 | 85089 | 106090 | 9.0 |
| 上　海 | 43652 | 43775 | 42687 | 34566 | 33421 | 36917 | -0.3 |
| 江　苏 | 101393 | 35509 | 82234 | 60005 | 72862 | 47191 | 185.5 |
| 浙　江 | 2820 | — | 334 | — | 533 | 469 | — |
| 安　徽 | — | — | — | 196 | 759 | 72 | — |
| 福　建 | 135755 | 130534 | 101410 | 109593 | 189713 | 399091 | 4.0 |
| 江　西 | 15967 | 48376 | 12657 | 3186 | 8410 | 51853 | -67.0 |
| 山　东 | 108934 | 90479 | 81691 | 37905 | 77234 | 53658 | 20.4 |
| 河　南 | 258 | — | — | — | — | 315 | — |
| 湖　北 | 5791 | 12770 | 40329 | 31850 | 32466 | 21182 | -54.6 |
| 湖　南 | 21042 | 19541 | 18603 | 8952 | 13179 | 27303 | 7.7 |
| 广　东 | 534219 | 485923 | 389821 | 395809 | 419954 | 303805 | 9.9 |
| 四　川 | 210432 | 88632 | 90831 | 75629 | 82126 | 88835 | 137.4 |
| 贵　州 | 48202 | 50050 | 38575 | 37318 | 18549 | 35682 | -3.7 |
| 云　南 | 159 | — | 130 | — | 138 | 143 | — |
| 陕　西 | 606154 | 509033 | 515003 | 259569 | 310378 | 221851 | 19.1 |
| 甘　肃 | 280 | 243 | 123 | 109 | 103 | 277 | 15.2 |
| 总计中 | | | | | | | |
| 中国航空工业集团公司 | 1160861 | 912973 | 813248 | 530157 | 521055 | 529371 | 27.2 |
| 中国商用飞机有限责任公司 | 43609 | 43775 | 42687 | 34470 | 32980 | — | -0.4 |
| 地方民用航空工业企业 | 2147290 | 807376 | 839825 | 733883 | 888966 | 941918 | 166.0 |

**表2-3 各单位民用飞机交付情况**

架

| 单位名称 | 民用飞机型号 | 累计交付数量 | 2012年 | 2011年 | 2010年 | 2009年 | 2008年 | 2007年 |
|---|---|---|---|---|---|---|---|---|
| **全国总计** | | **907** | **120** | **84** | **78** | **55** | **30** | **27** |
| 空中客车（天津）总装有限公司 | （一）引进总装线生产飞机 | 109 | 36 | — | — | — | — | — |
| | A320 | 109 | 36 | — | — | — | — | — |

**续表 2 – 3**

架

| 单位名称 | 民用飞机型号 | 累计交付数量 | 2012年 | 2011年 | 2010年 | 2009年 | 2008年 | 2007年 |
|---|---|---|---|---|---|---|---|---|
| 西安飞机工业（集团）有限责任公司 | （二）支线客机系列 | 206 | 13 | 9 | 24 | 15 | 16 | 12 |
| | 运 7 基本型 | 18 | — | — | — | — | — | — |
| | 运 7 – 100 型 | 20 | — | — | — | — | — | — |
| | 运 7 – 100 选装型 | 45 | — | — | — | — | — | — |
| | 运 7 – HV500 型 | 6 | — | — | — | — | — | — |
| | “新舟”60 | 72 | 11 | 6 | 18 | 7 | 10 | 5 |
| | “新舟”600 | 4 | 2 | 1 | — | 1 | — | — |
| 哈尔滨安博威飞机工业有限公司 | ERJ145 | 41 | — | 2 | 6 | 7 | 6 | 7 |
| 陕西飞机工业（集团）有限公司 | （三）运输机系列 | 21 | — | — | — | — | — | 1 |
| | 运 8 外贸机 | 15 | — | — | — | — | — | — |
| | 运 8B 民用机 | 2 | — | — | — | — | — | — |
| | 运 8F100 邮政机 | 3 | — | — | — | — | — | — |
| | 运 8CE 型机 | 1 | — | — | — | — | — | 1 |
| 哈尔滨飞机工业集团有限责任公司 | （四）通用飞机系列 | 431 | 34 | 55 | 36 | 30 | 4 | 2 |
| | 运 12I、运 12II、运 12B | 113 | — | — | — | — | — | — |
| | 运 12IV | 29 | 2 | 5 | 2 | 6 | 4 | 2 |
| | 运 12E | 14 | 3 | 2 | — | — | — | — |
| | 运 12C | 4 | — | — | — | — | — | — |
| 北京科源轻型飞机实业有限公司 | “蓝鹰” AD200 | 21 | — | — | — | — | — | — |
| 石家庄飞机工业有限责任公司 | “小鹰”500 飞机 | 59 | — | 20 | 15 | 10 | — | — |
| 江西洪都航空工业(集团)有限责任公司 | “海燕” 飞机 | 7 | — | — | — | — | — | — |
| | 农 5A | 18 | — | — | — | — | — | — |
| 山东滨奥飞机制造有限公司 | DA 40 TDI | 63 | 17 | 23 | 13 | 7 | 5 | — |
| 中国特种飞行器研究所 | （五）特种飞机 | 52 | 12 | 11 | 6 | 4 | 2 | 4 |
| | A2C 超轻型水上飞机 | 52 | 12 | 11 | 6 | 4 | 2 | 4 |
| | （六）直升机系列 | 88 | 25 | 9 | 12 | 6 | 8 | 8 |
| 北京浩天翼航空技术有限公司 | HW13 小型无人机 | 11 | 6 | 2 | 3 | — | — | — |
| 潍坊天翔航空工业有限公司 | V750 无人直升机 | 6 | — | 5 | 1 | — | — | — |
| 上海西科斯基飞机有限公司 | 斯瓦泽 269C – 1 型直升机 | 6 | — | — | — | — | — | 1 |
| | 斯瓦泽 269C 型直升机 | 9 | — | — | — | — | — | 2 |
| | 斯瓦泽 269D 型直升机 | 1 | — | — | — | — | — | — |
| 哈尔滨飞机工业集团有限责任公司 | 直 9 民用系列 | 34 | 7 | 2 | 4 | 6 | 2 | 3 |
| | H410 | 2 | 1 | — | — | — | — | — |
| 湖南山河科技股份有限公司 | 无人直升机 | 11 | 11 | — | — | — | — | — |
| 江西昌河航空工业有限公司 | CA109 | 3 | — | — | — | — | 1 | 2 |
| | S76 | 5 | — | — | 4 | — | — | — |

**表 2－4　全国民用航空产品新增订单和储备订单**

| 产品名称 | 计量单位 | 2012 年新增订单 | | 2012 年储备订单 | | 2011 年新增订单 | | 2011 年储备订单 | |
|---|---|---|---|---|---|---|---|---|---|
| | | 确认 | 意向 | 确认 | 意向 | 确认 | 意向 | 确认 | 意向 |
| **民用飞机合计** | **架** | **159** | **94** | **456** | **374** | **129** | **67** | **340** | **315** |
| **（一）干线飞机** | **架** | **71** | **94** | **176** | **204** | **50** | **65** | **100** | **115** |
| C919 | 架 | 71 | 94 | 176 | 204 | 50 | 65 | 100 | 115 |
| **（二）支线客机系列** | **架** | **22** | **0** | **224** | **135** | **30** | **2** | **225** | **147** |
| “新舟”60 | 架 | 20 | — | 73 | 34 | 18 | 2 | 64 | 56 |
| “新舟”600 | 架 | 2 | — | — | — | — | — | — | — |
| ERJ145 | 架 | — | — | — | — | — | — | — | — |
| ARJ21－700 | 架 | — | — | 151 | 101 | 12 | — | 161 | 91 |
| **（三）运输机系列** | **架** | **—** | **—** | **—** | **—** | **—** | **—** | **—** | **—** |
| 运 8F600 | 架 | — | — | — | — | — | — | — | — |
| 运 8 型运输机 | 架 | — | — | — | — | — | — | — | — |
| **（四）通用飞机系列** | **架** | **22** | **0** | **13** | **30** | **37** | **—** | **8** | **30** |
| 运 12IV | 架 | 8 | — | 11 | — | 4 | — | 8 | 30 |
| 运 12E | 架 | 1 | — | 1 | 30 | — | — | — | — |
| 运 12F | 架 | 1 | — | 1 | — | — | — | — | — |
| 运 5B 飞机 | 架 | 12 | — | — | — | — | — | — | — |
| “小鹰”500 飞机 | 架 | — | — | — | — | — | — | — | — |
| DA 40 TDI | 架 | — | — | — | — | 33 | — | — | — |
| **（五）特种飞机** | **架** | **18** | **0** | **6** | **0** | **5** | **—** | **—** | **—** |
| A2C 超轻型水上飞机 | 架 | 18 | 0 | 6 | — | 5 | — | — | — |
| **（六）直升机系列** | **架** | **26** | **0** | **37** | **5** | **7** | **—** | **7** | **23** |
| HW13 小型无人机 | 架 | — | — | — | — | 2 | — | — | — |
| 斯瓦泽 269C－1 型直升机 | 架 | — | — | — | — | — | — | — | — |
| 斯瓦泽 269C 型直升机 | 架 | — | — | — | — | — | — | — | — |
| CA109 | 架 | — | — | — | — | — | — | — | — |
| 直 9 民用系列 | 架 | 10 | — | 22 | 5 | — | — | 7 | 23 |
| V750 无人直升机 | 架 | — | — | — | — | 5 | — | — | — |
| H410G 直升机 | 架 | 1 | — | 0 | — | — | — | — | — |
| H425 直升机 | 架 | 15 | — | 15 | — | — | — | — | — |
| **民用航空发动机整机合计** | **台** | **—** | **—** | **—** | **—** | **12** | **—** | **—** | **—** |
| 涡轴 8A 航空发动机 | 台 | — | — | — | — | — | — | — | — |
| 涡轴 8D 航空发动机 | 台 | — | — | — | — | 2 | — | — | — |
| 活塞 6 航空发动机 | 台 | — | — | — | — | 10 | — | — | — |
| 民用飞机零部件 | 万元 | 712589 | 31439 | 934690 | 87503 | 514731 | 3110 | 757739 | 3481 |
| 民用航空发动机零部件 | 万元 | 313825 | 1332 | 217755 | 16 | 318994 | 4560 | 247606 | 1805 |
| 其他民用航空产品及零部件 | 万元 | 234187 | 14148 | 62273 | 3343 | 123034 | 5000 | 24479 | 20 |
| 民用飞机修理（不含发动机） | 万元 | 189130 | 14303 | 4 | 16 | 300578 | 11909 | 1738 | 3970 |
| 民用航空发动机修理 | 万元 | 260709 | 0 | 12780 | 0 | 225969 | 224426 | 12780 | 12780 |
| 其他民用航空产品及零部件修理 | 万元 | 93654 | 4244 | 21196 | 2660 | 104923 | 428 | 16872 | 16 |

**表 2－5　各单位民用飞机新增和储备订单**

架

| 企业名称 | 民用飞机型号 | 2012 年新增 | | 2012 年储备 | | 2011 年新增 | | 2011 年储备 | |
|---|---|---|---|---|---|---|---|---|---|
| | | 确认 | 意向 | 确认 | 意向 | 确认 | 意向 | 确认 | 意向 |
| **全国总计** | | **159** | **94** | **456** | **374** | **129** | **67** | **340** | **315** |
| | **（一）干线飞机** | **71** | **94** | **176** | **204** | **50** | **65** | **100** | **115** |
| 中国商用飞机有限公司 | C919 | 71 | 94 | 176 | 204 | 50 | 65 | 100 | 115 |
| | **（二）支线客机系列** | **22** | **0** | **224** | **135** | **30** | **2** | **225** | **147** |
| 西安飞机工业（集团）有限责任公司 | “新舟”60 | 20 | — | 73 | 34 | 18 | 2 | 64 | 56 |
| | “新舟”600 | 2 | — | — | — | — | — | — | — |
| 哈尔滨安博威飞机工业有限公司 | ERJ145 | — | — | — | — | — | — | — | — |
| 中国商用飞机有限公司 | ARJ21－700 | — | — | 151 | 101 | 12 | — | 161 | 91 |
| | **（三）运输机系列** | **0** | **0** | **0** | **0** | **0** | **0** | **0** | **0** |
| 陕西飞机工业（集团）有限公司 | 运 8F600 | — | — | — | — | — | — | — | — |
| | 运 8 型运输机 | — | — | — | — | — | — | — | — |
| | **（四）通用飞机系列** | **22** | **0** | **13** | **30** | **37** | **0** | **8** | **30** |
| 哈尔滨飞机工业集团有限责任公司 | 运 12IV | 8 | — | 11 | — | 4 | — | 8 | 30 |
| | 运 12E | 1 | — | 1 | 30 | — | — | — | — |
| | 运 12F | 1 | — | 1 | — | — | — | — | — |
| 石家庄飞机工业有限责任公司 | “小鹰”500 飞机 | — | — | — | — | — | — | — | — |
| | 运 5B 飞机 | 12 | — | — | — | — | — | — | — |
| 山东滨奥飞机制造有限公司 | DA 40 TDI | — | — | — | — | 33 | — | — | — |
| | **（五）特种飞机** | **18** | **0** | **6** | **0** | **5** | **0** | **0** | **0** |
| 中国特种飞行器研究所 | A2C 超轻型水上飞机 | 18 | 0 | 6 | — | 5 | — | — | — |
| | **（六）直升机系列** | **26** | **0** | **37** | **5** | **7** | **0** | **7** | **23** |
| 北京浩天翼航空技术有限公司 | HW13 小型无人机 | — | — | — | — | 2 | — | — | — |
| 江西昌河航空工业有限公司 | CA109 | — | — | — | — | — | — | — | — |
| 哈尔滨飞机工业集团有限责任公司 | 直 9 民用系列 | 10 | — | 22 | 5 | — | — | 7 | 23 |
| | H410G 直升机 | 1 | — | 0 | — | — | — | — | — |
| | H425 直升机 | 15 | — | 15 | — | — | — | — | — |
| 上海西科斯基飞机有限公司 | 斯瓦泽 269C－1 型直升机 | — | — | — | — | — | — | — | — |
| | 斯瓦泽 269C 型直升机 | — | — | — | — | — | — | — | — |
| 潍坊天翔航空工业有限公司 | V750 无人直升机 | — | — | — | — | 5 | — | — | — |

**表 2－6　全国民用航空产品转包生产情况**

万美元

| | 2012 年 | 2011 年 | 2010 年 | 2009 年 | 2008 年 | 2007 年 | 2012 年比 2011 年增长/% |
|---|---|---|---|---|---|---|---|
| **交付金额** | **134511** | **103986** | **87109** | **69435** | **70655** | **51996** | **29.4** |
| 民用飞机零部件 | 71400 | 59018 | 47427 | 40864 | 35728 | 25633 | 21.0 |
| 民用发动机零部件 | 46684 | 42142 | 31996 | 26849 | 33346 | 25865 | 10.8 |

**续表2－6**

| | 2012年 | 2011年 | 2010年 | 2009年 | 2008年 | 2007年 | 2012年比2011年增长/% |
|---|---|---|---|---|---|---|---|
| 其他民用航空产品及零部件 | 16427 | 2826 | 7686 | 1722 | 1581 | 498 | 481.9 |
| **新增订单金额** | **73607** | **139337** | **108547** | **85883** | **169000** | **73883** | **－47.2** |
| 民用飞机零部件 | 26453 | 81464 | 76296 | 32185 | 143645 | 38170 | －67.5 |
| 民用发动机零部件 | 39007 | 53089 | 24098 | 52676 | 25355 | 35289 | －26.5 |
| 其他民用航空产品及零部件 | 8147 | 4784 | 8153 | 1022 | — | 424 | 70.3 |
| **储备订单金额** | **326690** | **322378** | **264286** | **232610** | **201704** | **68744** | **1.3** |
| 民用飞机零部件 | 292541 | 283488 | 238332 | 184564 | 186012 | 38374 | 3.2 |
| 民用发动机零部件 | 30308 | 38244 | 15307 | 47527 | 15682 | 30370 | －20.7 |
| 其他民用航空产品及零部件 | 3841 | 646 | 10647 | 519 | 10 | — | 494.6 |

**表2－7　各地区民用航空产品转包生产交付情况**

万美元

| | 2012年 | 2011年 | 2010年 | 2009年 | 2008年 | 2007年 | 2012年比2011年增长/% |
|---|---|---|---|---|---|---|---|
| **全国总计** | **134511** | **103985** | **87109** | **69435** | **70656** | **51995** | **29.4** |
| 北　京 | 1943 | 1700 | 518 | 393 | 381 | 290 | 14.3 |
| 天　津 | — | — | — | — | — | — | — |
| 辽　宁 | 29191 | 25602 | 18929 | 13486 | 13105 | 9373 | 14.0 |
| 黑龙江 | 2183 | 296 | 786 | 405 | 530 | 381 | 637.5 |
| 上　海 | 7020 | 6635 | 6277 | 6087 | 4717 | 4667 | 5.8 |
| 江　苏 | 1271 | 173 | 4535 | 4282 | 6076 | 121 | 634.7 |
| 浙　江 | 336 | — | 10 | — | — | 105 | — |
| 安　徽 | 51 | 39 | — | 29 | 111 | 100 | 30.8 |
| 江　西 | 832 | 2236 | 471 | 628 | 772 | 229 | －62.8 |
| 山　东 | — | 168 | — | 183 | — | — | －100.0 |
| 河　南 | — | — | — | — | — | — | — |
| 湖　北 | 55 | 109 | 66 | 72 | 2 | 4 | －49.5 |
| 湖　南 | 3750 | 3157 | 2771 | 1805 | 2424 | 1064 | 18.8 |
| 广　东 | — | — | 5078 | — | — | — | — |
| 四　川 | 29546 | 13378 | 11331 | 9940 | 8968 | 8514 | 120.9 |
| 贵　州 | 7073 | 6171 | 5251 | 5290 | 4038 | 4330 | 14.6 |
| 陕　西 | 51260 | 44321 | 31086 | 26835 | 29530 | 22817 | 15.7 |
| **总计中** | | | | | | | |
| 中国航空工业集团公司 | 110733 | 94476 | 71154 | 59006 | 59980 | 51884 | 17.2 |
| 中国商用飞机有限责任公司 | 6912 | 6635 | 6277 | 6087 | 4717 | — | 4.2 |
| 地方民用航空工业企业 | 16866 | 2874 | 9678 | 4342 | 5959 | 111 | 486.9 |

## 表 2－8　各地区民用航空产品转包生产新增情况

万美元

| | 2012 年 | 2011 年 | 2010 年 | 2009 年 | 2008 年 | 2007 年 | 2012 年比 2011 年增长/% |
|---|---|---|---|---|---|---|---|
| **全国总计** | **74907** | **139337** | **108547** | **85883** | **169000** | **73883** | **－46.2** |
| 北　京 | 2804 | 3009 | 358 | 393 | 381 | — | －6.8 |
| 天　津 | — | 3016 | 1609 | — | — | — | －100.0 |
| 河　北 | — | — | — | — | — | — | — |
| 辽　宁 | 16729 | 9180 | 19190 | 4427 | 7010 | 8373 | 82.2 |
| 黑龙江 | 1000 | 92 | 357 | 220 | — | 368 | 987.0 |
| 上　海 | 3738 | 60704 | — | — | 29050 | — | －93.8 |
| 江　苏 | 1817 | — | 2661 | 7240 | 5487 | 4 | — |
| 浙　江 | 324 | — | 12 | — | — | — | — |
| 安　徽 | — | — | — | — | — | 200 | — |
| 江　西 | 832 | 2532 | 122 | 451 | — | — | －67.1 |
| 山　东 | — | 95 | — | 20 | — | — | －100.0 |
| 河　南 | — | — | — | — | — | — | — |
| 湖　北 | 55 | 109 | 66 | 72 | 2 | 4 | －49.5 |
| 湖　南 | 3316 | 3370 | 2891 | 1805 | 687 | — | －1.6 |
| 广　东 | 29514 | — | 4444 | — | — | — | — |
| 四　川 | 1777 | 20881 | 13250 | 9968 | 10832 | 5787 | －91.5 |
| 贵　州 | 13000 | 2078 | 1448 | 2367 | 1871 | 5070 | 525.6 |
| 陕　西 | — | 34271 | 62141 | 58920 | 113680 | 54077 | －100.0 |
| **总计中** | | | | | | | |
| 中国航空工业集团公司 | 58994 | 72126 | 99822 | 78623 | 134391 | 73879 | －18.2 |
| 中国商用飞机有限责任公司 | 3738 | 60704 | | | 29050 | | －93.8 |
| 地方民用航空工业企业 | 12174 | 6507 | 8725 | 7260 | 5487 | 4 | 87.1 |

## 表 2－9　各地区民用航空产品转包生产储备情况

万美元

| | 2012 年 | 2011 年 | 2010 年 | 2009 年 | 2008 年 | 2007 年 | 2012 年比 2011 年增长/% |
|---|---|---|---|---|---|---|---|
| **全国总计** | **327190** | **322379** | **264286** | **232610** | **201704** | **68744** | **1.5** |
| 北　京 | 3368 | 1309 | 360 | — | — | 350 | 157.3 |
| 天　津 | — | — | — | — | — | — | — |
| 河　北 | — | — | — | — | — | — | — |
| 辽　宁 | — | — | 12498 | — | — | 4147 | — |
| 黑龙江 | 6000 | — | 300 | 150 | — | 100 | — |
| 上　海 | 71488 | 74662 | 20593 | 26870 | 32839 | 8506 | －4.3 |
| 江　苏 | 864 | — | 2493 | 9045 | 5949 | — | — |
| 浙　江 | 330 | — | 15 | — | — | — | — |

续表 2-9

| | 2012 年 | 2011 年 | 2010 年 | 2009 年 | 2008 年 | 2007 年 | 2012 年比 2011 年增长/% |
|---|---|---|---|---|---|---|---|
| 安　徽 | — | — | — | — | — | — | — |
| 江　西 | — | — | — | 150 | — | — | — |
| 山　东 | — | 31 | — | 80 | — | — | -100.0 |
| 河　南 | — | — | — | — | — | — | — |
| 湖　北 | 50 | — | — | — | — | — | — |
| 湖　南 | 164 | 328 | 120 | — | — | — | -50.0 |
| 广　东 | — | — | 9330 | — | — | — | — |
| 四　川 | 82307 | — | 11134 | 10765 | 10198 | 3502 | — |
| 贵　州 | 348 | 4096 | 3591 | 3039 | 272 | 3586 | -91.5 |
| 陕　西 | 162271 | 199178 | 203852 | 182511 | 152446 | 48553 | -18.5 |
| 总计中 | | | | | | | |
| 中国航空工业集团公司 | 247990 | 246273 | 231495 | 196615 | 162856 | 68744 | 0.7 |
| 中国商用飞机有限责任公司 | 71488 | 74662 | 20593 | 26870 | 32839 | | -4.3 |
| 地方民用航空工业企业 | 7712 | 1444 | 12198 | 9125 | 6009 | | 434.1 |

# 三
# 生产销售总值

**表 3－1　全国民用航空工业企业生产销售总值**

| 指标名称 | 计量单位 | 2012 年 | 2011 年 | 2010 年 | 2009 年 | 2008 年 | 2007 年 | 2012 年比 2011 年增长/% |
|---|---|---|---|---|---|---|---|---|
| **工业总产值（当年价格）** | 万元 | 15267563 | 13654738 | 12055219 | 9540737 | 10092961 | 9279292 | 11.8 |
| 其中：新产品产值 | 万元 | 4590997 | 4599560 | 4786671 | 3128115 | 4408764 | 4142108 | －0.2 |
| 其中：民用飞机产品产值 | 万元 | 1807910 | 349556 | 314802 | 334806 | 406127 | 578030 | 417.2 |
| 民用飞机零部件产品产值 | 万元 | 762678 | 578800 | 489145 | 316610 | 294245 | 252175 | 31.8 |
| 民用航空发动机产品产值 | 万元 | — | — | — | 1218 | 1207 | 1205 | — |
| 民用航空发动机零部件产品产值 | 万元 | 330363 | 254005 | 232032 | 192498 | 229458 | 185369 | 30.1 |
| 其他民用航空产品及零部件产值 | 万元 | 318006 | 190093 | 114656 | 51316 | 72582 | 50721 | 67.3 |
| 民用飞机修理产值 | 万元 | 334607 | 308572 | 235024 | 250383 | 682336 | 528397 | 8.4 |
| 民用航空发动机修理产值 | 万元 | 260709 | 251257 | 224167 | 242428 | 366251 | 187445 | 3.8 |
| 其他民用航空产品及零部件修理产值 | 万元 | 80911 | 63319 | 99181 | 85387 | 48925 | 51379 | 27.8 |
| 民用飞机机载系统和设备产值 | 万元 | 33786 | 5828 | — | — | — | — | 479.7 |
| **工业销售产值（当年价格）** | 万元 | 14511240 | 13275650 | 11757363 | 8749033 | 9911484 | 9115477 | 9.3 |
| 其中：出口交货值 | 万元 | 3007297 | 1857809 | 1583100 | 1333679 | 2094061 | 1618917 | 61.8 |
| **全部从业人员年平均人数** | 人 | 291490 | 293666 | 255833 | 234548 | 247234 | 246708 | －0.7 |
| **工业增加值** | 万元 | 3240972 | 3036938 | 2881018 | 2229284 | 2304750 | 2224215 | 6.7 |

**表 3－2　2012 年各地区民用航空产品产值**

| 地区 | 单位数/个 | 民用航空产品产值/万元 | 各地占总计百分比/% | 民用航空产品产值比上年增长/% | 民用飞机产品产值/万元 | 民用飞机零部件产品产值/万元 |
|---|---|---|---|---|---|---|
| **全国总计** | **132** | **3928971** | **100.0** | **86.2** | **1807910** | **762678** |
| 北　京 | 17 | 68867 | 1.8 | 310.2 | 20020 | 9947 |
| 天　津 | 4 | 1190334 | 30.3 | 71.1 | 1182800 | 729 |
| 河　北 | 2 | 14346 | 0.4 | — | 5368 | 8698 |
| 山　西 | 1 | 4202 | 0.1 | — | — | 4202 |
| 辽　宁 | 3 | 188497 | 4.8 | 10.6 | — | 124806 |
| 吉　林 | 1 | 758 | 0.0 | －10.1 | — | — |

**续表 3－2**

| 地区 | 单位数/个 | 民用航空产品产值/万元 | 各地占总计百分比/% | 民用航空产品产值比上年增长/% | 民用飞机产品产值/万元 | 民用飞机零部件产品产值/万元 |
|---|---|---|---|---|---|---|
| 黑龙江 | 2 | 339746 | 8.6 | — | 305220 | 34376 |
| 上　海 | 8 | 247089 | 6.3 | －100.0 | 202090 | 44992 |
| 江　苏 | 17 | 94780 | 2.4 | 15497.2 | — | 35157 |
| 浙　江 | 4 | 3320 | 0.1 | — | — | 2212 |
| 安　徽 | 1 | 517 | 0.0 | — | — | 517 |
| 福　建 | 1 | 135755 | 3.5 | — | — | — |
| 江　西 | 8 | 16002 | 0.4 | －89.7 | 35 | 14050 |
| 山　东 | 7 | 110349 | 2.8 | 14.3 | 9544 | 606 |
| 河　南 | 2 | 258 | 0.0 | — | — | 258 |
| 湖　北 | 2 | 9684 | 0.2 | －26.6 | 590 | — |
| 湖　南 | 6 | 21606 | 0.6 | 44.3 | 5382 | 2926 |
| 广　东 | 5 | 535680 | 13.6 | 21.6 | — | 15694 |
| 四　川 | 12 | 208615 | 5.3 | 33.0 | — | 95455 |
| 贵　州 | 7 | 33999 | 0.9 | 10.9 | — | 2135 |
| 云　南 | 1 | 73 | 0.0 | — | — | — |
| 陕　西 | 20 | 704214 | 17.9 | 96.3 | 76861 | 365638 |
| 甘　肃 | 1 | 280 | 0.0 | — | — | 280 |
| 总计中 | | | | | | |
| 中国航空工业集团公司 | 60 | 1524056 | 38.8 | 46.5 | 407053 | 655162 |
| 中国商用飞机有限责任公司 | 7 | 247046 | 6.3 | －100.0 | 202090 | 44956 |
| 地方民用航空工业企业 | 65 | 2157869 | 54.9 | 82.6 | 1198767 | 62560 |

| 地区 | 民用航空发动机零部件产品产值/万元 | 其他民用航空产品及零部件产值/万元 | 民用飞机修理产值（不含发动机）/万元 | 民用航空发动机修理产值/万元 | 其他民用航空产品及零部件修理产值/万元 | 民用飞机机载系统和设备产值/万元 |
|---|---|---|---|---|---|---|
| **全国总计** | **330363** | **318006** | **334607** | **260709** | **80911** | **33786** |
| 北　京 | 4058 | 25496 | — | — | 9345 | — |
| 天　津 | — | 6805 | — | — | — | — |
| 河　北 | — | 41 | 232 | — | 7 | — |
| 山　西 | — | — | — | — | — | — |
| 辽　宁 | 63691 | — | — | — | — | — |
| 吉　林 | — | 758 | — | — | — | — |
| 黑龙江 | — | — | — | 150 | — | — |
| 上　海 | — | — | — | — | 7 | — |
| 江　苏 | 54966 | 716 | — | — | 3941 | — |
| 浙　江 | — | — | — | — | 1108 | — |
| 安　徽 | — | — | — | — | — | — |
| 福　建 | — | — | 135755 | — | — | — |
| 江　西 | 850 | 1032 | — | — | — | 35 |

**续表 3－2**

| 地区 | 民用航空发动机零部件产品产值/万元 | 其他民用航空产品及零部件产值/万元 | 民用飞机修理产值（不含发动机）/万元 | 民用航空发动机修理产值/万元 | 其他民用航空产品及零部件修理产值/万元 | 民用飞机机载系统和设备产值/万元 |
|---|---|---|---|---|---|---|
| 山　东 | — | 46602 | 48285 | — | 5312 | — |
| 河　南 | — | — | — | — | — | — |
| 湖　北 | — | 9094 | — | — | — | — |
| 湖　南 | 13022 | 11 | — | 257 | 9 | — |
| 广　东 | — | 69409 | 150335 | 260302 | 39940 | — |
| 四　川 | 51403 | 15132 | — | — | 13093 | 33531 |
| 贵　州 | 23607 | 8257 | — | — | — | — |
| 云　南 | — | 73 | — | — | — | — |
| 陕　西 | 118766 | 134580 | — | — | 8149 | 220 |
| 甘　肃 | — | — | — | — | — | — |
| 总计中 | | | | | | |
| 中国航空工业集团公司 | 274027 | 173156 | 232 | 407 | 13948 | 70 |
| 中国商用飞机有限责任公司 | — | — | — | — | — | — |
| 地方民用航空工业企业 | 56336 | 144850 | 334375 | 260302 | 66963 | 33716 |

**表 3－3　2012 年各地区民用航空工业企业工业总产值**

| 地区 | 单位数/个 | 工业总产值/万元 | 比 2011 年增长/% | 新产品产值/万元 | 比 2011 年增/% | 新产品产值占总产值比重/% |
|---|---|---|---|---|---|---|
| **全国总计** | **132** | **15267563** | **11.8** | **4590997** | **－0.2** | **30.3** |
| 北　京 | 17 | 519686 | 28.7 | 50343 | －29.2 | 9.7 |
| 天　津 | 4 | 1227682 | 3254.5 | 10047 | 54.3 | 0.8 |
| 河　北 | 2 | 63688 | 0.1 | 19146 | 1550.5 | 30.1 |
| 山　西 | 1 | 47928 | 25.7 | 18733 | 198.2 | 39.1 |
| 辽　宁 | 3 | 2187626 | 14.4 | 1684175 | 6.6 | 77.0 |
| 吉　林 | 1 | 28250 | 10.5 | 1996 | －0.1 | 7.1 |
| 黑龙江 | 2 | 875057 | 16.6 | 49132 | 8.8 | 5.6 |
| 上　海 | 8 | 267845 | 60.4 | 3739 | －6.8 | 1.4 |
| 江　苏 | 17 | 436201 | －64.9 | 59846 | －56.4 | 13.7 |
| 浙　江 | 4 | 44741 | — | 3772 | — | — |
| 安　徽 | 1 | 122647 | 11.6 | 35463 | 10.4 | 28.9 |
| 福　建 | 1 | 135755 | — | — | — | — |
| 江　西 | 8 | 1294386 | 10.7 | 428620 | 126.3 | 33.1 |
| 山　东 | 7 | 135631 | －5.6 | 2086 | －92.3 | 1.5 |
| 河　南 | 2 | 509583 | 187.1 | 121848 | 168.3 | 23.9 |
| 湖　北 | 2 | 229274 | 0.8 | 87758 | －2.2 | 38.3 |
| 湖　南 | 6 | 419064 | －10.8 | 163910 | 3.3 | 39.1 |
| 广　东 | 5 | 563211 | 11.2 | 16227 | －91.5 | 2.9 |
| 四　川 | 12 | 2104738 | －8.6 | 689819 | －8.7 | 32.8 |

**续表 3－3**

| 地区 | 单位数/个 | 工业总产值/万元 | 比2011年增长/% | 新产品产值/万元 | 比2011年增/% | 新产品产值占总产值比重/% |
|---|---|---|---|---|---|---|
| 贵　州 | 7 | 694110 | －4.1 | 208418 | －21.7 | 30.0 |
| 云　南 | 1 | 140740 | — | 825 | — | — |
| 陕　西 | 20 | 3193557 | 5.3 | 919540 | －6.1 | 28.8 |
| 甘　肃 | 1 | 26163 | 27.5 | 15553 | 30.9 | 59.4 |
| **总计中** | | | | | | |
| 中国航空工业集团公司 | 60 | 10456950 | －6.0 | 3915662 | －0.2 | 37.4 |
| 中国商用飞机有限责任公司 | 7 | 257286 | 54.0 | — | －100.0 | 0.0 |
| 地方民用航空工业企业 | 65 | 4553327 | 92.5 | 675334 | 0.6 | 15.3 |

**表 3－4　2012 年各地区民用航空工业企业销售情况**

| 地区 | 工业总产值/万元 | 工业销售产值/万元 | 比2011年增长/% | 出口交货值/万元 | 比2011年增长/% | 工业产品产销率/% |
|---|---|---|---|---|---|---|
| **全国总计** | **15267563** | **14511240** | **9.3** | **2895485** | **55.9** | **95.0** |
| 北　京 | 519686 | 501517 | 31.5 | 23180 | －27.7 | 96.5 |
| 天　津 | 1227682 | 1224052 | 3239.0 | 1182824 | — | 99.7 |
| 河　北 | 63688 | 65140 | 6.1 | — | — | 102.3 |
| 山　西 | 47928 | 38210 | 8.4 | 38 | －98.8 | 79.7 |
| 辽　宁 | 2187626 | 2086401 | 6.3 | 198527 | 14.9 | 95.4 |
| 吉　林 | 28250 | 28240 | 10.5 | 2096 | －55.7 | 100.0 |
| 黑龙江 | 875057 | 864839 | 17.2 | 46837 | 141.8 | 98.8 |
| 上　海 | 267845 | 287521 | 72.6 | 46124 | 0.3 | 107.4 |
| 江　苏 | 436201 | 357111 | －70.4 | 97218 | －61.9 | 81.9 |
| 浙　江 | 44741 | 43941 | — | 17056 | — | — |
| 安　徽 | 122647 | 112924 | 4.5 | 1493 | －31.6 | 92.1 |
| 福　建 | 135755 | 135755 | 4.0 | 111812 | －11.4 | 100.0 |
| 江　西 | 1294386 | 1240528 | 17.1 | 22827 | －71.9 | 95.8 |
| 山　东 | 135631 | 118832 | －18.9 | 20133 | －10.7 | 87.6 |
| 河　南 | 509583 | 310264 | 74.8 | 2321 | — | 60.9 |
| 湖　北 | 229274 | 56830 | －74.7 | 12854 | 64.9 | 24.8 |
| 湖　南 | 419064 | 436221 | 2.3 | 18873 | －39.1 | 104.1 |
| 广　东 | 563211 | 549090 | 8.6 | 192411 | －10.6 | 97.5 |
| 四　川 | 2104738 | 2058003 | －7.0 | 429532 | 28.9 | 97.8 |
| 贵　州 | 694110 | 654283 | －2.0 | 79736 | －6.4 | 94.3 |
| 云　南 | 140740 | 138494 | — | — | — | — |
| 陕　西 | 3193557 | 3177449 | 6.3 | 501330 | 19.6 | 99.5 |
| 甘　肃 | 26163 | 25595 | 62.7 | 76 | －53.9 | 97.8 |
| **总计中** | | | | | | |
| 中国航空工业集团公司 | 10456950 | 9843987 | －8.6 | 1021328 | －20.2 | 94.1 |
| 中国商用飞机有限责任公司 | 257286 | 277139 | 66.3 | 46124 | 0.3 | 107.7 |
| 地方民用航空工业企业 | 4553327 | 4390114 | 90.1 | 1828033 | 243.2 | 96.4 |

**表3-5　2012年各地区民用航空工业企业工业增加值**

| 地区 | 工业总产值/万元 | 工业增加值/万元 | 比2011年增长/% | 全部从业人员年平均人数/人 | 工业增加值率/% | 全员劳动生产率/（元/人·年） |
|---|---|---|---|---|---|---|
| **全国总计** | **15131808** | **3207033** | **5.6** | **286086** | **21.2** | **112100** |
| 北　京 | 519686 | 155627 | 26.7 | 10554 | 29.9 | 147458 |
| 天　津 | 1227682 | 181333 | 1510.0 | 2016 | 14.8 | 899469 |
| 河　北 | 63688 | 22065 | -5.4 | 3600 | 34.6 | 61292 |
| 山　西 | 47928 | 22312 | 30.3 | 1773 | 46.6 | 125843 |
| 辽　宁 | 2187626 | 521425 | 20.1 | 38711 | 23.8 | 134697 |
| 吉　林 | 28250 | 9854 | 59.5 | 2505 | 34.9 | 39337 |
| 黑龙江 | 875057 | 106383 | 17.5 | 10941 | 12.2 | 97233 |
| 上　海 | 267845 | 48041 | 51.0 | 7469 | 17.9 | 64321 |
| 江　苏 | 436201 | 84976 | -53.8 | 6217 | 19.5 | 136683 |
| 浙　江 | 44741 | 7865 | — | 474 | 17.6 | 165926 |
| 安　徽 | 122647 | 50475 | 73.4 | 2786 | 41.2 | 181174 |
| 福　建 | 135755 | 33939 | 40.3 | 5144 | 25.0 | 65977 |
| 江　西 | 1294386 | 129790 | -11.2 | 11141 | 10 | 116498 |
| 山　东 | 135631 | 31331 | -29.1 | 3147 | 23.1 | 99559 |
| 河　南 | 509583 | 70196 | -17.0 | 9928 | 13.8 | 70705 |
| 湖　北 | 229274 | 71456 | 50.3 | 9635 | 31.2 | 74163 |
| 湖　南 | 419064 | 137696 | 5.7 | 14105 | 32.9 | 97622 |
| 广　东 | 563211 | 173201 | 109.2 | 6289 | 30.8 | 275403 |
| 四　川 | 2104738 | 467519 | -14.7 | 46050 | 22.2 | 101524 |
| 贵　州 | 694110 | 199718 | -19.9 | 20367 | 28.8 | 98060 |
| 云　南 | 140740 | — | — | 1312 | — | — |
| 陕　西 | 3193557 | 707290 | -2.3 | 75508 | 22.1 | 93671 |
| 甘　肃 | 26163 | 8480 | 58.4 | 1558 | 32.4 | 54429 |
| **总计中** | | | | | | |
| 中国航空工业集团公司 | 10456950 | 2300654 | -10.1 | 237843 | 22 | 96730 |
| 中国商用飞机有限责任公司 | 257286 | 42923 | 34.9 | 6978 | 16.7 | 61512 |
| 地方民用航空工业企业 | 4417572 | 863455 | 93.5 | 41265 | 19.5 | 209246 |

# 四
# 主要经济指标

**表4-1 全国民用航空工业企业主要经济指标**

| 指标名称 | 计量单位 | 2012年 | 2011年 | 2010年 | 2009年 | 2008年 | 2007年 | 2012年比2011年增长/% |
|---|---|---|---|---|---|---|---|---|
| **一、年末资产负债** | — | — | — | — | — | — | — | — |
| 流动资产合计 | 万元 | 20110985 | 21346513 | 15987920 | 13134892 | 11540315 | 9536828 | -5.8 |
| 流动资产年平均余额 | 万元 | 18471070 | 19767431 | 15056220 | 11225897 | 10579285 | 8562266 | -6.6 |
| 固定资产合计 | 万元 | 7155934 | 8510861 | 6468264 | 4910761 | 4633424 | 4161171 | -15.9 |
| 固定资产原价 | 万元 | 10399580 | 9359047 | 7569942 | 6341046 | 6214679 | 5443147 | 11.1 |
| 其中：生产经营用 | 万元 | 8084083 | 7105557 | 6369636 | 5317397 | 5487271 | 4522069 | 13.8 |
| 固定资产净值年平均余额 | 万元 | 6323669 | 5305975 | 4518383 | 4923521 | 3413081 | 3125701 | 19.2 |
| 资产总计 | 万元 | 31058560 | 32190411 | 24574986 | 19879088 | 17815966 | 14508341 | -3.5 |
| 负债合计 | 万元 | 19668032 | 19804859 | 16128538 | 12945866 | 11466385 | 10124709 | -0.7 |
| 所有权益合计 | 万元 | 11462236 | 12886279 | 8361300 | 6926703 | 6353941 | 4742018 | -11.1 |
| 其中：实收资本 | 万元 | 4209980 | 5388514 | 3128121 | 2907244 | 2703389 | 2381770 | -21.9 |
| **二、损益及分配** | — | — | — | — | — | — | — | — |
| 主营业务收入 | 万元 | 18403975 | 15961673 | 12710812 | 9117083 | 9925148 | 9265478 | 15.3 |
| 其中：民用航空产品收入 | 万元 | 3777288 | 1964813 | 1996938 | 1558441 | 1603068 | 1570271 | 92.3 |
| 主营业务成本 | 万元 | 15443107 | 13525952 | 10668449 | 7512666 | 8122597 | 7491997 | 14.2 |
| 主营业务税金及附加 | 万元 | 8704 | 62098 | 43212 | 36326 | 28354 | 27332 | -86.0 |
| 其他业务利润 | 万元 | 85714 | 47858 | 73556 | 56324 | 62696 | 202429 | 79.1 |
| 营业费用 | 万元 | 343159 | 263310 | 242788 | 171400 | 194155 | 168485 | 30.3 |
| 管理费用 | 万元 | 1565239 | 1529087 | 1204676 | 939169 | 922861 | 965359 | 2.4 |
| 财务费用 | 万元 | 293016 | 256729 | 174794 | 154759 | 153917 | 121440 | 14.1 |
| 其中：利息支出 | 万元 | 291962 | 262138 | 170518 | 149623 | 138482 | 119439 | 11.4 |
| 营业利润 | 万元 | 737737 | 547662 | 513520 | 525518 | 542094 | 518653 | 34.7 |
| 补贴收入 | 万元 | 151378 | 150191 | 114319 | 91417 | 71355 | 46656 | 0.8 |
| 利润总额 | 万元 | 945246 | 797564 | 659605 | 597179 | 648176 | 568862 | 18.5 |
| 应交所得税 | 万元 | 161327 | 106009 | 107720 | 95822 | 93823 | 68109 | 52.9 |
| **三、其他** | — | — | — | — | — | — | — | — |
| 本年应交增值税 | 万元 | 152940 | 172600 | 160188 | 115892 | 94468 | 147228 | -11.4 |
| 工业中间投入合计 | 万元 | 7082817 | 2451571 | 1678658 | 5996906 | 6663437 | 7253446 | 188.9 |
| 本年固定资产投资额 | 万元 | 1336828 | 1364747 | 1170981 | 965434 | 833931 | 788983 | -2.1 |
| 其中：民用航空产品 | 万元 | 280937 | 210867 | 131197 | 92344 | 143201 | 86284 | 33.2 |
| 全部从业人员人数 | 人 | 331291 | 300253 | 254844 | 241609 | 246736 | 251390 | 10.3 |
| 其中：工程技术人员 | 人 | 60522 | 63052 | 54397 | 48383 | 49250 | 52005 | -4.0 |
| 其中：研究与试验发展人员 | 人 | 43869 | 54647 | 28050 | 26812 | 27233 | 23653 | -19.7 |
| 研究与试验发展经费支出 | 万元 | 1467249 | 1346798 | 802513 | 674365 | 568379 | 434371 | 8.9 |
| 其中：民用航空产品 | 万元 | 310770 | 344738 | 112884 | 170553 | 223518 | 135615 | -9.6 |

### 表 4－2　2012 年各地区民用航空产品收入

| 地区 | 民用航空产品收入/万元 | 各地占总计/% | 主营业务收入/万元 | 比 2011 年增长/% | 民用航空产品销售收入占主营业务收入比重/% |
|---|---|---|---|---|---|
| **全国总计** | **3777288** | **100.0** | **18403975** | **15.3** | **19.9** |
| 北　京 | 79468 | 2.1 | 581538 | 16.6 | 13.7 |
| 天　津 | 1185696 | 31.4 | 1243485 | 2408.4 | 95.4 |
| 河　北 | 14005 | 0.4 | 64049 | 3.9 | 21.9 |
| 山　西 | 4202 | 0.1 | 50537 | 17.8 | 8.3 |
| 辽　宁 | 166971 | 4.4 | 2603258 | 7.8 | 6.4 |
| 吉　林 | 24 | 0.0 | 28059 | 9.7 | 0.1 |
| 黑龙江 | 76757 | 2.0 | 899155 | 8.1 | 8.5 |
| 上　海 | 258137 | 6.8 | 479761 | －3.1 | 53.8 |
| 江　苏 | 102404 | 2.7 | 543438 | －60.4 | 18.8 |
| 浙　江 | 2828 | 0.1 | 44593 | — | — |
| 安　徽 | 322 | 0.0 | 134522 | 9.1 | 0.2 |
| 福　建 | 135755 | 3.6 | 135755 | 4.0 | 100.0 |
| 江　西 | 15439 | 0.4 | 649521 | －41.3 | 2.4 |
| 山　东 | 108448 | 2.9 | 134561 | －30.9 | 80.6 |
| 河　南 | 258 | 0.0 | 591058 | 145.4 | — |
| 湖　北 | 2880 | 0.1 | 372257 | 1.0 | 0.8 |
| 湖　南 | 18206 | 0.5 | 532383 | 16.8 | 3.4 |
| 广　东 | 523209 | 13.8 | 545641 | 8.0 | 95.9 |
| 四　川 | 181588 | 4.8 | 3247765 | 28.8 | 5.6 |
| 贵　州 | 43725 | 1.2 | 729014 | －0.1 | 6.0 |
| 云　南 | 161 | 0.0 | 145251 | — | — |
| 陕　西 | 856523 | 22.7 | 4619657 | 22.7 | 18.5 |
| 甘　肃 | 280 | 0.0 | 28718 | 17.3 | 1.0 |
| **总计中** | | | | | |
| 中国航空工业集团公司 | 1379779 | 36.5 | 13372194 | 3.1 | 10.3 |
| 中国商用飞机有限责任公司 | 265658 | 7.0 | 470963 | －4.9 | 56.4 |
| 地方民用航空工业企业 | 2131851 | 56.5 | 4560818 | 82.3 | 45.1 |

### 表 4－3　全国民用航空工业企业经济效益综合指数

| 指标名称 | 单位 | 2012 年 | 2011 年 | 2010 年 | 2009 年 | 2008 年 | 2007 年 | 2012 年比 2011 年增减/% |
|---|---|---|---|---|---|---|---|---|
| **经济效益综合指数** | **—** | **147.3** | **145.9** | **144.6** | **141.6** | **143.9** | **138.4** | **1.4** |
| 总资产贡献率 | % | 5.6 | 4.6 | 3.9 | 4.1 | 5.0 | 5.4 | 1.0 |
| 资本保值增值率 | % | 114.3 | 170.8 | 120.7 | 108.3 | 134.0 | 126.0 | －56.5 |
| 资产负债率 | % | 63.7 | 61.5 | 65.6 | 65.1 | 64.4 | 69.8 | 2.2 |
| 流动资产周转率 | 次/年 | 1.0 | 0.8 | 0.8 | 1.2 | 0.9 | 0.9 | 0.2 |
| 成本费用利用率 | % | 5.3 | 5.1 | 5.4 | 6.9 | 6.9 | 6.5 | 0.2 |
| 全员劳动生产率 | 元/(人·年) | 112100 | 103415 | 112613 | 95046 | 93221 | 90156 | 8.4 |
| 产品销售率 | % | 95.0 | 97.2 | 97.5 | 91.7 | 98.2 | 98.2 | －2.2 |

**表4－4　2012年各地区民用航空工业企业经济效益综合指数**

| 地区 | 经济效益综合指数 | 总资产贡献率/% | 资产保值增值率/% | 资产负债率/% | 流动资产周转次数/（次/年） | 成本费用利润率/% |
|---|---|---|---|---|---|---|
| **全国总计** | **147.3** | **5.6** | **114.3** | **63.7** | **1.0** | **5.3** |
| 北　京 | 206.3 | 11.1 | 139.0 | 54.2 | 1.2 | 11.1 |
| 天　津 | 1034.1 | 127.7 | 383.4 | 16.6 | 11.9 | 17.2 |
| 河　北 | 109.4 | 5.1 | 99.3 | 63.4 | 0.7 | 4.7 |
| 山　西 | 200.2 | 14 | 105.2 | 56.9 | 1.0 | 13.7 |
| 辽　宁 | 151.8 | 4.7 | 117.1 | 68.9 | 1.2 | 3.1 |
| 吉　林 | 29.1 | -0.9 | -8.7 | 100.2 | 1.1 | -4.3 |
| 黑龙江 | 108.5 | 2.1 | 100.2 | 79.5 | 0.8 | 1.3 |
| 上　海 | 75.9 | -2.6 | 184.0 | 67.0 | 0.8 | -4.0 |
| 江　苏 | 155.8 | 6.3 | 83.1 | 54.5 | 0.9 | 5.1 |
| 浙　江 | — | 9.9 | — | 47.8 | 1.0 | 10.8 |
| 安　徽 | 186.4 | 3.7 | 121.2 | 63.4 | 1.1 | 5.1 |
| 福　建 | — | — | — | — | — | — |
| 江　西 | 118.6 | 2.3 | 92.0 | 90.6 | 0.7 | 2.3 |
| 山　东 | 147.9 | 6.2 | 103.4 | 46.2 | 0.8 | 8.8 |
| 河　南 | 170.6 | 18.6 | 135.8 | 63.2 | 2.0 | 9.5 |
| 湖　北 | 98.2 | 3.5 | 113.3 | 65.8 | 1.1 | 1.9 |
| 湖　南 | 139.9 | 6.5 | 109.8 | 54.6 | 1.1 | 4.8 |
| 广　东 | 304.4 | 18.8 | 104.4 | 54.1 | 2.4 | 10.8 |
| 四　川 | 141.3 | 4.8 | 124.9 | 61.8 | 0.8 | 5.7 |
| 贵　州 | 115.4 | 4.5 | 44.8 | 69.2 | 0.8 | 3.1 |
| 云　南 | — | 5.4 | — | 67.0 | 1.3 | 0.7 |
| 陕　西 | 130.7 | 4.3 | 120.0 | 61.4 | 0.8 | 4.5 |
| 甘　肃 | 182.5 | 12.7 | 105.6 | 40.2 | 0.6 | 22.4 |
| **总计中** | | | | | | |
| 中国航空工业集团公司 | 128.7 | 4.5 | 100.8 | 65.5 | 0.9 | 4.3 |
| 中国商用飞机有限责任公司 | 73.4 | -2.6 | 183.6 | 68.5 | 0.8 | -4.1 |
| 地方民用航空工业企业 | 257.8 | 14.4 | 195.7 | 52.9 | 1.8 | 9.7 |

**表4－5　2011年各地区民用航空工业企业资产负债及权益**

万元

| 地区 | 流动资产合计 | 固定资产合计 | 资产合计 | 负债合计 | 所有者权益合计 | 其中：实收资本 |
|---|---|---|---|---|---|---|
| **全国总计** | **20110985** | **7155934** | **31058560** | **19668032** | **11462236** | **4209980** |
| 北　京 | 516306 | 369328 | 986778 | 534971 | 449462 | 140067 |
| 天　津 | 173306 | 446418 | 677950 | 112357 | 625592 | 65628 |
| 河　北 | 94065 | 57536 | 251969 | 159698 | 92271 | 61253 |
| 山　西 | 59273 | — | 94230 | 53643 | 40587 | 11000 |

**续表 4－5**

| 地区 | 流动资产合计 | 固定资产合计 | 资产合计 | 负债合计 | 所有者权益合计 | 其中：实收资本 |
|---|---|---|---|---|---|---|
| 辽　宁 | 2219826 | 610154 | 3519004 | 2425338 | 1093666 | 666830 |
| 吉　林 | 25590 | 21117 | 46707 | 46812 | －105 | 8000 |
| 黑龙江 | 1073819 | 402040 | 1689959 | 1343005 | 346954 | 253403 |
| 上　海 | 718111 | 167763 | 1423960 | 954050 | 469910 | 381941 |
| 江　苏 | 613727 | 338997 | 1061225 | 578078 | 492612 | 207098 |
| 浙　江 | 44109 | 21760 | 75237 | 35928 | 39308 | 15500 |
| 安　徽 | 119767 | 91914 | 211280 | 133900 | 77379 | 20000 |
| 福　建 | 90670 | 136028 | 272290 | 60655 | 211638 | 26975 |
| 江　西 | 1194032 | 109198 | 1666200 | 1510218 | 205981 | 114124 |
| 山　东 | 172322 | 88638 | 347526 | 160482 | 187045 | 78764 |
| 河　南 | 693813 | 128675 | 1039401 | 656686 | 382715 | 59131 |
| 湖　北 | 311823 | 228778 | 683336 | 449913 | 233424 | 78178 |
| 湖　南 | 652748 | 263357 | 1113615 | 607973 | 460229 | 180408 |
| 广　东 | 438538 | 91060 | 626643 | 339146 | 287496 | 122263 |
| 四　川 | 3211643 | 1259121 | 4785856 | 2955464 | 1830391 | 327927 |
| 贵　州 | 1586434 | 600551 | 1481115 | 1025444 | 455671 | 242181 |
| 云　南 | 105147 | 36345 | 141492 | 94839 | 46653 | 15297 |
| 陕　西 | 5947033 | 1677135 | 8784142 | 5397851 | 3386292 | 1098013 |
| 甘　肃 | 48883 | 10021 | 78645 | 31580 | 47065 | 36000 |
| **总计中** | | | | | | |
| 中国航空工业集团公司 | 16332956 | 5545838 | 24436475 | 16013053 | 8375703 | 3101605 |
| 中国商用飞机有限责任公司 | 723313 | 185279 | 1489573 | 1020873 | 468699 | 388252 |
| 地方民用航空工业企业 | 3054716 | 1424817 | 5132512 | 2634106 | 2617834 | 720123 |

**表 4－6　2012 年各地区民用航空工业企业收入成本及效益**

万元

| 地区 | 主营业务收入 | 比 2011 年增长/% | 主营业务成本 | 比 2011 年增长/% | 利润总额 | 比 2011 年增长/% |
|---|---|---|---|---|---|---|
| **全国总计** | **18403975** | **15.3** | **15443107** | **14.2** | **990563** | **24.2** |
| 北　京 | 581538 | 16.6 | 432101 | 15.5 | 58482 | 21.7 |
| 天　津 | 1243485 | 2408.4 | 1057948 | 2911.7 | 184740 | 1118.6 |
| 河　北 | 64049 | 3.9 | 44852 | 6.5 | 2960 | 45.6 |
| 山　西 | 50537 | 17.8 | 34391 | －9.7 | 6050 | 12.0 |
| 辽　宁 | 2603258 | 7.8 | 2332667 | 2.7 | 78995 | 15.6 |
| 吉　林 | 28059 | 9.7 | 24535 | －10.6 | －1308 | 5.4 |
| 黑龙江 | 899155 | 8.1 | 793509 | 6.0 | 11541 | －18.8 |
| 上　海 | 479761 | －3.1 | 450122 | 9.9 | 25201 | －42.7 |
| 江　苏 | 543438 | －60.4 | 397829 | －63.6 | 30467 | －42.6 |
| 浙　江 | 44593 | — | 35463 | — | 4597 | — |

续表4－6

| 地区 | 主营业务收入 | 比2011年增长/% | 主营业务成本 | 比2011年增长/% | 利润总额 | 比2011年增长/% |
|---|---|---|---|---|---|---|
| 安　徽 | 134522 | 9.1 | 114759 | 6.1 | 6730 | －68.8 |
| 福　建 | 135755 | 4.0 | 87471 | －3.9 | 13350 | －7.1 |
| 江　西 | 649521 | －41.3 | 593667 | －40.8 | 15006 | －44.5 |
| 山　东 | 134561 | －30.9 | 93986 | －42.5 | 11232 | 98.5 |
| 河　南 | 591058 | 145.4 | 447315 | 168.7 | 52215 | 35.9 |
| 湖　北 | 372257 | 1.0 | 311444 | －1.9 | 7157 | 13.0 |
| 湖　南 | 532383 | 16.8 | 421182 | 21.1 | 24753 | －4.6 |
| 广　东 | 545641 | 8.0 | 427788 | 8.2 | 53711 | 4.4 |
| 四　川 | 3247765 | 28.8 | 2742922 | 29.1 | 177268 | 31.8 |
| 贵　州 | 729014 | －0.1 | 593036 | 3.9 | 22452 | －37.8 |
| 云　南 | 145251 | — | 134738 | — | 992 | — |
| 陕　西 | 4619657 | 22.7 | 3853859 | 21.0 | 198667 | 8.8 |
| 甘　肃 | 28718 | 17.3 | 17523 | 27.5 | 5306 | 16.4 |
| **总计中** | | | | | | |
| 中国航空工业集团公司 | 13372194 | 3.1 | 11271112 | 0.4 | 554579 | 2.1 |
| 中国商用飞机有限责任公司 | 470963 | －4.9 | 442031 | 7.9 | 25192 | －42.7 |
| 地方民用航空工业企业 | 4560818 | 82.3 | 3729964 | 98.0 | 410793 | 95.1 |

表4－7　2012年各地区民用航空工业企业收入及成本费用

| 地区 | 主营业务收入/万元 | 主营业务成本/万元 | 营业费用/万元 | 管理费用/万元 | 财务费用/万元 | 成本费用占收入比重/% |
|---|---|---|---|---|---|---|
| **全国总计** | **18403975** | **15443107** | **346862** | **1603910** | **311645** | **96.2** |
| 北　京 | 581538 | 432101 | 8775 | 71718 | 11704 | 90.2 |
| 天　津 | 1243485 | 1057948 | 1611 | 14456 | －835 | 86.3 |
| 河　北 | 64049 | 44852 | 2497 | 13465 | 2063 | 98.2 |
| 山　西 | 50537 | 34391 | 378 | 8512 | 688 | 87.0 |
| 辽　宁 | 2603258 | 2332667 | 11624 | 147133 | 41755 | 97.3 |
| 吉　林 | 28059 | 24535 | 204 | 4406 | 970 | 107.3 |
| 黑龙江 | 899155 | 793509 | 8019 | 75022 | 16316 | 99.3 |
| 上　海 | 479761 | 450122 | 5532 | 88022 | 18877 | 104.5 |
| 江　苏 | 543438 | 397829 | 90200 | 97635 | 11453 | 109.9 |
| 浙　江 | 44593 | 35463 | 2343 | 3116 | 1470 | 95.1 |
| 安　徽 | 134522 | 114759 | 3573 | 13327 | 1029 | 98.6 |
| 福　建 | 135755 | 87471 | — | 37032 | －833 | 91.1 |
| 江　西 | 649521 | 593667 | 2948 | 40937 | 2568 | 98.6 |
| 山　东 | 134561 | 93986 | 3607 | 26435 | 2741 | 94.2 |
| 河　南 | 591058 | 447315 | 13578 | 71663 | 16577 | 92.9 |
| 湖　北 | 372257 | 311444 | 5225 | 41535 | 8003 | 98.4 |

**续表 4－7**

| 地区 | 主营业务收入/万元 | 主营业务成本/万元 | 营业费用/万元 | 管理费用/万元 | 财务费用/万元 | 成本费用占收入比重/% |
|---|---|---|---|---|---|---|
| 湖　南 | 532383 | 421182 | 4287 | 64777 | 21987 | 96.2 |
| 广　东 | 545641 | 427788 | 14711 | 46236 | 4886 | 90.5 |
| 四　川 | 3247765 | 2742922 | 64402 | 259612 | 32551 | 95.4 |
| 贵　州 | 729014 | 593036 | 9114 | 83355 | 30756 | 98.3 |
| 云　南 | 145251 | 134738 | 3338 | 6718 | 4588 | 102.8 |
| 陕　西 | 4619657 | 3853859 | 90851 | 383837 | 81173 | 95.5 |
| 甘　肃 | 28718 | 17523 | 45 | 4961 | 1158 | 82.5 |
| **总计中** | | | | | | |
| 中国航空工业集团公司 | 13372194 | 11271112 | 259464 | 1173915 | 255598 | 96.9 |
| 中国商用飞机有限责任公司 | 470963 | 442031 | 5338 | 87774 | 18707 | 117.6 |
| 地方民用航空工业企业 | 4560818 | 3729964 | 82060 | 342221 | 37340 | 91.9 |

**表 4－8　2012 年各地区民用航空工业企业固定资产投资额**

| 地区 | 本年固定资产投资额/万元 | 比 2011 年增长/% | 其中：民用航空产品/万元 | 比 2011 年增长/% | 民用航空产品固定资产投资占比重/% |
|---|---|---|---|---|---|
| **全国总计** | **1336828** | **－2.1** | **362393** | **71.9** | **27.1** |
| 北　京 | 148403 | 177.9 | 19472 | 3659.1 | 13.1 |
| 天　津 | 10205 | 159.7 | — | — | — |
| 河　北 | 29422 | 316.3 | 10901 | 935.2 | 37.1 |
| 山　西 | 1192 | －24.0 | — | — | — |
| 辽　宁 | 79101 | －38.5 | 10950 | 1233.7 | 13.8 |
| 吉　林 | 1903 | －51.3 | — | －100.0 | 0.0 |
| 黑龙江 | 65411 | 5.0 | 6758 | — | — |
| 上　海 | 118283 | －35.2 | 118215 | 12.8 | 99.9 |
| 江　苏 | 100918 | 0.7 | 1176 | －71.9 | 1.2 |
| 浙　江 | 2360 | — | 2154 | — | — |
| 安　徽 | 17528 | －17.8 | — | — | — |
| 福　建 | 81456 | 604.9 | 81456 | 604.9 | 100.0 |
| 江　西 | 36536 | －22.2 | 4861 | －29.0 | 13.3 |
| 山　东 | 8496 | －71.5 | 2704 | －82.8 | 31.8 |
| 河　南 | 40803 | －36.4 | 220 | — | — |
| 湖　北 | 49209 | －21.2 | 3588 | 14850.0 | 7.3 |
| 湖　南 | 44970 | －9.9 | 14434 | 18.1 | 32.1 |
| 广　东 | 27799 | 249.6 | 18982 | 249.6 | 68.3 |
| 四　川 | 140122 | －21.0 | 26570 | 443.7 | 19.0 |
| 贵　州 | 121886 | 25.2 | 520 | — | — |
| 云　南 | 2340 | — | — | — | — |
| 陕　西 | 203894 | －18.0 | 39432 | －27.1 | 19.3 |

续表 4－8

| 地区 | 本年固定资产投资额/万元 | 比 2011 年增长/% | 其中：民用航空产品/万元 | 比 2011 年增长/% | 民用航空产品固定资产投资占比重/% |
|---|---|---|---|---|---|
| 甘　肃 | 4591 | 21.0 | — | — | — |
| **总计中** | | | | | |
| 中国航空工业集团公司 | 906887 | －9.8 | 105956 | 45.6 | 11.7 |
| 中国商用飞机有限责任公司 | 136518 | －25.2 | 136518 | 30.3 | 100.0 |
| 地方民用航空工业企业 | 293423 | 66.1 | 119919 | 260.4 | 40.9 |

**表 4－9　2012 年各地区民用航空工业企业从业人员及人员状况**

| 地区 | 全部从业人员/人 | 其中：工程技术人员/人 | 其中：研究与试验发展人员/人 | 工程技术人员比重/% | 研究与试验发展人员比重/% |
|---|---|---|---|---|---|
| **全国总计** | **331551** | **60522** | **43869** | **18.3** | **13.2** |
| 北　京 | 10848 | 2475 | 2380 | 22.8 | 21.9 |
| 天　津 | 2089 | 389 | 343 | 18.6 | 16.4 |
| 河　北 | 3657 | 708 | 255 | 19.4 | 7.0 |
| 山　西 | 1819 | 396 | 157 | 21.8 | 8.6 |
| 辽　宁 | 38771 | 4124 | 1986 | 10.6 | 5.1 |
| 吉　林 | 2471 | 354 | 155 | 14.3 | 6.3 |
| 黑龙江 | 11269 | 2238 | 2628 | 19.9 | 23.3 |
| 上　海 | 10115 | 3425 | 3531 | 33.9 | 34.9 |
| 江　苏 | 11729 | 2948 | 1879 | 25.1 | 16.0 |
| 浙　江 | 482 | 140 | 107 | — | — |
| 安　徽 | 2786 | 503 | 721 | 18.1 | 25.9 |
| 福　建 | 5144 | 4341 | — | 84.4 | — |
| 江　西 | 19388 | 995 | 811 | 5.1 | 4.2 |
| 山　东 | 3146 | 609 | 447 | 19.4 | 14.2 |
| 河　南 | 13223 | 2547 | 1943 | 19.3 | 14.7 |
| 湖　北 | 9536 | 1983 | 2605 | 20.8 | 27.3 |
| 湖　南 | 14104 | 2636 | 1505 | 18.8 | 10.7 |
| 广　东 | 6628 | 3939 | 1404 | 59.4 | 21.2 |
| 四　川 | 46335 | 4416 | 5629 | 9.5 | 12.2 |
| 贵　州 | 21212 | 3154 | 1435 | 14.9 | 6.8 |
| 云　南 | 1351 | 134 | 36 | — | — |
| 陕　西 | 93824 | 17808 | 13795 | 19.0 | 14.7 |
| 甘　肃 | 1624 | 260 | 117 | 16.0 | 7.2 |
| **总计中** | | | | | |
| 中国航空工业集团公司 | 275331 | 42921 | 34157 | 15.6 | 12.4 |
| 中国商用飞机有限责任公司 | 8063 | 3261 | 2378 | 40.4 | 29.5 |
| 地方民用航空工业企业 | 48157 | 14340 | 7334 | 29.8 | 15.2 |

**表 4－10　2012 年各地区民用航空工业企业研究与试验发展经费支出情况**

| 地区 | 研究与试验发展经费支出/万元 | 比 2011 年增长/% | 其中：民用航空产品研究与试验发展经费支出/万元 | 比 2011 年增长/% | 研究与试验发展经费支出占主营业务收入比重/% |
|---|---|---|---|---|---|
| **全国总计** | **1467249** | **8.9** | **310770** | **－9.6** | **8.5** |
| 北　京 | 122292 | 32.9 | 10201 | 1271.1 | 12.8 |
| 天　津 | 5671 | －14.9 | 183 | －88.6 | 0.0 |
| 河　北 | 14980 | 40.7 | 5770 | 35.0 | 41.2 |
| 山　西 | 2771 | －38.5 | — | — | 0.0 |
| 辽　宁 | 54451 | －14.8 | 5998 | — | 3.6 |
| 吉　林 | 1398 | 125.5 | — | — | 0.0 |
| 黑龙江 | 122410 | 11.1 | 25520 | －25.2 | 33.3 |
| 上　海 | 194364 | －12.6 | 193303 | －13.0 | 74.9 |
| 江　苏 | 34063 | －18.5 | 1247 | －77.3 | 1.2 |
| 浙　江 | 4077 | — | 2449 | — | 86.6 |
| 安　徽 | 6859 | 6.1 | 4 | — | 1.2 |
| 福　建 | — | — | — | — | — |
| 江　西 | 16032 | －52.8 | 8269 | 93.1 | 53.6 |
| 山　东 | 10241 | －7.8 | 3421 | －34.4 | 3.2 |
| 河　南 | 49422 | 3810.0 | 160 | －87.3 | 62.0 |
| 湖　北 | 46268 | 25.2 | 76 | －94.2 | 2.6 |
| 湖　南 | 85818 | 69.0 | 1268 | －45.8 | 7.0 |
| 广　东 | 27308 | 58.4 | 24241 | 54.7 | 4.6 |
| 四　川 | 149243 | 11.4 | 15244 | 305.1 | 8.4 |
| 贵　州 | 57608 | 16.1 | 36 | －89.7 | 0.1 |
| 云　南 | 794 | | | | 0.0 |
| 陕　西 | 460713 | 1.8 | 13379 | －67.1 | 1.6 |
| 甘　肃 | 466 | 137.8 | | －100.0 | 0.0 |
| **总计中** | | | | | |
| 中国航空工业集团公司 | 1117815 | 8.4 | 84754 | －6.3 | 6.1 |
| 中国商用飞机有限责任公司 | 180612 | －18.7 | 180612 | －18.7 | 68.0 |
| 地方民用航空工业企业 | 168821 | 81.8 | 45404 | 41.9 | 2.3 |

# 五
# 附　录

# 民用航空工业统计报表制度

中华人民共和国工业和信息化部制定
中华人民共和国国家统计局批准
2013 年 1 月

# 本报表制度根据《中华人民共和国统计法》的有关规定制定

《中华人民共和国统计法》的第七条规定：国家机关、社会团体、企业事业组织和个体工商户等统计调查对象，必须依照本法和国家规定，如实提供统计资料，不得虚报、瞒报、迟报，不得伪造、篡改。基层群众性自治组织和公民有义务如实提供国家统计调查所需要的情况。

《中华人民共和国统计法》第九条规定：统计机构、统计人员对在统计调查中知悉的统计调查对象的商业秘密，负有保密义务。

# 目　　录

# 一、总 说 明

**（一）统计目的**

为准确、及时了解中国民用航空工业企事业的科研、生产及经济运行情况，有效地实施行业管理，为各级领导、政府主管部门决策提供依据，为行业提供信息服务，依照《中华人民共和国统计法》的规定，特制定民用航空工业统计报表制度。

**（二）统计范围**

从事民用航空器、民用航空发动机、机载系统和设备、零部件、地面设备、随机工具等研发、制造和修理的规模以上企业单位和全部事业单位。企事业单位包括工业企业、科研院所和大专院校等。事业单位研发活动情况按工业企业表式上报。

民用航空器指已取得民用航空适航型号合格证与生产许可证，和以取得民用航空适航型号合格证与生产许可证为研制目标的航空飞行器。包括干线飞机、支线飞机、通用飞机、民用直升机和无人机（固定翼和旋翼）、民用特种飞行器（包括地效飞机、水上飞机、飞艇）等。

**（三）统计内容**

1. 法人单位基本情况
2. 民用航空产品交付情况
3. 民用航空产品新增订单和储备订单
4. 民用航空产品转包生产情况
5. 生产、销售总值
6. 主要经济指标

**（四）汇总上报要求**

1. 各省、自治区和直辖市民用航空工业管理部门和中国航空工业集团公司、中国商用飞机有限责任公司为二级汇总单位。各省、自治区和直辖市民用航空工业管理部门负责审核本地区非中国航空工业集团公司、中国商用飞机有限责任公司下属单位的数据，中国航空工业集团公司、中国商用飞机有限责任公司负责审核集团内统计单位数据，审核后集中上报。

2. 年报上报时间：各单位应于2月28日前将报表在全国民用航空统计信息平台报送，二级汇总单位于3月30日前将汇总表报送至国防科工局信息中心。

3. 定期报表上报时间：各单位于季后10日前将报表报送至全国民用航空统计信息平台。

通信地址：北京市第8184号信箱

邮政编码：100081

联系单位：国防科工局信息中心

联 系 人：林丽　陈国华

联系电话：010－88581252 88529312　　传　真：010－88529315

E－mail：cicdata@ sohu. com

（五）本报表制度经国家统计局审核批准。

（六）本报表制度由中华人民共和国工业和信息化部负责解释。

# 二、报 表 目 录

| 表号 | 表名 | 报告期别 | 统计范围 | 报送单位 | 报送日期及方式 | 页码 |
|---|---|---|---|---|---|---|
| 工信航空年1表 | 法人单位基本情况 | 年报 | 各省、自治区、直辖市及中国航空工业集团公司、中国商用飞机有限责任公司下属从事民用航空器、民用航空发动机、机载系统和设备、零部件、地面设备、随机工具等研发、制造和修理的规模以上企业单位和全部事业单位 | 各省、自治区、直辖市及中国航空工业集团公司、中国商用飞机有限责任公司下属从事民用航空器、民用航空发动机、机载系统和设备、零部件、地面设备、随机工具等研发、制造和修理的规模以上企业单位和全部事业单位 | 2月28日前（二级汇总单位3月30日前）网上报送 | 4 |
| 工信航空年2表 | 民用航空产品交付情况 | 年报 | 各省、自治区、直辖市及中国航空工业集团公司、中国商用飞机有限责任公司下属从事民用航空器、民用航空发动机、机载系统和设备、零部件、地面设备、随机工具等研发、制造和修理的规模以上企业单位和全部事业单位 | 各省、自治区、直辖市及中国航空工业集团公司、中国商用飞机有限责任公司下属从事民用航空器、民用航空发动机、机载系统和设备、零部件、地面设备、随机工具等研发、制造和修理的规模以上企业单位和全部事业单位 | 2月28日前（二级汇总单位3月30日前）网上报送 | 5 |
| 工信航空年3表 | 民用航空产品新增订单和储备订单 | 年报 | 各省、自治区、直辖市及中国航空工业集团公司、中国商用飞机有限责任公司下属从事民用航空器、民用航空发动机、机载系统和设备、零部件、地面设备、随机工具等研发、制造和修理的规模以上企业单位和全部事业单位 | 各省、自治区、直辖市及中国航空工业集团公司、中国商用飞机有限责任公司下属从事民用航空器、民用航空发动机、机载系统和设备、零部件、地面设备、随机工具等研发、制造和修理的规模以上企业单位和全部事业单位 | 2月28日前（二级汇总单位3月30日前）网上报送 | 6 |
| 工信航空年4表 | 民用航空产品转包生产情况 | 年报 | 各省、自治区、直辖市及中国航空工业集团公司、中国商用飞机有限责任公司下属从事民用航空器、民用航空发动机、机载系统和设备、零部件、地面设备、随机工具等研发、制造和修理的规模以上企业单位和全部事业单位 | 各省、自治区、直辖市及中国航空工业集团公司、中国商用飞机有限责任公司下属从事民用航空器、民用航空发动机、机载系统和设备、零部件、地面设备、随机工具等研发、制造和修理的规模以上企业单位和全部事业单位 | 2月28日前（二级汇总单位3月30日前）网上报送 | 7 |

续表

| 表号 | 表名 | 报告期别 | 统计范围 | 报送单位 | 报送日期及方式 | 页码 |
|---|---|---|---|---|---|---|
| 工信航空年5表 | 生产、销售总值 | 年报 | 各省、自治区、直辖市及中国航空工业集团公司、中国商用飞机有限责任公司下属从事民用航空器、民用航空发动机、机载系统和设备、零部件、地面设备、随机工具等研发、制造和修理的规模以上企业单位和全部事业单位 | 各省、自治区、直辖市及中国航空工业集团公司、中国商用飞机有限责任公司下属从事民用航空器、民用航空发动机、机载系统和设备、零部件、地面设备、随机工具等研发、制造和修理的规模以上企业单位和全部事业单位 | 2月28日前（二级汇总单位3月30日前）网上报送 | 8 |
| 工信航空年6表 | 主要经济指标 | 年报 | 各省、自治区、直辖市及中国航空工业集团公司、中国商用飞机有限责任公司下属从事民用航空器、民用航空发动机、机载系统和设备、零部件、地面设备、随机工具等研发、制造和修理的规模以上企业单位和全部事业单位 | 各省、自治区、直辖市及中国航空工业集团公司、中国商用飞机有限责任公司下属从事民用航空器、民用航空发动机、机载系统和设备、零部件、地面设备、随机工具等研发、制造和修理的规模以上企业单位和全部事业单位 | 2月28日前（二级汇总单位3月30日前）网上报送 | 9 |
| 工信航空定1表 | 生产、销售总值 | 季报 | 各省、自治区、直辖市及中国航空工业集团公司、中国商用飞机有限责任公司下属从事民用航空器、民用航空发动机、机载系统和设备、零部件、地面设备、随机工具等研发、制造和修理的规模以上企业单位和全部事业单位 | 重点民用航空产品生产企业 | 4月、7月、10月和1月10日前网上报送 | 10 |
| 工信航空定2表 | 民用航空产品生产经营情况 | 季报 | 各省、自治区、直辖市及中国航空工业集团公司、中国商用飞机有限责任公司下属从事民用航空器、民用航空发动机、机载系统和设备、零部件、地面设备、随机工具等研发、制造和修理的规模以上企业单位和全部事业单位 | 重点民用航空产品生产企业 | 4月、7月、10月和1月10日前网上报送 | 11 |
| 工信航空定3表 | 民用航空产品转包生产情况 | 季报 | 各省、自治区、直辖市及中国航空工业集团公司、中国商用飞机有限责任公司下属从事民用航空器、民用航空发动机、机载系统和设备、零部件、地面设备、随机工具等研发、制造和修理的规模以上企业单位和全部事业单位 | 重点民用航空产品生产企业 | 4月、7月、10月和1月10日前网上报送 | 12 |

# 三、调 查 表 式

## （一）年报

### 法人单位基本情况

表　　号：工信航空年 1 表
制定机关：工业和信息化部
批准机关：国家统计局
批准文号：国统制［　］　　号
201　年　　　　有效期至：　　年　月

01 组织机构代码 □□□□□□□□-□
02 法人单位名称：______________________
03 法定代表人（负责人）：______________________

04 单位所在地及行政区划
________省（自治区、直辖市）________地（区、市、州、盟）________县（区、市、旗）
________乡（镇）______________________街（村）、门牌号

05 联系方式
| | |
|---|---|
| 区　　号 | □□□□□ |
| 电话号码 | □□□□□□□□□□□ |
| 分 机 号 | □□□□□ |
| 传真号码 | □□□□□□□□ |
| 邮政编码 | □□□□□□ |

电子信箱______________________
网　　址______________________

0601　行业类别 ______________________；　　行业代码 □□□□
0602　主要民用航空产品名称
1 ________；2 ________；3 ________
4 ________；5 ________；6 ________

07 登记注册类型

| | | | |
|---|---|---|---|
| 内资 | 149 其他联营 | 174 私营股份有限公司 | 290 其他港澳台商投资 |
| 110 国有 | 151 国有独资公司 | 190 其他 | 外商投资 |
| 120 集体 | 159 其他有限责任公司 | 港澳台商投资 | 310 中外合资经营 |
| 130 股份合作 | 160 股份有限公司 | 210 与港澳台商合资经营 | 320 中外合作经营 |
| 141 国有联营 | 171 私营独资 | 220 与港澳台商合作经营 | 330 外资企业 |
| 142 集体联营 | 172 私营合伙 | 230 港澳台商独资 | 340 外商投资股份有限公司 |
| 143 国有与集体联营 | 173 私营有限责任公司 | 240 港澳台商投资股份有限公司 | 390 其他外商投资 |

□□□

08 控股情况　　110 国有控股　120 集体控股　210 私人控股　220 港澳台商控股　230 外商控股　□□□

09 企业主要出资人情况
公司名称：______________　出资比例：____%
公司名称：______________　出资比例：____%
公司名称：______________　出资比例：____%

10 企业境外投资情况　　1 有　2 无　　□
主要投资国别：________对境外投资额：________万元
主要投资国别：________对境外投资额：________万元

**续表**

| | | |
|---|---|---|
| 11 企业利用外资情况　　1 有　2 无<br>外资公司名称：________利用外资额：________万元<br>外资公司名称：________利用外资额：________万元 | | □ |
| 12 特种行业许可证审批单位：________________ | | |

单位负责人：　　　　统计负责人：　　　　填表人：　　　　报出日期：201　年　月　日

说明：1. 本表由各省、自治区、直辖市民用航空工业管理部门、中国航空工业集团公司、中国商用飞机有限责任公司报送分单位数据。

2. 统计范围是各省、自治区、直辖市及中国航空工业集团公司下属从事民用航空器、民用航空发动机、机载系统和设备、零部件、地面设备、随机工具等研发、制造和修理的规模以上企业单位和全部事业单位。

3. 报送时间为 3 月 30 日前，报送方式为网上报送。

**民用航空产品交付情况**

表　　号：工信航空年 2 表
制定机关：工业和信息化部
批准机关：国家统计局
批准文号：国统制［　］　　号

企业详细名称　　　　　　　　201　年　　　　　有效期至：　　年　　月

| 指标名称 | 代码 | 累计交付数量（含本年）/（架/台） | 本年交付 | | 其中：本年出口（不含转包生产） | |
|---|---|---|---|---|---|---|
| | | | 数量/（架/台） | 金额/万元 | 数量/（架/台） | 金额/万元 |
| 民用飞机合计 | 01 | | | | | |
| 按型号分：民用飞机 1 | 02 | | | | | |
| 民用飞机 2 | 03 | | | | | |
| 民用飞机 3 | 04 | | | | | |
| 民用飞机 4 | 05 | | | | | |
| 民用飞机 5 | 06 | | | | | |
| 民用航空发动机整机合计 | 07 | | | | | |
| 按型号分：民用航空发动机 1 | 08 | | | | | |
| 民用航空发动机 2 | 09 | | | | | |
| 民用航空发动机 3 | 10 | | | | | |
| 民用航空发动机 4 | 11 | | | | | |
| 民用航空发动机 5 | 12 | | | | | |
| 民用飞机零部件 | 13 | — | — | | — | |
| 民用航空发动机零部件 | 14 | — | — | | — | |
| 其他民用航空产品及零部件 | 15 | — | — | | — | |
| 民用飞机修理（不含发动机） | 16 | — | — | | — | |
| 民用航空发动机修理 | 17 | — | — | | — | |
| 其他民用航空产品及零部件修理 | 18 | — | — | | — | |

单位负责人：　　　　统计负责人：　　　　填表人：　　　　报出日期：201　年　月　日

说明：1. 本表由各省、自治区、直辖市民用航空工业管理部门、中国航空工业集团公司、中国商用飞机有限责任公司报送分单位数据。

2. 统计范围是各省、自治区、直辖市及中国航空工业集团公司下属从事民用航空器、民用航空发动机、机载系统和设备、零部件、地面设备、随机工具等研发、制造和修理的规模以上企业单位和全部事业单位。

3. 报送时间为 3 月 30 日前，报送方式为网上报送。

## 民用航空产品新增订单和储备订单

表　　号：工信航空年3表
制定机关：工业和信息化部
批准机关：国家统计局
批准文号：国统制［　］　　号

企业详细名称　　　　　　　201　年　　　　　　有效期至：　　年　　月

| 指标名称 | 代码 | 计量单位 | 新增订单 | | 其中：出口（不含转包生产） | | 储备订单 | | 其中：出口（不含转包生产） | |
|---|---|---|---|---|---|---|---|---|---|---|
| | | | 确认订单 | 意向订单 | 确认订单 | 意向订单 | 确认订单 | 意向订单 | 确认订单 | 意向订单 |
| 民用飞机合计 | 01 | 架 | | | | | | | | |
| 其中：民用飞机1 | 02 | 架 | | | | | | | | |
| 民用飞机2 | 03 | 架 | | | | | | | | |
| 民用飞机3 | 04 | 架 | | | | | | | | |
| 民用飞机4 | 05 | 架 | | | | | | | | |
| 民用飞机5 | 06 | 架 | | | | | | | | |
| 民用航空发动机整机合计 | 07 | 台 | | | | | | | | |
| 其中：民用航空发动机1 | 08 | 台 | | | | | | | | |
| 民用航空发动机2 | 09 | 台 | | | | | | | | |
| 民用航空发动机3 | 10 | 台 | | | | | | | | |
| 民用航空发动机4 | 11 | 台 | | | | | | | | |
| 民用航空发动机5 | 12 | 台 | | | | | | | | |
| 民用飞机零部件 | 13 | 万元 | | | | | | | | |
| 民用航空发动机零部件 | 14 | 万元 | | | | | | | | |
| 其他民用航空产品及零部件 | 15 | 万元 | | | | | | | | |
| 民用飞机修理（不含发动机） | 16 | 万元 | | | | | | | | |
| 民用航空发动机修理 | 17 | 万元 | | | | | | | | |
| 其他民用航空产品及零部件修理 | 18 | 万元 | | | | | | | | |

单位负责人：　　　　　　统计负责人：　　　　　　填表人：　　　　　　报出日期：201　年　月　日

说明：1. 本表由各省、自治区、直辖市民用航空工业管理部门、中国航空工业集团公司、中国商用飞机有限责任公司报送分单位数据。

2. 统计范围是各省、自治区、直辖市及中国航空工业集团公司下属从事民用航空器、民用航空发动机、机载系统和设备、零部件、地面设备、随机工具等研发、制造和修理的规模以上企业单位和全部事业单位。

3. 报送时间为3月30日前，报送方式为网上报送。

### 民用航空产品转包生产情况

表　　号：工信航空年 4 表
制定机关：工业和信息化部
批准机关：国家统计局
批准文号：国统制［　］　　号
有效期至：　　年　　月
计量单位：万美元

企业详细名称　　　　　　201　年

| 指标名称 | 本年交付金额 | 本年新增订单金额 | 储备订单金额 |
| --- | --- | --- | --- |
| 民用飞机零部件 | | | |
| 民用发动机零部件 | | | |
| 其他民用航空产品及零部件 | | | |

单位负责人：　　　　统计负责人：　　　　填表人：　　　　报出日期：201　年　月　日

说明：1. 本表由各省、自治区、直辖市民用航空工业管理部门、中国航空工业集团公司、中国商用飞机有限责任公司报送分单位数据。

2. 统计范围是各省、自治区、直辖市及中国航空工业集团公司下属从事民用航空器、民用航空发动机、机载系统和设备、零部件、地面设备、随机工具等研发、制造和修理的规模以上企业单位和全部事业单位。

3. 报送时间为 3 月 30 日前，报送方式为网上报送。

### 生产、销售总值

表　　号：工信航空年 5 表
制定机关：工业和信息化部
批准机关：国家统计局
批准文号：国统制［　］　　号
有效期至：　　年　　月

企业详细名称　　　　　　201　年

| 指标名称 | 代码 | 计量单位 | 本年实际 |
| --- | --- | --- | --- |
| 工业总产值（当年价格） | 01 | 万元 | |
| 其中：新产品产值 | 02 | 万元 | |
| 其中：民用飞机产品产值 | 03 | 万元 | |
| 民用飞机零部件产品产值 | 04 | 万元 | |
| 民用航空发动机产品产值 | 05 | 万元 | |
| 民用航空发动机零部件产品产值 | 06 | 万元 | |
| 其他民用航空产品及零部件产值 | 07 | 万元 | |
| 民用飞机修理产值（不含发动机） | 08 | 万元 | |
| 民用航空发动机修理产值 | 09 | 万元 | |
| 其他民用航空产品及零部件修理产值 | 10 | 万元 | |
| 民用飞机机载系统和设备产值 | 11 | 万元 | |
| 工业销售产值（当年价格） | 12 | 万元 | |
| 其中：出口交货值 | 13 | 万元 | |
| 全部从业人员年平均人数 | 14 | 人 | |

单位负责人：　　　　统计负责人：　　　　填表人：　　　　报出日期：201　年　月　日

说明：1. 本表由各省、自治区、直辖市民用航空工业管理部门、中国航空工业集团公司、中国商用飞机有限责任公司报送分单位数据。

2. 统计范围是各省、自治区、直辖市及中国航空工业集团公司下属从事民用航空器、民用航空发动机、机载系统和设备、零部件、地面设备、随机工具等研发、制造和修理的规模以上企业单位和全部事业单位。

3. 报送时间为 3 月 30 日前，报送方式为网上报送。

## 主要经济指标

表　　号：工信航空年6表
制定机关：工业和信息化部
批准机关：国家统计局
批准文号：国统制［　］　号

企业详细名称　　　　　　　　201　年　　　　　　　　有效期至：　　年　　月

| 指标名称 | 代码 | 计量单位 | 本年实际 |
| --- | --- | --- | --- |
| 一、年末资产负债 | — | — | |
| 流动资产合计 | 01 | 万元 | |
| 流动资产余额 | 02 | 万元 | |
| 固定资产合计 | 03 | 万元 | |
| 固定资产原价 | 04 | 万元 | |
| 其中：生产经营用 | 05 | 万元 | |
| 固定资产净值余额 | 06 | 万元 | |
| 资产总计 | 07 | 万元 | |
| 负债合计 | 08 | 万元 | |
| 所有者权益合计 | 09 | 万元 | |
| 其中：实收资本 | 10 | 万元 | |
| 二、损益及分配 | — | — | |
| 营业收入 | 11 | 万元 | |
| 其中：民用航空产品收入 | 12 | 万元 | |
| 营业成本 | 13 | 万元 | |
| 营业税金及附加 | 14 | 万元 | |
| 其他业务利润 | 15 | 万元 | |
| 营业费用 | 16 | 万元 | |
| 管理费用 | 17 | 万元 | |
| 财务费用 | 18 | 万元 | |
| 其中：利息支出 | 19 | 万元 | |
| 营业利润 | 20 | 万元 | |
| 补贴收入 | 21 | 万元 | |
| 利润总额 | 22 | 万元 | |
| 应交所得税 | 23 | 万元 | |
| 三、其他 | — | — | |
| 本年应交增值税 | 24 | 万元 | |
| 本年固定资产投资额 | 26 | 万元 | |
| 其中：民用航空产品 | 27 | 万元 | |
| 全部从业人员人数 | 28 | 人 | |
| 其中：工程技术人员 | 29 | 人 | |
| 其中：研究与试验发展人员 | 30 | 人 | |
| 研究与试验发展经费支出 | 31 | 万元 | |
| 其中：民用航空产品 | 32 | 万元 | |

单位负责人：　　　　　　统计负责人：　　　　　　填表人：　　　　　　报出日期：201　年　月　日

说明：1. 本表由各省、自治区、直辖市民用航空工业管理部门、中国航空工业集团公司、中国商用飞机有限责任公司报送分单位数据。

2. 统计范围是各省、自治区、直辖市及中国航空工业集团公司下属从事民用航空器、民用航空发动机、机载系统和设备、零部件、地面设备、随机工具等研发、制造和修理的规模以上企业单位和全部事业单位。

3. 报送时间为3月30日前，报送方式为网上报送。

## （二）定期报表

### 生产销售总值

表　　号：工信航空定 1 表
制定机关：工业和信息化部
批准机关：国家统计局
批准文号：国统制［　］　　号
有效期至：　　年　　月

企业详细名称：　　　　　　　　201　年　季

| 指标名称 | 代码 | 计量单位 | 本季止累计 | 上年同期止累计 |
|---|---|---|---|---|
| 一、工业总产值（当年价格） | 01 | 万元 | | |
| 其中：民用飞机产品产值 | 02 | 万元 | | |
| 民用飞机零部件产品产值 | 03 | 万元 | | |
| 民用航空发动机产品产值 | 04 | 万元 | | |
| 民用航空发动机零部件产品产值 | 05 | 万元 | | |
| 其他民用航空产品及零部件产值 | 06 | 万元 | | |
| 民用飞机修理产值（不含发动机） | 07 | 万元 | | |
| 民用航空发动机修理产值 | 08 | 万元 | | |
| 其他民用航空产品及零部件修理产值 | 09 | 万元 | | |
| 民用航空机载系统和设备产值 | 10 | 万元 | | |
| 二、工业销售产值（当年价格） | 11 | 万元 | | |
| 其中：出口交货值 | 12 | 万元 | | |
| 三、营业收入 | 13 | 万元 | | |
| 其中：民用航空产品收入 | 14 | 万元 | | |
| 四、利润总额 | 15 | 万元 | | |

单位负责人：　　　　统计负责人：　　　　填表人：　　　　报出日期：201　年　月　日

说明：1. 本表由各省、自治区、直辖市民用航空工业管理部门、中国航空工业集团公司、中国商用飞机有限责任公司报送分单位数据。
2. 统计范围是重点民用航空产品生产企业。
3. 报送时间为季后 10 日前，报送方式为电子邮件。

### 民用航空产品生产经营情况

表　　号：工信航空年 2 表
制定机关：工业和信息化部
批准机关：国家统计局
批准文号：国统制［　］　　号
有效期至：　　年　　月

企业详细名称：　　　　　　　　201　年　季

| 指标名称 | 计量单位 | 交付数量 | | | | 新增订单 | | | | | |
|---|---|---|---|---|---|---|---|---|---|---|---|
| | | 本季止累计 | 其中：出口 | 上年同期止累计 | 其中：出口 | 本季止累计 | | | | 上年同期止累计 | |
| | | | | | | | | 其中：出口 | | | |
| | | | | | | 确认订单 | 意向订单 | 确认订单 | 意向订单 | 确认订单 | 意向订单 |
| 甲 | 乙 | 1 | 2 | 3 | 4 | 5 | 6 | 7 | 8 | 9 | 10 |
| 民用飞机合计 | 架 | | | | | | | | | | |
| 根据本企业生产飞机型号（例如“新舟”60、ARJ21 等）分别填报 | 架 | | | | | | | | | | |

**续表**

| 指标名称 | 计量单位 | 交付数量 | | | | 新增订单 | | | | | |
|---|---|---|---|---|---|---|---|---|---|---|---|
| | | 本季止累计 | 其中：出口 | 上年同期止累计 | 其中：出口 | 本季止累计 | | 其中：出口 | | 上年同期止累计 | |
| | | | | | | 确认订单 | 意向订单 | 确认订单 | 意向订单 | 确认订单 | 意向订单 |
| 民用航空发动机整机合计 | 台 | | | | | | | | | | |
| 根据本企业生产发动机型号（例如涡扇8A航空发动机等）分别填报 | 台 | | | | | | | | | | |

| 指标名称 | 计量单位 | 新增订单上年同期 | | 新增订单上年同期 | | | | | | | |
|---|---|---|---|---|---|---|---|---|---|---|---|
| | | 其中：出口 | | 本季止累计 | | 其中：出口 | | 上年同期止累计 | | 其中：出口 | |
| | | 确认订单 | 意向订单 | 确认订单 | 意向订单 | 确认订单 | 意向订单 | 确认订单 | 意向订单 | 确认订单 | 意向订单 |
| 甲 | 乙 | 11 | 12 | 13 | 14 | 15 | 16 | 17 | 18 | 19 | 20 |
| | | | | | | | | | | | |
| | | | | | | | | | | | |

补充资料：

本季止交付飞机（发动机）合同金额______________ 万元　　　　其中：出口　　　万元

本季止新增确认订单飞机（发动机）合同金额______________ 万元　　　　其中：出口　　　万元

本季止储备确认订单飞机（发动机）合同金额______________ 万元　　　　其中：出口　　　万元

单位负责人：　　　　统计负责人：　　　　填表人：　　　　电话：　　　　报出日期：20　年　月　日

**民用航空产品转包生产情况**

表　　号：工信航空定3表
制定机关：工业和信息化部
批准机关：国家统计局
批准文号：国统制［　］　　号
有效期至：　　年　　月
计量单位：万美元

企业详细名称　　　　　　　　201　年　季

| 指标名称 | 交付金额 | | 新增订单金额 | | 储备订单金额 | |
|---|---|---|---|---|---|---|
| | 本季止累计 | 上年同期止累计 | 本季止累计 | 上年同期止累计 | 本季止累计 | 上年同期止累计 |
| 民用飞机零部件 | | | | | | |
| 民用发动机零部件 | | | | | | |
| 其他民用航空产品及零部件 | | | | | | |

单位负责人：　　　　统计负责人：　　　　填表人：　　　　报出日期：201　年　月　日

说明：1. 本表由各省、自治区、直辖市民用航空工业管理部门、中国航空工业集团公司、中国商用飞机有限责任公司报送分单位数据。

2. 统计范围是重点民用航空产品生产企业。

3. 报送时间为季后10日前，报送方式为电子邮件。

# 四、主要指标解释

（一）法人单位基本情况

**1. 组织机构代码（01）**：指根据中华人民共和国国家标准《全国组织机构代码编制规则》（GB11714—1997），由组织机构代码登记主管部门给每个企业、事业单位、机关、社会团体和民办非企业颁发的在全国范围内唯一的、始终不变的法定代码。单位代码共 9 位，无论是法人单位还是产业活动单位，单位代码均由 8 位无属性的数字和一位校验码组成。所有单位均填写本项。

（1）法定代码填写规定

已经领取了法定代码的法人单位和产业活动单位必须使用法定代码，不得使用临时代码。在填写时，要按照技术监督部门颁发的《中华人民共和国组织机构代码证》上的代码填写，（也可参照税务部门颁发的税务登记证书上的税务登记号的后 9 位填写）。

（2）临时代码使用规定

尚未领到法定代码或不属于法定代码赋码范围的单位，一律由各级统计部门从临时码段中赋予代码。

★主要审核要求：

（1）所有单位均不能漏填；

（2）法人单位代码长度必须为 9 个字符；

（3）不能含有 0 ~ 9 或 A ~ Z（必须大写）之外的字符。

**2. 法人单位名称（02）**：指经有关部门批准正式使用的单位全称。所有单位均填写本项。

企业的详细名称按工商部门登记的名称填写；行政、事业单位的详细名称按编制部门登记、批准的名称填写；社会团体、民办非企业单位和基层群众自治组织的详细名称按民政部门登记、批准的名称填写。填写时要求使用规范化汉字填写，并与单位公章所使用的名称完全一致。

凡经登记主管机关核准或批准，具有两个或两个以上名称的单位，要求填写一个法人单位名称，同时用括号注明其余的单位名称。

★主要审核要求：

（1）所有单位均不能漏填；

（2）必须与单位公章所使用的名称完全一致；

（3）使用规范的汉字。

**3. 法定代表人（单位负责人）（03）**：指依照法律或者法人组织章程规定，代表法人行使职权的负责人。所有单位均填写本项。

企业法定代表人按《企业法人营业执照》法定代表人填写；事业单位法定代表人按《事业单位法人证书》填写；机关的法定代表人填写单位主要负责人；社团法定代表人按《社团法人登记证》填写；民办非企业单位按《民办非企业登记证书》填写；产业活动单位填写本单位的主要负责人。

★主要审核要求：

（1）所有单位均不能漏填；

（2）不能填写官称或职称。

**4. 单位详细地址（04）**：要求写明单位所在的省（自治区、直辖市）、地（区、市、州、盟）、县（区、市、旗）、乡（镇）以及具体街（村）的名称和详细的门牌号码，不能填写通信号码或通信信箱号码。所有单位均填写本项。

★主要审核要求：

（1）所有单位均不能漏填；

（2）街（村）、门牌号要详细填写。

**5. 联系方式（05）**：包括长途区号、电话号码、分机号、传真号码、邮政编码、电子信箱。所有单位均填写本项。

在填写电话号码时，将号码以左顶齐方式从左向右填写在方框内；号码超过所列空位时，向方框外右面扩充。电话号码以填写固定座机电话号码为主，对于确实没有座机电话号码的单位，可以填写主要负责人的移动电话号码。

★主要审核要求：

（1）所有单位均不能漏填；

（2）不能含有 0～9 之外的字符；

（3）长途区号首位必须为 0。

**6. 行业类别（06）**：是根据其从事的社会经济活动性质对各类调查单位进行分类。填报时应统一按照国家统计局 2002 年制定的《国民经济行业分类与代码》（GB/T 4754/2002）的小类类别和代码填写。一个企业属于哪个工业行业，是按正常生产情况下生产的主要产品的性质（按其重要程度或总产值所占比重），把整个企业划入某一工业行业小类内。所有单位均填写本项。

**7. 登记注册类型（07）**：指企业或企业产业活动单位的登记注册类型，按其在工商行政管理机关登记注册的类型填写。所有单位均填报本项。

机关、事业单位和社会团体及其他组织的登记注册类型，按其主要经费来源和管理方式，根据实际情况，比照《企业登记注册类型与代码》确定。

工商行政管理部门对企业（单位）登记注册的类型分为以下几种。

（1）国有企业：指企业全部资产归国家所有，并按《中华人民共和国企业法人登记管理条例》规定登记注册的非公司制的经济组织。不包括有限责任公司中的国有独资公司。

（2）集体企业：指企业资产归集体所有，并按《中华人民共和国企业法人登记管理条例》规定登记注册的经济组织。

（3）股份合作企业：指以合作制为基础，由企业职工共同出资入股，吸收一定比例的社会资产投资组建，实行自主经营，自负盈亏，共同劳动，民主管理，按劳分配与按股分红相结合的一种集体经济组织。

（4）联营企业：两个及两个以上相同或不同所有制性质的企业法人或事业单位法人，按自愿、平等、互利的原则，共同投资组成的经济组织称为联营企业。联营企业包括国有联营企业、集体联营企业、国有与集体联营企业和其他联营企业。

国有联营企业：指所有联营单位均为国有。

集体联营企业：指所有联营单位均为集体。

国有与集体联营企业：指联营单位既有国有也有集体。

其他联营企业：指上述三种联营企业之外的其他联营形式的企业。

（5）有限责任公司：根据《中华人民共和国公司登记管理条例》规定登记注册，由两个以上，50 个以下的股东共同出资，每个股东以其所认缴的出资额对公司承担有限责任，公司以其全部资产对其债务承担责任的经济组织称为有限责任公司。有限责任公司分为国有独资公司以及其他有限责任公司。

国有独资公司：指国家授权的投资机构或者国家授权的部门单独投资设立的有限责任公司。

其他有限责任公司：是国有独资公司以外的其他有限责任公司。

（6）股份有限公司：指根据《中华人民共和国公司登记管理条例》规定登记注册，其全部注册资本由等额股份构成并通过发行股票筹集资本，股东以其认购的股份对公司承担有限责任，公司以其全部资产对其债务承担责任的经济组织。

（7）私营企业由自然人投资设立或由自然人控股，以雇用劳动为基础的营利性经济组织称为私营企业。包括按照《公司法》、《合伙企业法》、《私营企业暂行条例》以及《个人独资企业法》规定登记注册的私营独资企业、私营有限责任公司、私营股份有限公司、私营合伙企业和个人独资企业。

私营独资企业：指按《私营企业暂行条例》的规定，由一名自然人投资经营，以雇用劳动为基础，投资者对企业债务承担无限责任的企业。

个人独资企业：指按《个人独资企业法》、《个人独资企业登记管理办法》的规定，由一个自然人投资，财产为投资人个人所有，投资人以其个人财产对企业债务承担无限责任的经营实体。个人独资企业填表时归入私营独资企业。

私营合伙企业：指按《合伙企业法》或《私营企业暂行条例》的规定，由两个以上自然人按照协议共同投资、共同经营、共负盈亏，以雇用劳动为基础，对债务承担无限责任的企业。

私营有限责任公司：指按《公司法》、《私营企业暂行条例》的规定，由两个以上自然人投资或由单个自然人控股的有限责任公司。

私营股份有限公司：指按《公司法》的规定，由5个以上自然人投资，或由单个自然人控股的股份有限公司。

（8）其他内资企业：指上述第（1）条至第（7）条之外的其他内资经济组织。

（9）与港澳台商合资经营企业：指港澳台地区投资者与内地的企业依照《中华人民共和国中外合资经营企业法》及有关法律的规定，按合同规定的比例投资设立，分享利润和分担风险的企业。

（10）与港澳台商合作经营企业：指港澳台地区投资者与内地企业依照《中华人民共和国中外合作经营企业法》及有关法律的规定，依照合作合同的约定进行投资或提供条件设立，分配利润、分担风险和亏损的企业。

（11）港澳台商独资经营企业：指依照《中华人民共和国外资企业法》及有关法律的规定，在内地设立的由港澳台地区投资者在内地全额投资设立的企业。

（12）港澳台商投资股份有限公司：指根据国家有关规定，经商务部（原外经贸部）批准设立，并且其中港、澳、台商的股本占公司注册资本的比例达25%以上的股份有限公司。凡其中港、澳、台商的股本占公司注册资本的比例小于25%的，属于内资中的股份有限公司。

（13）中外合资经营企业：指外国企业或外国人与中国内地企业依照《中华人民共和国中外合资经营企业法》及有关法律的规定，按合同规定的比例投资设立，分享利润和分担风险的企业。

（14）中外合作经营企业：指外国企业或外国人与中国内地企业依照《中华人民共和国中外合作经营企业法》及有关法律的规定，依照合作合同的约定进行投资或提供条件设立，分配利润、分担风险和亏损的企业。

（15）外资企业：指依照《中华人民共和国外资企业法》及有关法律的规定，在中国内地设立的由外国投资者全额投资设立的企业。

（16）外商投资股份有限公司：指根据国家有关规定，经商务部（原外经贸部）批准设立，并且其中外资的股本占公司注册资本的比例达25%以上的股份有限公司。凡其中外资股本占公司注册资本的比例小于25%的，属于内资中的股份有限公司。

在具体填报时应注意：

（1）社区（居委会）、村委会的登记注册类型应选填“其他内资”；

（2）如单位登记注册类型改变，但未重新办理变更登记，应按原登记注册类型填写；

（3）对营业执照上的登记注册类型只填写“有限责任公司”的情况，统计人员要认真查询。首先，查看其《营业执照》上编码，区分是私营企业还是非私营企业。其识别方法为看营业执照上的编码左数第七位，为1的是非私营企业，为2的是私营企业；然后，再根据其是否为国家授权的投资机构或者国家授权的部门单独投资设立的公司来确定其登记注册类型是“国有独资公司”还是“其他有限责任公司”，并填写相应的代码。

★主要审核要求：

（1）所有单位均不能漏填；

（2）不能含有表中所列代码以外的任何字符。

**8. 主要民用航空产品名称：**指已取得民用航空适航型号合格证与生产许可证，和以取得民用航空适航型号合格证与生产许可证为研制目标的航空飞行器名称。

**9. 企业境外投资情况（10）：**填报本单位对外投资国别、金额情况。

**10. 企业利用外资情况（11）：**填报本单位利用外资国别、金额情况。

**11. 特种行业许可证审批单位（12）：**填报审批许可证机关名称。

**（二）民用航空产品交付情况**

**1. 民用航空产品：**民用航空器指已取得民用航空适航型号合格证与生产许可证，和以取得民用航空适航型号合格证与生产许可证为研制目标的航空飞行器。

**2. 交付订单：**是指报告期交付的全部有效合同订单，其中：本年出口不包括转包生产。

**3. 累计交付数量：**是指该产品自首次交付起至报告期止所有有效合同订单数量，即民用飞机累计交付架数、发动机整机个数。

**（三）民用航空产品新增订单和储备订单**

**1. 民用航空产品：**民用航空器指已取得民用航空适航型号合格证与生产许可证，和以取得民用航空适航型号合格证与生产许可证为研制目标的航空飞行器。

**2. 新增订单合同：**是指报告期内新增的全部合同订单，包括确认订单和意向订单，其中出口不包括转包生产。

**3. 储备订单合同：**是指报告期末尚未交付的全部合同订单，包括确认订单和意向订单，其中出口不包括转包生产。

**（四）民用航空产品转包生产情况**

**转包生产：**转包业务是航空制造业的一种贸易方式，是严格按照外国公司的图样、工艺、质量及交付进度要求，由中国的航空制造企业为外国公司生产飞机和航空发动机等零部件或有关设备的工业生产行为，其包括飞机、航空发动机、航空机载设备及其衍生产品的零部件和航空地面设备等，在中国属于“加工贸易”范畴。

**（五）生产、销售总值**

**1. 工业总产值（当年价格）（01）：**指工业企业在本年内生产的以货币形式表现的工业最终产品和提供工业劳务活动的总价值量。

（1）工业总产值计算应遵循的原则

①工业生产的原则。即凡是企业在本年内生产的最终产品和提供的劳务，均应包括在内。其中的最终产品，不管是否在本年内销售，只要是本年内生产的，就应包括在内。凡不是工业生产的产品，均不得计入工业总产值。

②最终产品的原则。即企业生产的成品价值必须是本企业生产的，经检验合格不需再进行任何加工的最终产品。企业对外销售的半成品也应视为最终产品计入工业总产值。而在本企业内各车间转移的半成品和在制品只能计算其期末期初差额价值。

③“工厂法”原则。即以法人工业企业作为一个整体计算工业总产值，是其本年内生产的最终产品和提供劳务的总价值量。

（2）工业总产值的内容

包括三部分：生产的成品价值、对外加工费收入、自制半成品在制品期末期初差额价值。

①成品价值：指企业在本年内生产，并在本年内不再进行加工，经检验合格、包装入库的已经销售和准备销售的全部工业成品（包括半成品）价值合计。成品价值中包括企业生产的自制设备及提供给本企业在建工程、其他非工业部门和生活福利部门等单位使用的成品价值，但不包括用订货

者来料加工的成品（半成品）价值。

工业总产值是按现行价格计算的。成品价值按成品实物量乘以本年不含应交增值税（销项税额）的产品实际销售平均单价计算。会计核算中按成本价格转账的自制设备和自产自用的成品，按成本价格计算生产成品价值。

②对外加工费收入：指企业在本年内完成的对外承做的工业品加工（包括用订货者来料加工生产）的加工费收入和对外工业品修理作业所收取的加工费收入。对外加工费收入按不含应交增值税（销项税额）的价格计算，可根据会计“产品销售收入”科目的有关资料取得。

对于以对外加工生产为主，对外加工费收入所占比重较大的企业，如果对外加工费收入出现跨年度支付的情况，为保证总产值生产口径计算的准确性，则应将对外加工费收入按实际情况调整，记录本年应实际收取的对外加工费收入。

③自制半成品在制品期末期初差额价值。为了使工业总产值与工业中间投入中的物耗价值一致，以便同口径地计算工业增加值，规定本指标的计算原则是：凡是企业会计产品成本核算中计算半成品、在制品成本，则工业总产值中必须包括自制半成品在制品期末期初差额价值。反之则不包括。

自制半成品在制品期末期初差额价值等于自制半成品在制品期末价值减去期初价值后的余额，如果期末价值小于期初价值，该指标为负值，企业在计算产值时，应按负值计算，不能作为零处理。

（3）工业总产值计算的几种具体规定

①凡自备原材料，不论其加工繁简程度如何，一律按全价，即包括自备原材料的价值，计算工业总产值。

②凡来料加工，加工企业一律按财务上结算的加工费计算工业总产值，即不包括定货者来料的价值。一般分两种情况：a. 工业企业之间的来料加工，加工企业（即承包单位）按财务上结算的加工费计算工业总产值；委托加工的企业（即发包单位）按全价计算工业总产值。b. 工业企业与非工业企业之间的来料加工，当工业企业作为加工企业时一律按加工费计算工业总产值。

③自制半成品、在制品期末期初差额价值，原则上应计入工业总产值，但如果会计产品成本核算中不计算自制半成品、在制品成本，则不计入工业总产值；如果会计产品成本核算中计算自制半成品、在制品成本的，则计入工业总产值。

**2. 新产品产值（02）**：指报告期本企业生产的新产品的价值，既包括经政府有关部门认定并在有效期内的新产品，也包括企业自行研制开发，未经政府有关部门认定，从投产之日起一年之内的新产品。

**3. 工业销售产值（当年价格）（11）**：是以货币形式表现的，工业企业在本年内销售的本企业生产的工业产品或提供工业性劳务价值的总价值量。工业销售产值包括的内容为：

（1）销售成品价值：指企业在报告期内实际销售（包括本期生产和非本期生产）的全部成品、半成品的总价值，即按报告期产品的实际销售数量乘以不含增值税（销项税额）的产品实际销售平均单价计算。销售成品价值包括为本企业在建工程，生活福利部门等提供的成品和自制设备价值，不包括用定货者来料加工的成品和半成品价值。

（2）对外加工费收入：指企业在报告期内完成的对外承接的工业品加工（包括用定货者来料加工的产品）的加工费收入；对外工业品修理作业可收取的加工费收入和对内非工业部门提供的加工修理、设备安装等收入。对外加工费收入按不含增值税（销项税额）的价格计算。

**4. 出口交货值（12）**：指工业企业交给外贸部门或自营（委托）出口（包括销往香港、澳门、台湾），用外汇价格结算的产品价值，以及外商来样、来料加工、来件装配和补偿贸易等生产的产品价值。在计算出口交货值时，要把外汇价格按交易时的汇率折成人民币计算。

**5. 工业增加值（14）**：指在一定时期内以货币表现的工业生产活动的最终成果，是工业企业全部生产活动的总成果扣除了生产过程中消耗或转换的物质产品和劳务价值后的余额，是工业生产过程中新增加的价值。

工业增加值有两种计算方法：一是生产法，即工业总产出减去工业中间投入；二是收入法，根据生产要素在生产过程中应得到的收入份额计算，具体构成项目有固定资产折旧、劳动者报酬、生产税净额、营业盈余，这种方法也称要素分配法。工业企业一般按生产法计算。

**6. 从业人员**：指在企业工作并取得劳动报酬的全部人员数。包括在岗职工、再就业的离退休人员及在企业工作的外方人员和港澳台方人员、兼职人员、借用的外单位人员和第二职业者。不包括离开本单位但仍保留劳动关系的职工。该指标反映了一定时期内全部劳动力资源的实际利用情况。

从业人员平均人数＝报告期内每天平均拥有的从业人员人数。

从业人员年平均人数＝全年各月平均人数之和/12

**（六）主要经济指标**

**1. 流动资产（01）**：指企业可以在一年内或者超过一年的一个生产周期内变现或者耗用的资产，包括现金及各种存款、短期投资，应收及预付款项、存货等。根据会计“资产负债表”中“流动资产合计”项的期末数填列。

**2. 流动资产平均余额（02）**：指企业在报告期内全部流动资产的平均余额。计算公式为：

$$\text{流动资产年平均余额}=\frac{\text{1 至 12 月各月流动资产平均余额之和}}{12}$$

或：

$$\text{流动资产年平均余额}=\frac{\text{1 至 12 月各月月初月末流动资产之和}}{24}$$

其中：

$$\text{流动资产月平均余额}=\frac{\text{月初流动资产合计}+\text{月末流动资产合计}}{2}$$

$$\text{流动资产季平均余额}=\frac{\text{季内各月流动资产平均余额}}{3}$$

**3. 固定资产原价（04）**：指企业在建造、购置、安装、改建、扩建、技术改造某项固定资产时所支出的全部货币总额。根据会计“资产负债表”中“固定资产原价”项的期末数填列。

**4. 生产经营用固定资产（05）**：固定资产按其经济用途和使用情况综合分为七大类：生产经营用固定资产、非生产经营用固定资产、租出固定资产、不需用固定资产、未使用固定资产、土地、融资租入固定资产。

生产经营用固定资产指直接服务于企业生产、经营过程的各种固定资产，包括生产经营用的房屋、建筑物、机器设备、器具、工具等。

**5. 固定资产净值年平均余额（06）**：固定资产净值指固定资产原价减去累计折旧后的净额，其平均余额指报告期内余额的平均数。计算公式为：

$$\text{固定资产净值年平均余额}=\frac{\text{1 至 12 月各月固定资产净值平均余额之和}}{12}$$

或：

$$\text{固定资产净值年平均余额}=\frac{\text{1 至 12 月各月月初月末固定资产净值之和}}{24}$$

其中：

$$\text{固定资产净值月平均余额}=\frac{\text{月初固定资产净值}+\text{月末固定资产净额}}{2}$$

**6. 资产总计（07）**：指企业拥有或控制的能以货币计量的经济资源，包括各种财产、债权和其他权利。资产按其流动性（即资产的变现能力和支付能力）划分为：流动资产、长期投资、固定资产、无形资产、递延资产和其他资产。根据会计“资产负债表”中“资产总计”项的期末数填列。

**7. 负债合计（08）**：指企业所承担的能以货币计量，将以资产或劳务偿付的债务，偿还形式包括货币、资产或提供劳务。负债一般按偿还期长短分为流动负债和长期负债。根据会计“资产负债表”中“负债合计”的期末数填列。

**8. 所有者权益合计（09）**：指企业投资人对企业净资产的所有权。企业净资产为企业全部资产与企业全部负债的差额，包括实收资本、资本公积、盈余公积、未分配利润等。根据会计“资产负债表”中“所有者权益”项的期末数填列。

**9. 实收资本（10）**：指企业投资者实际投入的资本（或股本），包括货币、实物、无形资产等各种形式的投入。实收资本按投资主体可分为国家资本、集体资本、法人资本、个人资本、港澳台资本和外商资本。根据会计“资产负债表”中“实收资本”项的期末数填列。

**10. 主营业务收入（11）**：根据会计“利润表”中对应指标的本年累计数填列。未执行2001年《企业会计制度》的企业，用“产品销售收入”的本期累计数代替。

**11. 主营业务成本（13）**：根据会计“利润表”中对应指标的本年累计数填列。未执行2001年《企业会计制度》的企业，用“产品销售成本”的本期累计数代替。

**12. 主营业务税金及附加（14）**：根据会计“利润表”中对应指标的本年累计数填列。未执行2001年《企业会计制度》的企业，用“产品销售税金及附加”的本期累计数代替。

**13. 营业费用（16）**：根据会计“利润表”中对应指标的本年累计数填列。未执行2001年《企业会计制度》的企业，用“产品销售费用”的本期累计数代替。

**14. 管理费用（17）**：指企业行政管理部门为组织和管理生产经营活动而发生的各项费用。根据会计“利润表”中对应指标的本期累计数填列。

**15. 财务费用（18）**：指企业为筹集生产经营所需资金等而发生的费用，包括利息支出、汇兑损失以及相关的金融机构手续费等。根据会计“利润表”中对应指标的本期累计数填列。

**16. 利息支出（19）**：指企业在生产经营期间利息支出扣除利息收入后的净额。根据会计“财务费用”科目归纳计算本期累计数填列。

**17. 补贴收入（21）**：指企业实际收到的补贴收入，包括实际收到的先征后返的增值税；企业按销量或工作量等，依据国家规定的补助定额计算并按期给予的定额补贴。根据“补贴收入”的发生额分析填列。

**18. 利润总额（22）**：指企业在生产经营过程中各种收入扣除各种耗费后的盈余，反映企业在报告期内实现的亏盈总额，包括营业利润、补贴收入、投资净收益和营业外收支净额。根据会计“利润表”中的对应指标的本期累计数填列。

**19. 应交所得税（23）**：指企业按税法规定，应从生产经营等活动的所得中交纳的税金。根据会计“利润表”中的对应指标的本期累计数填列。

**20. 本年应交增值税（24）**：指企业按税法规定，从事货物销售或提供加工、修理修配劳务等增加货物价值的活动本期应交纳的税金。指企业在报告期应交增值税额。计算公式为：

本年应交增值税 = 销项税额 −（进项税额 − 进项税额转出）−
出口抵减内销产品应纳税额 − 减免税款 + 出口退税

**21. 工业中间投入（25）**：指工业企业在报告期内用于工业生产活动所一次性消耗的外购原材料、燃料、动力及其他实物产品和对外支付的服务费用，是计算工业增加值的基础指标。工业中间投入的计算对企业来讲，难度相对较大，需要对企业内部会计明细表的有关科目进行归类整理计算。因此，准确掌握中间投入的计算原则和资料取材方法是十分重要的。

计算工业中间投入须遵循以下三条原则。

（1）必须是从企业外部购入的产品和服务的价值，不包括生产过程中回收的废料以及自制品的价值。

（2）必须是本期投入生产，并一次性消耗的产品和服务的价值，不包括固定资产等的转移价值。

（3）工业中间投入的计算口径必须与工业总产值的计算口径一致，即计入了工业中间投入产品和服务的价值必须是计入了工业总产值的部分。

为了使工业中间投入的计算更加准确，将工业中间投入进一步细分为直接材料、制造费用中的中间投入、管理费用中的中间投入、营业费用中的中间投入和财务费用五个指标，企业应首先计算出这五个指标，再加总计算出工业中间投入合计。其中直接材料、财务费用根据有关会计明细科目填报。制造费用中的中间投入、管理费用中的中间投入、营业费用中的中间投入可采用倒扣法，即从制造费用、管理费用、营业费用中分别扣除下列项目：①固定资产折旧和修理费用的摊销；②直接或间接支付给个人的部分，如工资、福利费、劳动保险费、待业保险费、住房公积金、差旅费中个人所得部分等；③支付给不构成非物质生产部门（指除工业，农业，运输邮电业，建筑业，批发、零售、贸易、餐饮业以外的部分）收入的各种税金、规费及其他费用，如房产税、车船使用税、土地使用税、印花税、矿山资源补偿费、排污费……

**22. 本年固定资产投资额（26）：**以货币形式表现的在一定时期内建造和购置固定资产的工作量以及与此相关的费用的总称。

**23. 民用航空产品固定资产投资额（27）：**以货币形式表现的在一定时期内建造和购置生产民用航空产品的固定资产的工作量以及与此相关的费用。

**24. 全部从业人员人数（28）：**指在企业工作并取得劳动报酬的全部人员数。包括在岗职工、再就业的离退休人员及在企业工作的外方人员和港澳台方人员、兼职人员、借用的外单位人员和第二职业者。不包括离开本单位担仍保留劳动关系的职工。该指标反映了一定时期内全部劳动力资源的实际利用情况。

**25. 工程技术人员（29）：**指负担工程技术和工程技术管理工作并具有工程技术能力的人员，填报告期末人数。包括：①取得工程技术职务资格，已被聘或任命工程技术职务，并担任工程技术工作的人员；②无工程技术职务，但取得工程技术职务资格或从大学、中专理工科系毕业，并担任工程技术工作的人员；③未取得工程技术资格或学历，但实际担任工程技术工作的人员；④已取得工程技术职务资格或从大学、中专理工科系毕业，在企业中担任工程技术管理工作的人员，包括：总工程师、车间主任，以及在计划、生产、生产准备、检查、安全技术、设计、工艺、劳动定额、工具准备、动力、基建、环境保护等科室从事工程技术管理工作的人员；不包括已取得工程技术职务资格或从大学、中专理工科系毕业，但未担任任何工程技术和工程技术管理工作的人员。

**26. 研究与试验发展（R&D）：**指在科学技术领域，为增加知识总量、以及运用这些知识去创造新的应用进行的系统的创造性的活动，包括基础研究、应用研究和试验发展三类活动。在工业企业开展的研究与试验发展（R&D）活动中，较为普遍的和大量的活动属于试验发展活动。

**27. 研究与试验发展（R&D）人员（31）：**指企业科技活动人员中从事基础研究、应用研究和试验发展三类活动的人员。包括直接参加上述三类项目活动的人员及这三类项目的管理和服务人员。上述三类项目的管理和服务人员，可按研究与试验发展（R&D）项目人员占全部科技项目人员的比重进行推算。

**28. 研究与试验发展（R&D）经费支出（32）：**指报告年度在企业科技活动经费内部支出中用于基础研究、应用研究和试验发展三类项目以及这三类项目的管理和服务的费用支出。不论何种经费来源，只要实际用于上述三类项目的经费支出都应计算在内。具体计算办法：可将企业全部科技项目中确定为基础研究、应用研究和试验发展三类项目的经费支出加总，再加上按上述三类项目支出占全部科技项目经费支出比重计算分摊的科技管理和服务费用取得。上述三类项目经费支出包括的内容与科技活动经费内部支出按用途分组所列的支出项一致。

# 五、行业分类注释

**3741　飞机制造**

指在大气同温层内飞行的用于运货或载客，用于国防，以及用于体育运动或其他用途的各种飞机及其零件的制造，包括飞机发动机的制造。

包括对下列飞机的制造活动：

——航空器用发动机；

——活塞式发动机：星形发动机、水平对置型发动机、其他活塞式发动机；

——涡轮发动机：涡轮喷气发动机、涡轮风扇发动机、涡轮螺桨发动机、涡轮轴发动机、其他涡轮发动机；

——喷气发动机：冲压式发动机、脉冲式发动机、其他喷气发动机；

——飞机用活塞发动机零件；

——民用飞机、民用直升机；

——飞机及直升机零件：机身体段及内外部零件，螺旋桨、旋翼、尾桨及零件，起落架及其零件，机载设备及其零部件，其他飞机及直升机零件；

——其他未列明飞机制造。

不包括：

——轻于空气的飞行器、气球等，列入3749（其他航空航天器制造）；

——航天飞机和航天飞机发射装置的制造，列入3742（航天器制造）；

——飞机上使用的带有电阻器的粒子加速器、信号发电机以及其他发动机械和装置，列入3899（其他未列明的电气机械及器材制造）。

**4343　航空航天器修理**

包括对下列航空航天器的修理活动：

——各种民用航空器及器材专业修理。

不包括：

——民用航空器及器材回生产厂修理，列入374（航空、航天器及设备制造）相关类别中。